SOUVENIRS

DE LA MARQUISE

DE CRÉQUY

PARIS. — IMPRIMERIE F. LEVÉ, RUE CASSETTE, 17.

Gravé par A. Coëlle, d'après le portrait original appartenant à Mr L'écuitreiller

M.A. Charlotte Corday d'Armont

SOUVENIRS

DE LA MARQUISE

DE CRÉQUY

DE 1710 A 1803

NOUVELLE ÉDITION REVUE, CORRIGÉE ET AUGMENTÉE

TOME NEUVIÈME

PARIS

GARNIER FRÈRES, LIBRAIRES-ÉDITEURS

6, RUE DES SAINTS-PÈRES, 6

SOUVENIRS

DE LA MARQUISE

DE CRÉQUY.

CHAPITRE PREMIER.

Courageuse conduite et généreuse fin de M. de Villette — Quelques détails sur Madame Royale et sur les dernières années de son frère. — Lettre de Mme de Chanterenne au Comité du salut public. — Observation sur le malheureux sort des émigrés. — Rapports de l'émigration. — Le treize vendémiaire. — Anecdote sur l'enfance de Bonaparte. — Mme Létitia Bonaparte à l'Élysée-Marbœuf. — Tradition conservée dans la famille de Marbœuf sur l'origine des Buonaparte et leur prétention à la noblesse. — Observations sur leur généalogie publiée par M. Louis Bonaparte et composée par lui. — Autre généalogie fabriquée par le roi Murat. — Aliénations mentales. — Mme de Laverdy. — Mme de la Reinière. — Anecdotes.

L'Abbé Texier (vous direz peut-être aussi que je ne saurais plus vous parler sans nommer un prêtre; mais vous pensez bien que j'aimais mieux me trouver en relation journalière avec des abbés qu'avec des fournisseurs ou des employés et des législateurs de la Convention?); l'Abbé Texier s'était réfugié dans l'île Saint-Louis, chez le Vicaire-général qui était alors M. de Malaret, parce que l'Abbé de Dampierre avait été rappelé auprès de M. l'Archevêque, afin de s'y reposer après deux années de la plus laborieuse et de la plus périlleuse mission qui fût jamais. J'y trouvai que ces deux messieurs se parlaient avec édification du Marquis de Villette, de sa générosité parfaite à l'égard de tous les honnêtes gens persécutés pendant la terreur, de ses efforts pour sauver la vie de Louis XVI, et surtout de sa fin courageuse. Il était le beau-frère de cet héroïque et malheureux Varicourt, et quand il avait vu que la révolution tournait au crime, il paraît que cet homme était grandi de cent pieds. C'était chez lui qu'on avait caché presque tous les vases sacrés de nos paroisses, et c'était peut-être bien dans cet appartement où mourut Voltaire? Cette même chambre aura peut-être servi de refuge à la Croix, de tabernacle à l'Eucharistie? *Stat crux dum volvitur orbis!*

Ces deux messieurs me dirent aussi que les régicides avaient conçu contre M. de Villette une telle rage, à cause de son vote en faveur du Roi, que lorsqu'on vint le chercher pour le conduire au supplice et qu'on apprit qu'il venait d'expirer dans son lit, les envoyés du comité de salut public eurent la barbarie de le faire coutelasser, et de faire déchiqueter son cadavre... Il avait un correspondant royaliste appelé M. Coquerel, qui demeurait auprès de Boulogne-sur-Mer; et c'était à lui qu'il adressait tous les pauvres prêtres et les autres proscrits qui voulaient se réfugier en Angleterre. Il avançait ou donnait tout ce qu'il fallait pour des entreprises aussi dispendieuses, avec une charité magnifique, et les services qu'il avait rendus étaient innombrables. Je vous puis assurer que les dernières années de ce M. de Villette ont noblement réparé la frivolité, j'ai presque dit les désordres, de sa vie passée.

On nous rapporta sur le Dauphin qui venait de mourir en prison une chose certaine et qui me parut bien touchante : ce malheureux enfant se refusait absolument à parler, et même il ne voulait répondre par aucun signe d'assentiment ou de négation à ce que lui demandaient ses gardiens qu'il évitait de regarder et dont il détournait les yeux avec une persévérance invincible. Il avait pris cette résolution parce qu'il avait entrevu qu'on voulait torturer le sens de je ne sais quelle réponse qu'il avait faite à son geôlier à l'égard de la Reine, sa mère. Il ne s'est jamais départi de cette résolution prodigieuse, et quand il est mort (le 8 juin 1795) il y avait plus de vingt-deux mois qu'on n'avait pu obtenir de lui, non-seulement de proférer une seule parole, mais de faire aucun signe, aucun mouvement, qui pussent être interprétés par *oui* ou par *non*.

Sa fin peut avoir été la suite des mauvais traitemens dont on n'avait cessé de l'accabler depuis deux années ; mais il est à remarquer que c'est précisément depuis la mort de Roberspierre qu'on l'a séparé de sa sœur et qu'on a redoublé d'inhumanité contre lui. L'époque de sa mort est précisément celle de l'expédition royaliste pour Quiberon, expédition qui se disposait dans les ports d'Angleterre avec un appareil formidable; avec une ostentation si perfide, hélas! La Convention n'était pas tranquille au sujet de la population de Paris que les chefs de l'association royaliste incitaient à se porter au Temple; aussi le conventionnel Brival avait-il osé dire à la tribune qu'après avoir commis tant de crimes *inutiles*, on aurait bien pu en ajouter un autre qui fût *susceptible de délivrer l'assemblée d'une grande inquiétude*..... Le docteur Dussaut qui soignait le jeune Roi depuis quinze mois, et qui du reste ne pouvait obtenir pour lui, ni médicamens, ni linge, avait fini par dénoncer l'administration du Temple à la Convention, mais il était mort *subitement* le 1er juin, et son adjoint, le docteur Choppart, mourut quatre jours après lui, *précisément* de la même manière. Malheureux enfant royal, précieuse et lamentable victime!

« Chaque jour dans son sein verse un poison rongeur.
« Quelles mains ont rempli cette coupe funeste?
« Le monde apprit sa fin, la tombe sait le reste.

On commençait à parler d'un espoir de libération pour Madame Royale, en disant que l'Autriche avait promis d'en faire un sujet de négociation; mais depuis qu'on avait renouvelé le conseil de la commune, nous n'avions plus aucun moyen d'obtenir directement des nouvelles de cette chère Princesse, et c'était un motif de grande affliction pour nous. Le seul document qu'on ait pu nous procurer pendant plus de six mois, fut la copie d'une lettre écrite à la Convention par une madame Chanterenne à qui l'on avait donné commission de lui tenir compagnie. Je ne sais pas si Madame Royale en fut satisfaite ; mais comme cette personne avait sollicité la recommandation des plus honnêtes gens de l'époque afin d'obtenir cette permission, tout donne à penser qu'elle avait une intention loyale, et dans tous les cas, voici les termes de son rapport au comité de sûreté générale.

« A la tour du Temple, ce 18 fructidor
« an III de la république.

« Citoyens représentans,

« Je ne veux pas tarder à vous informer de l'effet
« qu'a produit sur Marie-Thérèse-Charlotte la
« visite des C^{unes} Tourzel, admises auprès d'elle
« d'après la permission qu'elles ont obtenu du co-
« mité. La jeune détenue a reçu ces citoyennes avec
« l'empressement et la joie de l'amitié ; cette pre-
« mière entrevue a renouvelé dans son âme des
« mouvemens bien naturels d'une touchante sen-
« sibilité que son courage et sa fermeté ordinaires
« ont bientôt surmonté ; j'ai tout lieu de présumer
« que désormais la présence des C^{unes} Tourzel ne
« produiront plus que l'effet d'une société douce
« et agréable à Marie-Thérèse-Charlotte.

« Je vous préviens de plus, citoyens représen-
« tans, que la C^{une} Tourzel mère, m'ayant pressé
« vivement de l'informer de la véritable situation
« de la jeune détenue touchant les connaissances
« qu'elle avait des malheurs de sa famille, et ne
« pouvant douter que de telles instances ne fussent

« dirigées par les conseils du comité, je n'ai pas
« balancé de convenir avec cette citoyenne que
« Marie-Thérse-Charlotte n'ignorait plus rien,
« et que c'était moi-même qui l'avais instruite de
« la vérité qu'elle désirait et qu'elle avait sollicitée
« vainement de moi pendant un mois.

« Les chagrins déchirans qu'éprouvait Marie-
« Thérèse de l'incertitude où elle était plongée sur
« le sort de ses parens, la loi pleine d'humanité
« que le comité m'avait faite d'adoucir son sort
« autant qu'il dépendrait de moi; enfin la liberté
« que votre honorable confiance m'avait donnée
« de faire et dire ce que je jugerais le plus conve-
« nable : tout a contribué à me déterminer à ne
« plus taire à mon infortunée compagne un secret
« que mon intimité avec elle me rendait chaque jour
« plus pénible et plus difficile à garder. J'ai l'es-
« poir, citoyens représentans, que ma conduite en
« cette occasion aura votre approbation; je la dé-
« sire toujours, et le but de toutes mes actions est
« de la mériter.

« Les preuves de bonté que j'ai déjà reçues du
« comité, m'enhardissent, citoyens représentans,
« à en solliciter de nouvelles; je vous demande
« d'être la première à informer Marie-Thérèse-
« Charlotte de son sort; j'ose aussi vous exprimer
« positivement ce que j'ai déjà témoigné au citoyen
« représentant Kervélégand; c'est le désir de rester
« auprès de la jeune détenue, quelle que soit sa des-
« tinée. Si ces deux demandes sont indiscrètes,
« j'en demande pardon au comité en l'assurant que
« mes vues sont pures, et que sans égard au vœu

« de mon cœur, ma raison saura se conformer sans
« effort et avec soumission à la volonté et la décision
« du gouvernement.

« Salut et fraternité.
« Hillaire Chanterenne (1). »

Vous savez sûrement que Madame, fille de France, a fini par être échangée contre huit Français qui n'étaient certainement pas des plus importans parmi les sujets du Roi son père.

Ces illustres captifs de l'Autriche avaient nom Camus, Bancal, Quinette, Burnonville, Lamarque, Maret et Huguet-Semonville. Il y faut ajouter encore ce Drouet, le maître de poste de Sainte-Menehould, qui était devenu législateur après avoir fait arrêter la famille royale à Varennes, et c'était le cas de se rappeler la réponse du Duc d'Albe à cette députation de douze Bourgmestres et de vingt-quatre Échevins hollandais qui venaient s'offrir à lui pour otages, en échange des Comtes de Horn et d'Egmont : — *J'aime mieux deux saumons que trente-six grenouilles.*

Les personnes envoyées par la cour de Vienne pour recevoir Madame à la frontière de France et pour l'accompagner, ne voulurent jamais permettre à aucun émigré français de parler à l'orpheline du Temple ni même de s'approcher d'elle. Ils les repoussaient avec la rudesse des Pandours et des Talpachs, et parmi ceux qui se croyaient à l'abri

---

(1) L'éditeur est en possession de cette pièce inédite, écrite en duplicata par Mme de Chanterenne et signée par elle.

d'une pareille interdiction, soit à cause de leur rang, du nom qu'ils portaient, de leur grade militaire, é même à raison de leur âge, il y en eut qu'on menaça de leur donner des *coups de sabre*, et ce furent Messieurs d'Havrincourt et de Bethisy, notamment.

J'ai beaucoup souffert à Paris pendant sept années; mais je n'échangerais pas ces sortes d'angoisses-là contre l'assujétissement à l'étranger, contre les misères et les humiliations, contre les outrages et les colères de l'émigration! Qui n'a su l'odieuse conduite de la maison d'Autriche et de la maison de Saxe à l'égard de nos Princes? Qui n'a pas souri de mépris en lisant cette insolente inscription qu'un prince allemand avait fait placer à la barrière de son parc.

— *Il est défendu aux vagabonds, aux juifs et aux émigrés d'entrer dans ce jardin* (1). Il est vrai que les émigrés riches étaient admis presque partout; mais

---

(1) C'est ainsi que le chantre de la *Pitié* flétrit le caractère et la conduite du Landgrave de Hesse-Cassel :

« D'autres ont des jardins, des palais somptueux,
« Le monde entier vient voir leurs parcs voluptueux :
« Mais des pas d'un Français l'on n'y voit pas l'empreinte.
« On craindrait que ces pas n'en souillassent l'enceinte.
« Ah! les jardins pompeux et ces vastes palais
« Valent-ils un des pleurs taris par des bienfaits!
« Tombez devant ce luxe, altières colonnades,
« Croulez, fiers chapiteaux, orgueilleuses arcades ;
« Et que le sol ingrat d'un ingrat possesseur
« Soit sec comme ses yeux et dur comme son cœur !

on était sans pitié pour ceux qui se trouvaient sans ressources.

Par excès de lâcheté politique, il y eut une ordonnance de l'Archiduc Évêque de Munster pour interdire le séjour de son domaine épiscopal à tous les émigrés qui auraient fait partie de l'armée des *princes français;* et pour accorder au Cardinal de Montmorency la permission de s'arrêter sur cette terre inhospitalière, on avait exigé de ce Grand Aumônier de France, une déclaration par écrit, de ce qu'il *n'avait jamais servi dans l'armée de Condé.*

Un autre potentat du S. Empire ne voulait admettre aucun émigré sans lui faire jurer qu'il n'avait jamais porté les armes contre la république française, et du reste il est assez connu que le Duc de Wurtemberg écrivait aux commissaires de la république en ces termes-ci (pendant le congrès de Rastadt) : « *On n'a pas à me reprocher d'avoir donné un verre* « *d'eau à un émigré, et quant aux ci-devant princes* « *de la famille de Bourbon, s'il en est entré dans mes* « *états, l'ordre d'en sortir leur a été notifié tout aussi-* « *tôt, et suivant la règle que j'en avais prescrite à l'a-* « *vance.* »

Les Anglais étaient bien étonnés, de ce que toutes les Françaises émigrées n'étaient pas des femmes de mauvaise vie, et de ce que tous les prêtres catholiques n'étaient pas des scélérats. Le Prince de Kaunitz disait un jour à M. de Breteuil : — Ce qu'il y a de plus extraordinaire au monde, c'est la quantité de choses que les Anglais ne savent pas! Le Duc d'Harcourt avait cru devoir m'écrire afin de me sermonner sur ma résolution de rester en

France, et pour me conseiller d'émigrer en Angleterre. — C'est un pays, lui répondis-je, où je n'irai jamais établir mon domicile : il me semble que je m'y déplairais pour en mourir ; il y a trop d'Anglais !

En fait de bonne histoire de l'émigration, je vous dirai celle d'un gentilhomme gascon dont le Baron de Breteuil et Mme de Boufflers ne pouvaient jamais se parler sans éclater de rire.

Il était parti, pour émigrer, des environs de Saint-Paul-de-Fenouillède, avec une pièce de six francs ; mais à la vérité, c'était dans une cariole attelée d'un cheval, avec une femme qui était la sienne, et quatre enfans dont le plus jeune avait environ six mois. Il arrive tout droit à Saint-Pétersbourg, avec sa pièce de six francs intacte et ses quatre enfans en bonne santé, ce qui prouve qu'il avait du savoir-faire. Comme il n'avait été question de s'arrêter nulle part, on leur avait donné par tout pays toute sorte de facilités pour passer outre. C'était avec un excès d'obligeance et d'empressement inimaginable, et ils disaient qu'ils avaient fait un voyage charmant.......

Voici qu'on vient me dire que l'Abbé Texier m'attend dans mon salon ; il faut tourner court à mon histoire, et je vous dirai substantiellement que M. de Breteuil, accrédité par Louis XVIII auprès de l'impératrice de Russie, avait sollicité (pour ce gascon) la permission d'aller s'établir sur le Caucase. On lui donna de l'argent pour acheter des pioches et des bêches, et deux ans plus tard il envoya une caisse remplie de superbes fourrures à M. de Breteuil, afin de reconnaître sa protection. Il y en avait au moins pour quarante mille livres. Il avait fait une fortune immense; il avait déjà marié l'aînée de ses filles avec un prince de l'Ymirette, et voilà l'histoire de M. Linès de Linas de Magnoac. Je reprendrai la plume après être sortie de mon tourbillon d'abbés sexagénaires et de douairières.

J'ai peur que le temps ne me manque avant de pouvoir atteindre mon but; ainsi, je laisse aux historiens futurs de la révolution le soin de vous parler du 18 fructidor et surtout du 13 vendémiaire, réaction jacobine où Buonaparte a fait mitrailler les plus honnêtes gens de Paris. Il a fait tuer de mille à douze cents personnes environ, pour son coup d'essai; c'était un apprenti terroriste à la suite de Barras, et c'était la première fois qu'on eût entendu parler de ce personnage.

Je ne saurais pourtant vous dire que je n'avais jamais ouï parler de la famille des Buonaparté, et je me rappelle assez bien, parce que je me souviens de tout, que Mme de Marbœuf étant malade et se croyant mourante, et tous ses amis s'étant concertés avec sa sœur de Lévis pour aller lui tenir bonne compagnie (1), j'y fus appointée pour mon compte

(1) La Marquise de Marbeuf et la Maréchale de Lévis, sa sœur, étaient filles d'un riche armateur de Nantes, appelé M. Michel, à qui l'on avait fait obtenir des lettres d'annoblissement, pour que ses deux filles pussent être qualifiées NOBLES DAMOISELLES, dans leurs contrats de mariage. Elles avaient eu chacune huit millions de dot. Mme de Lévis n'avait rien acquis en fait de manières aristocratiques, et Mme de Marbœuf n'avait conservé rien de bourgeois.   (Note de l'Éditeur.)

et mon tour de rôle au 31 décembre de je ne sais plus quelle année, par exemple? mais ce devait être sept ou huit ans avant 89, car nous étions encore en petits paniers, et je vois d'ici nos petites robes de Batavia mandregore et blanc. (Rien n'était si joli que ces robes flambées!)

J'étais donc à l'Elysée-Marbœuf et dans la serre chaude, en tête-à-tête avec cette chère femme qui buvait de l'eau de pommes, et qui déraisonnait sur le rhume, le catharre, les bronches et les tubercules, au point de m'en impatienter. On vient lui dire que madame.... (un nom qui semblait inouï) était débarquée dans son antichambre afin de lui souhaiter une bonne année.

— Que le bon Dieu la bénisse et me délivre de sa visite! Dites donc que si je reste à l'Élysée c'est pour ne recevoir personne et parce que je ne fais que tousser. Pourquoi vient-elle me relancer jusqu'à l'Élysée?... — est-ce que je ne vous ai jamais parlé de cette madame bonne ou mal à parté?......

— Malaparté, vous dites? je crois que c'est Bonaparté, plutôt.... et pour ne savoir que nous dire elle se mit à me faire écouter que c'était une femme de condition soi-disant, passablement belle, infiniment pauvre, avec qui son mari, M. de Marbœuf, s'était lié de connaissance en assez grande familiarité pendant qu'il était gouverneur de Corse (1). Mme de

---

(1) Il y a quelques années que M. Louis Bonaparte, ex-roi de Hollande, a publié les mémoires de sa vie, et l'auteur entre en matière en faisant une généalogie pour sa famille, car il serait aussi par trop piquant de ne pas être noble après avoir

Marbœuf ajouta que cette famille Corse vivait à Paris, soit à Marseille, au moyen d'une pension sur les gabelles, et sous la protection de ce galant Marquis. Je dois vous dire qu'elle n'en parla pourtant pas de manière à me faire supposer que cette Mᵐᵉ Bonaparte ne fût pas une honnête personne; et comme cette Marquise avait autant de sagacité jalouse et de rigorisme; que de franc-parler avec moi, je suis bien assurée que la supposition contraire est une calomnie de mauvais goût, de mauvais lieu, faite après coup, et forgée par inimitié politique. On est toujours soupçonné de mauvaise conduite par les malhonnêtes gens, et qui dit soup-

---

été roi. Il est certain qu'il existait dans la Toscane une ancienne famille du même nom, mais elle n'a jamais voulu reconnaître les Napoléons pour ses cousins. M. Bonaparte, le père, était greffier du tribunal d'Ajaccio, quand on assimila le conseil supérieur de Corse à nos cours souveraines. *Maître Charles Buonaparte, greffier dudit conseil,* pris alors les titres de Noble homme et d'Écuyer, à l'instar des greffiers de nos parlemens, et cette qualification d'Écuyer, que la bienveillance d'un gouverneur de Corse a su faire valoir, était le seul titre des Bonaparte à la protection de nos Rois quand ils ont reçu les bienfaits d'une éducation gratuite. M. Louis Bonaparte rapporte dans ses mémoires, avec un sérieux incompréhensible, que lorsque son frère épousa l'Archiduchesse Marie-Louise, l'Empereur d'Autriche avait dit : *Je ne la lui donnerais pas si je ne savais que sa famille est aussi noble que la mienne.*

Le général Murat, qui n'avait là-dessus la possibilité d'aucune illusion, avait également fait faire beaucoup de recherches aux généalogistes napolitains, et les auteurs de la *Connessità Maestosa* avaient fini par découvrir qu'il descendait des Plantagenets, par des Dauphins d'Auvergne et les anciens Vicomtes de Murat, leurs agnats. *(Note de l'Éditeur.)*

çon (de leur part), dit toujours accusation formelle.

M. de Penthièvre et mon oncle le Bailly me disaient toujours : — Comment pouvez-vous vous accommoder si parfaitement bien de cette bonne Marquise en si grande intimité ! Mme de Marbœuf est malade imaginaire et quinteuse, elle est jalouse, elle est exigeante, ennuyeuse.... Et je répondais en les interrompant : — Je l'aime comme elle est.

Je n'ai jamais pu me décider à démentir les imperfections visibles ou les défauts réels de mes amis, et quand j'entrevois que le raisonnement y défaudrait, c'est avec mon sentiment pour eux que je les plastronne Il n'en peut résulter aucune discussion ; il n'y a pas là de contestation possible ; on n'aigrit point ses adversaires ; on ne les force pas à persister, à s'opiniâtrer dans le dénigrement, et vous pouvez compter que nos amis s'en trouvent beaucoup mieux que d'une apologie maladroite.

Comme je m'ennuyais véritablement ce jour-là, il me prit fantaisie de rompre le tête-à-tête, au moyen de cette Buonaparté, que la maîtresse de la maison voulut bien faire introduire, et qui nous apparut escortée d'une légion d'enfans mal habillés.

Il y avait dans cette couvée d'oisillons corses un petit garçon qui venait de pleurer, car il en avait les yeux tout rouges, il avait l'air de dévorer ses larmes, et me voilà qui m'ingénie, pour passer le temps, d'en parler à Mme sa mère, avec un air de sensibilité bienveillante, en la questionnant sur le motif de cette affliction....

— *Madama!* dit-elle en baragouinant avec une grosse voix, *e oun pili monstro!*....

Mme de Marbœuf était au supplice; et comme je ne m'en inquiétais pas autrement, je me fis raconter de point en point comment toute la famille sortait de chez l'Évêque d'Autun (M. de Marbœuf); comment cet orgueilleux écolier n'avait jamais voulu aller baiser la main de Monseigneur l'Évêque, et comment il avait été souffleté par sa mère aussitôt qu'ils avaient été remontés dans leur fiacre.

— *E ouna testa de fer, Madama!*...... Je ne contrarierai sûrement pas la glorieuse mère du citoyen Buonaparté, et je pense bien que c'est le *pili monstro* qui sera devenu le mitrailleur de Saint-Roch et du Pont-Tournant.

Je vous dirai qu'indépendamment de cette multitude de personnes qui ont perdu la vie dans la révolution, il y a nombre de gens qui ont perdu l'esprit. Je me souviendrai toujours de cette bonne Mme de Laverdy, qui ne déraisonnait sur aucun sujet hormis sur la confiance que les honnêtes gens devaient porter à M. Roberspierre. Elle avait perdu la tête en apprenant, dans sa prison, la condamnation de son mari (l'ancien Contrôleur-général); Roberspierre avait fait, deux jours auparavant, je ne sais quelle dissertation fallacieuse où l'on avait cru démêler des intentions *rétrogrades* en fait de pénalité sanguinaire, et la pauvre femme en était restée là. Elle est morte longtemps après, sans savoir que son mari avait péri sur l'échafaud; ce que Mme de la Briffe, sa digne et tendre fille, a toujours trouvé moyen de lui dissimuler jusqu'à la fin. Rien n'était si contrariant et si pénible que d'entendre cette bonne veuve invoquer le patronage et la protection de Roberspierre pour son mari, que Roberspierre avait fait guillotiner.

Mᵐᵉ de Valentinois était devenue folle à lier, Mᵐᵉ de Castellane était en démence, et M. de Lomagne idem. Mᵐᵉ de Saint-Julien a décidément perdu la *triste raison* dont elle avait tant de fois *abjuré l'empire* (1), et Mᵐᵉ de la Reynière est tombée dans un état d'ingénuité qui la rend tout-à-fait divertissante. On n'eût jamais supposé que le régime de 93 aurait opéré cette révolution-là.

— Ma foi, dit-elle en grasseyant et nasillant languissamment, c'est pas la peine de se gêner depuis cette révolution, et je dis à présent tout ce que je pense. Que je suis fâchée que la Vicomtesse de Narbonne n'ait pas été guillotinée !

— Mais pourquoi donc, Madame? et comment pouvez-vous convenir d'une chose pareille.....

— Ah, je ne demande pas mieux que de vous dire mes raisons ; c'est que, d'abord, je suis ennuyée d'entendre parler d'elle.......

— Mais comme elle est environ du même âge que vous, elle aurait peut-être la même chose à vous reprocher?

---

(1) Cette épigramme de l'auteur est allusive à une des chansons les plus populaires du XVIIIᵉ siècle :

« Triste raison, j'abjure ton empire ;
« Toi seul, amour, tu peux nous rendre heureux :
« Viens, fais passer dans le cœur de Thémire
« Toute l'ardeur dont m'enflamment ses yeux. »

— Ah dame, c'est qu'en outre qu'elle est excédante, elle m'a fait une impertinence en 85, à l'hôtel de Soubise, et j'aurais tant voulu qu'elle eût été massacrée dans les prisons! Vous savez qu'on a déporté l'Abbé d'Albignac, et j'en suis bien contente, il était si ennuyeux!

— Et m'sieux vot'fils, qu'est-ce qu'il est devenu dans tout ceci? lui demanda Mme de Coislin, qui n'a jamais été meilleure que Mme de la Reynière, mais qui n'est pas devenue si franche.

— Mon fils, répondit l'autre en bâillant, il a sa fortune à part, et je n'en ai pas ouï parler depuis long-temps. Quand Dieu m'a fait la grâce d'avoir le malheur de perdre Monsieur de la Reynière, on est venu me dire que mon fils avait été noyé à Nantes, mais cela n'était pas vrai, malheureusement, car vous savez que les pères et les mères héritent de leurs enfans depuis la révolution ; et comme il fait un si mauvais usage de sa fortune, je voudrais bien l'avoir pour moi toute seule!.....

— C'est que vous n'avez pas d'idée de ce garçon-là, nous disait M. de la Vaupalière ; il est avide et méchant, il est colère, il est glouton..... Je ne connais rien de si mortifiant que d'avoir un enfant pareil, et sa pauvre mère en est désolée...

— Mais je le crois bien, lui répondis-je, elle avait couvé un œuf de Paon, il lui est éclos un Dindon!

— Ce que je désirerais par dessus toute chose en ce moment-ci, disait-elle un jour à M. de Chevreuse, ce serait que la Duchesse de Fitz-James mourût!

— Ah ! Madame la Reynière, allons donc, vous n'y pensez pas!... et puis c'est une si bonne femme !

— Je le sais bien, mais c'est parce que je louerais l'appartement qu'elle a dans ma maison à Mme de Brunoy qui n'est pas malade et qui descendrait tous les soirs pour faire ma partie. — C'est qu'elle a voulu faire un bail, elle a un bail, voyez-vous, et je..... je..... — Ah, j'espère qu'elle va bientôt mourir !

Le salon de Mme de la Reynière est devenu le *palais de la Vérité*, comme dans le conte allégorique, et rien n'est aussi tristement curieux que d'y lire ouvertement dans son mauvais cœur et son égoïsme dénaturé.

La Duchesse de Béthune (1) est venue me confier qu'elle avait envie d'aller se faire carmelite, en Espagne, parce qu'elle a eu le malheur de perdre son aumônier qui était un vieux capucin borgne., et tout le monde se fait des contrariétés, par le temps qui court. Je vois souvent M. du Roure, un digne et bon vieux seigneur qui est beaucoup plus jeune que moi, mais qui n'en bat pas moins la campagne. Il se plaint souvent de sa fille, la Vicomtesse du Roure, et c'est, je crois, sans raison, car assurément c'est une des femmes qui s'attachent l

---

(1) Gabrielle de Chastillon-Chastillon, veuve de Maximilien IV, Duc de Béthune et de Sully, Souverain Prince d'Henrichemont et de Boisbelle, Marquis de Lens, Comte de Montgommerry, Villebon, Courville, etc., mariée en 1749, et morte à Paris l'an dernier, c'est-à-dire en 1802. *(Note de l'Auteur.)*

plus à complaire à leurs parens et leurs amis. — Ma fille ne comprend pas, me vient-il dire avec une régularité désespérante, elle ne comprend pas que je puisse avoir besoin d'un gentilhomme ! — Ma fille me refuse un gentilhomme, elle a ce courage-là !.... Mais j'ai pourtant l'habitude d'avoir un gentilhomme, et voyez donc si c'est la peine de s'en passer ? on peut en avoir un pour cinquante écus par mois, et même un bon gentilhomme !

— Croyez-vous, ceci lui dis-je ? il me semble qu'ils devraient être enchéris depuis 92 ?

— Ah c'est bien possible, à cause qu'on en a tant tué ; mais on pourrait bien aller jusqu'à deux cents francs pour un gentilhomme qui jouerait au trictrac, et surtout s'il avait la croix de Saint-Louis ?

Nous sommes à la recherche d'un gentilhomme à cinquante écus par mois. Il y en a d'un entretien plus dispendieux, et surtout quand ils sont jeunes, à ce que dit la douairière de Monaco (qui ne saurait se passer d'un Ecuyer de main) (1).

---

(1) Marie-Catherine Brignolé des Ducs de Gênes, veuve d'Honoré de Goyou-Grimaldi, Souverain Prince de Monaco, Rocquebrune et Manthou, Duc de Valentinois, etc. Je vous ai déjà dit qu'il était mort de douleur en apprenant qu'on venait d'inscrire le nom du Marquis de Chauvelin sur le Livre d'Or de Gênes. Vous voyez qu'il était susceptible, et d'autant plus que sa qualité de Noble-Génois était la moindre de ses perfections (nobiliaires). Il avait conçu des *attentions* de M. le Prince de Condé pour Mme de Monaco, une telle rancune, qu'il avait fait ériger dans sa ville princière un monument, disons le mot propre, un gibet, où l'on voyait suspendue l'ef-

figie d'un certain valet de chambre qu'il accusait d'avoir favorisé la correspondance de ce bon prince avec sa femme, et qu'il avait fait juger à Monaco par ses justiciers, en conséquence d'un pareil forfait. Comme on avait su qu'il voulait faire enlever ce valet de chambre, on lui fit dire que, s'il avait le malheur d'attenter à la liberté d'un sujet du Roi, on l'enverrait par-devant la cour des Pairs, qui s'en prendrait à sa duché de Valentinois, de sorte qu'il n'osât passer outre. Mais aussitôt que ce mannequin commençait à se détériorer, M. de Monaco le faisait habiller tout à neuf, on lui rajustait un tour de cheveux et l'on repeignait sa figure de bois, qui ressemblait au condamné de manière à s'y tromper, disait-on. Le tout se trouvait enrichi d'une inscription *circonstantielle*, ainsi qu'on dit au Palais, et cet époux irascible allait regarder ce beau monument tous les jours ; c'était devenu son but de promenade. Mme de Monaco ne s'en embarrassait guère, et je trouve qu'elle avait grandement raison, puisqu'elle n'avait rien à se reprocher; mais je pense bien que, s'il avait pu l'attirer à Monaco, il lui aurait fait couper la tête ? (*Note de l'Auteur.*)

La P^sse douairière de Monaco, devenue Princesse de Condé, est morte pendant l'émigration au château de Wanstead, en Angleterre, en 1806, âgée de 69 ans (*Note de l'Éditeur.*)

CHAPITRE II.

Quelques mots sur la Vendée. — Prédilection de l'auteur pour Charette et pour Cathelineau. — Conquête de Noirmoutier par le général Charette. — Termes de la capitulation de cette forteresse.—Lettre du Comité de salut public au représentant Guesno. — Protestation des Vendéens. — Déclaration de guerre à la république. — Révélation sur Louis XVII. — Désastre de Quiberon. — Lettre de Louis XVIII au Duc d'Harcourt, son plénipotentiaire à Londres.

Vous ne sauriez imaginer, mon cher petit-fils, combien je regrette et combien je m'afflige de ne pouvoir vous parler comme je le voudrais sur notre chère et glorieuse Vendée ; mais je craindrais d'employer des matériaux révolutionnaires, et les documens que j'ai fait demander à Mme de Charette arriveront trop tard. Il faudrait plus de temps, il faudrait plus de force et plus de voix qu'il ne m'en restera, pour oser parler des la Rochejaquelein, des Bonchamps, des Lescure et surtout du Chevalier de Charette, car je vous confie que Charette et Cathelineau sont mes deux héros de prédilection. Ce gentilhomme intrépide et cet humble paysan me rappellent toujours le grand Dunois et la sainte bergère de Domremy. Depuis les guerres de Charles VII, on n'a rien vu de si beau dans l'histoire de France ; et c'est au point qu'il est presque suffisant de lire les journaux républicains, pour avoir une idée de Charette et pour mesurer toute la hauteur de son caractère et de sa capacité. On y voit ce chevalier breton qui s'en va prendre d'assaut la citadelle de Noirmoutier, qui s'empare d'une ville forte et d'une grande île, avec des coups de sabre et des paysans qui se tiennent dans l'eau de la mer jusques par-dessus les genoux, et ces mêmes journaux sont obligés de rapporter la capitulation qu'il impose et qu'il fait accepter aux autorités de la république française, en ces termes-ci :

1º L'île de Noirmoutier appartient au Roi, notre souverain Seigneur.

2º L'artillerie du château et des forts, les navires qui sont dans les ports, dans les étiers et la rade, sont également reconnus pour appartenir à Sa Majesté.

3º La garnison révolutionnaire mettra bas les armes qui seront placées en faisceau sur la grande place.

4º L'artillerie légère sera rangée en bataille, les embouchures tournées du côté opposé aux chemins et à la rue par où va entrer l'armée royale ; aucune troupe ennemie n'en approchera de quatre cents pas.

5º Tous les chevaux d'artillerie, de cavalerie, de transport et autres, ainsi que les fourrages, avoines et généralement toute sorte de munitions, et tous les autres objets qui se trouvent dans les magasins, vont être conservés et seront livrés en bon état.

6º Toute la garnison sera prisonnière de guerre

ainsi que les personnes dont les opinions seraient suspectes.

Voilà quels articles ont été dictés par Charette, qui les a fait accepter et ponctuellement exécuter par les vainqueurs de Mayence ! Et puis voilà Charette qui laisse en garnison deux mille paysans dans son île conquise, et qui s'en va battre les républicains à Machecoul ! Pour avoir des statues, il ne manque assurément à cet homme-là que d'avoir un historien !

Il est impossible que Messieurs d'Elbée, de Scépeaux, Sapinaud, de Marigny, Joly, Soyer, d'Autichamp, de Bourmont, et tous ces autres héros de l'occident français, ne trouvent pas un jour un historiographe instruit et véridique. Mais je ne sais si j'aurai le juste orgueil et la consolation de pouvoir lire une histoire exacte de la Vendée, et au pense bien que je ne saurais attendre jusques-là (1).

A défaut de renseignemens précis sur les opérations de nos armées royales, je ne pourrai vous faire connaître qu'un certain nombre de documens qui

---

(1) « *Je puis vous assurer,* » écrivait un ancien chef du canton des Herbiers, en 1809, » *que l'ouvrage de M. Alphonse Beau-*
« *champ n'a pas même le mérite d'un roman historique. C'est*
« *un écrivain mal informé, haineux sans motif, injuste sans*
« *cause; et son histoire de nos guerres est une rapsodie pas-*
« *sionnée. Il n'est pas un chef de la Vendée qui n'y découvre,*
« *à la première lecture, une foule d'erreurs et même des*
« *faussetés qui ne sauraient provenir que de la mauvaise in-*
« *tention de cet écrivain.* » (*Note de l'Éditeur.*)

se rapportent aux négociations ouvertes entre le Chevalier de Charette et le gouvernement révolutionnaire, car il a traité de puissance à puissance avec la république, et vous allez voir de quel côté se trouvaient l'honneur et la loyauté.

Les pièces suivantes n'ont jamais été imprimées, vous pourrez juger de leur importance, et je vous réponds de leur authenticité : il ne faut pas que je néglige de vous faire observer que cette note confidentielle du comité de salut public était postérieure au traité de Lajaunais. Ainsi que dans la pièce suivante, il y est fait mention d'une promesse relative au Roi Louis XVII ; mais la Convention l'avait si bien dissimulée, que c'est uniquement dans cette protestation des chefs de nos armées royales, qu'on peut en retrouver quelque vestige. En attendant ces renseignemens qui vous parviendront lorsque je n'y serai plus, j'ai pensé que cette admirable déclaration des Vendéens pourrait vous donner, si ce n'est une idée complète, au moins une idée positive et précise de la Vendée.

Note confidentielle de plusieurs membres du comité de salut public au citoyen Guesno, représentant du peuple, en mission à Rennes.

« Il est impossible, cher collègue, que la répu
« blique puisse se maintenir si la Vendée n'est pas
« entièrement réduite sous le joug de la loi.
« Nous ne pouvons nous-mêmes compter sur
« notre propre sûreté, que lorsque les brigands qui

« infestent les départements de l'Ouest depuis deux
« années auront été mis dans l'impuissance de con-
« trarier nos résolutions, c'est-à-dire lorsqu'ils au-
« ront été exterminés.

« C'est déjà un sacrifice humiliant que d'avoir
« été réduits à traiter de la paix avec des rebelles,
« ou plutôt avec des scélérats dont la majorité mé-
« rite l'échafaud.

« Soyons convaincus que si nous ne les détrui-
« sons pas, ils finiront par nous détruire.

« Ils n'ont pas mis plus de bonne foi dans le
« traité que nous n'y avions mis de confiance en
« eux, et il ne doit leur inspirer aucune sécurité sur
» les intentions du gouvernement. Les deux par-
« tis ont transigé sachant qu'ils se trompaient.

« C'est d'après l'impossibilité où nous sommes
« d'espérer que nous pourrons contenir plus long-
« temps les Vendéens, impossibilité également dé-
« montrée à tous les membres des trois comités,
« qu'il faut chercher les moyens de prévenir ces
« hommes audacieux, qui osent lutter avec la re-
« présentation nationale.

« Il ne faut pas s'endormir parce que le vent n'a-
« gite pas encore les grosses branches, car il est
« près de souffler avec violence. Le moment ap-
« proche, où, d'après l'article II du traité secret,
« *il faut leur présenter un fantôme de monarchie et*
« *leur montrer ce bambin pour lequel ils se battent*;
« comme il serait trop dangereux de faire un tel
« pas qui nous perdrait sans retour, les comités
« n'ont trouvé qu'un moyen d'éviter cette difficulté,
« vraiment extrême; le voici :

« La principale force des brigands est dans le
« fanatisme que leurs chefs leur inspirent. Il faut
« les arrêter et dissoudre ainsi d'un seul coup cette
« association monarchique, qui nous perdra, si
« nous ne nous hâtons pas de la prévenir.

« Mais il ne faut pas perdre de vue, cher collè-
« gue, que l'opinion nous devient chaque jour plus
« contraire et plus nécessaire que la force. Il faut
« supposer que les chefs insurgés ont voulu rom-
« pre le traité ; qu'ils ont voulu se faire princes des
« départemens qu'ils occupent ; que les chefs agis-
« sent d'intelligence avec les Anglais ; qu'ils veulent
« leur ouvrir la côte, piller la ville de Nantes et
« s'embarquer avec le fruit de leurs rapines. Il faut
« faire intercepter des courriers porteurs de sem-
« blables choses, crier à la perfidie, et mettre dans
« ce premier moment une grande apparence de
« modération, afin que le peuple voie clairement
« que la justice et la bonne foi sont de notre côté.

« Nous te le répétons, cher collègue, la Vendée
« détruira la Convention, si la Convention ne dé-
« truit pas la Vendée. Si tu peux avoir les onze
« chefs, le troupeau se dispersera. Concerte-toi sur
« le champ avec les administrateurs d'Ille-et-Vi-
« laine. Communique la présente, dès la réception,
« aux quatre représentans de l'arrondissement.

« Il faudra profiter de l'étonnement et du dé-
« couragement que doit produire l'absence des
« chefs pour désarmer leurs conjurés. Il faudra
« qu'ils se soumettent au régime de la république,
« ou qu'ils périssent ; point de milieu, point de
« demi-mesures, elles gâtent tout en révolution.

« Il faut, s'il est nécessaire, employer le fer et le
« feu, mais il faut que ce soit en rendant les Ven-
« déens coupables aux yeux de la nation de tout le
« mal qu'ils souffriront. Saisis, nous te le répétons,
« cher collègue, les premières apparences favo-
« rables qui vont se présenter, pour frapper ce
« grand coup, car les événemens pressent de toute
« part.

« Tu peux avoir toute confiance dans le citoyen
« Guilbert, il est jeune, mais sensé : il nous est
« d'ailleurs entièrement dévoué.

« Nous avions pensé à te mander à Paris, mais
« nous avons ensuite jugé qu'il valait mieux, pour
« ménager les apparences, que tu ne te déplaçasses
« pas sur-le-champ de l'arrivée de Guilbert. Quoi-
« que nous ne supposions pas possible qu'il soit
« *intercepté*, nous le faisons passer par Alençon ; il
« y verra Arthaud. Il te suffira de nous dire : *J'ai
« reçu la proclamation relative aux subsistances.* L'hy-
« pocondre voulait demander ton rappel, il crai-
« gnait, disait-il, que tu ne misses pas assez d'acti-
« vité et de prudence : nous l'avons rassuré. Prends
« garde aux menées de Louvet, il est vendu aux
« restes orléaniques et la guenon d'ambassadrice
« (M*me de Staël*) en dispose à plein. Nous le sur-
« veillons, mais il intrigue activement dans la
« Mayenne et dans la Loire-Inférieure. Boissy
« adopte toutes les mesures ; il en sent l'urgence.
« Fais-nous part de ce que tu peux faire sur-le-
« champ, afin que cela concorde avec les mesures
« que nous allons prendre ici. Le mot de *subsis*
« *tance* sera pour les chefs ; celui de *troupeaux* pour

« les armées ; emploie le mot *tranquillité* pour celui
« d'*arrestation*. Lagare te tiendra dans une position
« respectable. Il aura tous les moyens nécessaires.
« Il a reçu nos ordres pour obéir aux tiens ; adieu,
« cher collègue. Salut et fraternité.

« TALLIEN, TREILLARD, SYÉYES,
« DOULCET, RABAUD, MARCÉ,
« CAMBACÉRÈS. »

Paris, 18 prairial an III.

DÉCLARATION

DES

CHEFS ET SOLDATS DES ARMÉES CATHOLIQUES ET ROYALES,

suivie

DE LA PROCLAMATION DU GÉNÉRALISSIME

ET DES AUTRES CHEFS DESDITES ARMÉES,

AU NOM DE LOUIS XVIII,

ROI DE FRANCE ET DE NAVARRE ;

Aux fidèles habitans du Poitou, de l'Anjou, du Maine, de la Bretagne et de la Normandie.

« Nous devons à tous les Français et à l'Europe
« entière, la justification, ou pour mieux dire l'ex-

« posé de notre conduite. Nous allons le tracer
« avec cette loyauté, avec ce sentiment d'honneur
« et d'amour de la patrie qui a constamment dirigé
« notre conduite et animé nos efforts. Nous pre-
« nons le Dieu vivant à témoin de la vérité de nos
« paroles. Dieu très haut, très puissant, très misé-
« ricordieux, mais très juste! les fidèles et reli-
« gieux Vendéens vous rendent de profondes ac-
« tions de grâces pour les succès dont vous avez
« couronné leurs efforts. Ils remercient votre bonté
« de les avoir soustraits à la férocité de la Conven-
« tion qui se dit nationale. Les fidèles et religieux
« habitans de la Vendée bénissent votre providence
« infinie qui leur a donné assez de prudence pour
« éviter les pièges de leurs assassins, assez de force
« pour repousser leurs soldats. Dieu des armées,
« protecteur des empires, soutien de la justice et du
« bon droit, les Vendéens placent en vous leur es-
« pérance, et prosternés en toute humilité aux pieds
« du trône céleste, ils vous supplient, pour prix de
« leurs souffrances, ô notre Dieu! d'accorder à
« tous les Français la paix et le bonheur, à leurs
« assassins, le remords et le pardon.

« Frères et camarades! on nous a dit que la po-
« litique exigeait souvent des choses que le cœur de
« l'homme honnête repousserait avec indignation,
« si le bonheur de son pays ne devait pas en être
« le prix. Telle est, frères et camarades, la condi-
« tion malheureuse de l'homme de bien lorsqu'il
« est obligé de conférer et négocier avec des scélé-
« rats, pour empêcher ces mêmes scélérats de
« plonger leurs mains dans le sang de ses frères.

« Nous allons donc vous dévoiler ce qu'il est impor-
« tant que vous appreniez aujourd'hui, ce qu'il eût
« été dangereux de vous découvrir hors de saison.
« Nous allons vous faire connaître les motifs qui
« nous avaient amenés à conclure un traité où nous
« avons mis de notre côté la foi, la loyauté la plus
« honorable, où les députés de la Convention, soi-
« disant nationale, n'ont apporté de leur côté
« qu'impiété, fourberie, parjure et projets d'as-
« sassinat.

« Le sang humain coulait depuis long-temps
« dans notre pays, et c'était du sang français. Cha-
« cune de nos victoires avait été pour nous un jour
« de deuil, chacun de nos triomphes avait fait
« couler nos larmes ; mais forcés de défendre nos
« droits les plus sacrés contre des tigres altérés de
« notre sang, nous nous trouvions dans la néces-
« sité de nous battre contre des frères que des
« tyrans impitoyables envoyaient inonder nos pro-
« vinces. Vous l'avez vu, vous l'avez éprouvé vous-
« mêmes, ô nos braves camarades ! on voulait nous
« empêcher d'adorer Dieu, notre créateur. On avait
« assassiné notre Roi, on avait massacré nos
« femmes, égorgé nos pères et nos enfans, incendié
« nos maisons, dévasté nos champs, enlevé tout ce
« que nous possédions au monde, et notre patrie
« ne devait plus être que notre tombeau. Nous ado-
« rions celui qui créa le ciel et la terre ; la Conven-
« tion ne reconnaissait un Dieu que pour l'ou-
« trager. Nous aimions le Monarque qui nous ap-
« pelait ses enfans, et qui ne détournait jamais sa
« pensée bienveillante et ses regards paternels de

« dessus nos chaumières, et la Convention l'a in-
« humainement et cruellement assassiné. Cependant
« nous voulions conserver dans cette contrée fidèle
« la foi de nos pères, leur amour pour nos souve-
« rains, et c'était un crime impardonnable aux
« yeux des conventionnels qui envoyèrent cent mille
« bourreaux autour de nous. Mais le Dieu fort
« nous couvrit de son égide, il arma nos bras de
« son glaive et nous avons triomphé de la Conven-
« tion, comme chacun le sait. Cette assemblée sa-
« crilége avait épuisé tous ses efforts; les yeux du
« peuple français allaient se dessiller, le terrible
« jour de la justice approchait, il ne restait plus
« aucun espoir au comité, soi-disant de salut pu
« blic; ses barbaries et ses finances étaient épui
« sées; les soldats qu'il envoyait sur nos frontières
« commençaient à fraterniser avec les Vendéens
« qu'ils voyaient adorer Dieu, bénir le Roi, aimer,
« servir, ou pardonner à tous les Français, au mi-
« lieu des tourmens comme dans les succès, dans
« les angoisses du martyre comme sur les champs
« de la victoire.

« Vous avez vu avec quelle infatigable barbarie
« les révolutionnaires ont porté la désolation dans
« nos campagnes; la Convention a ordonné que
« nos maisons seraient incendiées, que nos enfans
« seraient massacrés sur le sein de nos femmes
« expirantes. Elle a fait arracher vos forêts, tarir
« vos fontaines; elle aurait creusé le sol sur lequel
« vous avez pris naissance; elle eût plongé dans
« les abîmes de la mer la terre qui vous a vus
« naître et qui devait vous nourrir, si Dieu n'avait

« pas permis que nos ennemis ne trouvassent dans
« notre courage des bornes à leurs crimes. Le croi-
« riez-vous, ô nos braves camarades ! les députés
« de la Convention avaient envoyé du poison pour
« être jeté dans vos fontaines. C'était quinze jours
« avant la signature du traité de paix ; le poison
« est là : c'est un de vos braves chefs, M. le Vi-
« comte de Scepeaux, qui en a intercepté l'envoi
« près la ferme de Volfrèse aux environs d'An-
« cenis. Les députés de la Convention vous propo-
« saient la paix, et ils prenaient toutes leurs me-
« sures pour empoisonner vos familles, pour vous
« désarmer et vous assassiner le même jour dans
« toute l'étendue du pays occupé par vos armées
« victorieuses.

« Malgré d'aussi horribles trames, le désir d'é-
« pargner le sang français, l'espérance que la Con-
« vention, en voyant l'inutilité de ses efforts et
« même de ses crimes, consentirait enfin à nous
« rendre de bonne foi notre Dieu et notre Roi ; ces
« deux motifs si puissans nous déterminèrent à
« écouter des propositions de paix, en alliant la
« prudence et la force avec la clémence et la jus-
« tice. Nous nous flattâmes que nous parviendrions
« à ramener la paix dans ces provinces, à ouvrir
« les yeux du peuple français, et à rétablir sans
« autre effusion de sang les autels de notre Dieu
« et le trône de notre Roi. A ces conditions, vos
« chefs, investis de toute votre confiance, et sûrs de
« ne point être désapprouvés par Monseigneur le
« Régent et par Monseigneur le Lieutenant-Gé-
« néral du royaume, ouvrirent des négociations.

« Le plus pénible de tous les efforts que nous avons
« faits depuis deux années, nos braves camarades, a
« été de recevoir au milieu de nous des assassins,
« dont les mains sacriléges dégouttaient encore du
« sang de vos femmes et de vos enfans ; mais le bien
« de la patrie l'ordonnait, nous avons consenti à
« écouter vos bourreaux.

« Nous vous avons fait connaître dans le temps
« les conditions que nous imposâmes à cette épo-
« que à la Convention ; mais nous ne pûmes vous
« dire alors les conditions secrètes auxquelles elle
« s'obligea, et sans lesquelles les soi-disant repré-
« sentans du peuple n'eussent jamais approché de
« nos drapeaux.

« Le comité de salut public nous fit promettre
« solennellement, par l'organe de ses envoyés, que
« la religion catholique et la monarchie seraient
« rétablies en France avant le 1ᵉʳ juillet. Sur la
« défiance que nous inspirait une époque aussi
« éloignée, nous ne voulions ni suspendre les hos-
« tilités, ni entrer en accommodement. Mais les
« soi-disant représentans du peuple nous dirent et
« nous persuadèrent que, pour amener l'opinion
« publique au retour des choses que nous désirions,
« pour ne laisser aucune réponse, aucun espoir aux
« jacobins, il fallait préparer la nation à demander
« elle-même la royauté; que des invitations secrètes
« seraient faites à cet effet dans tous les départe-
« mens ; qu'on était sûr qu'elles seraient favorable-
« ment accueillies et même avec enthousiasme ; que
« dans le cas contraire (ce qu'on supposait à peine
« possible) le comité de salut public s'engageait à

« faire remettre entre les mains des chefs vendéens,
« Louis XVII et sa sœur le 13 juin (25 prairial)
« pour tout délai ; que le comité de salut public
« s'engageait également à déclarer la religion ca-
« tholique, religion dominante de l'État ; qu'il
« rappellerait tous les Français émigrés depuis le
« 14 juillet 1789, et qu'il donnerait des ordres se-
« crets aux administrateurs des départemens fron-
« tières, afin de faciliter aux princes français les
« moyens de se rendre dans le Poitou, l'Anjou et
« le Maine, sous la condition expresse que les Ven-
« déens n'inquiéteraient en aucune manière, dans
« cette partie, non plus que les Chouans dans la
« Bretagne et la Normandie, les individus qui tra-
« verseraient le pays munis de passeports du comité
« de salut public, et que les individus pourraient
« arriver sans obstacle, soit à La Rochelle, soit à
« Brest, soit à Nantes, soit à Cherbourg.

« Telles furent les promesses faites solennelle
« ment au nom du soi-disant comité de salut pu-
« blic, par les six représentans du peuple. Ce sont
« là les conditions que vous êtes venus nous offrir
« dans nos foyers, Représentans fourbes et trom-
« peurs ! ce sont là les paroles que trois d'entre
« vous avez prononcées, dans notre dernière entre-
« vue. Nous le jurons, à la face du Dieu de vérité,
« et nous le prenons à témoin de ce que nous avan-
« çons aujourd'hui ; une heure seulement avant la
« signature du traité de paix, il fut convenu que
« les conditions ci-dessus rapportées demeureraient
« comme clauses et articles secrets, afin de prepa-
« rer les esprits, et qu'on parvînt à amener l'ar-

« mée républicaine à désirer l'exécution des clauses,
« pour ainsi dire, sans se douter qu'elles eussent
« lieu. Mais Dieu qui dirige toutes nos démarches,
« Dieu qui lit dans l'ame des méchans, ne permit
« pas que nous ajoutassions une foi aveugle à leurs
« promesses : il répandit dans notre conseil le cou-
« rage de la prudence, après nous avoir si souvent
« accordé celui de la force; nous stipulâmes que
« nous resterions armés sur notre territoire, et que
« nous conserverions tous les signes de ralliement
« sous lesquels nous avions combattu jusqu'à ce
« jour. Les soi-disant représentans du peuple nous
« laissèrent les maîtres d'agir, avec les Vendéens
« et les Chouans, de la manière que nous croirions
« la plus convenable à l'intérêt général. Quelle
« était notre joie, à cette époque, de penser que le
« repos pouvait enfin être rendu à notre patrie
« que nos victoires pouvaient opérer sa délivrance,
« et que notre sang répandu était consacré à réta-
« blir le culte de notre Dieu et le trône de notre Roi!

« Nous nous confirmâmes encore davantage dans
« cette espérance si douce, par l'assurance for-
« melle qui fut donnée le 28 avril par les soi-disant
« représentans du peuple : ils observèrent à M. de
« Guerville, que nous envoyâmes auprès d'eux à
« l'effet de leur représenter combien il était néces-
« saire, pour l'observation du traité, que l'armée
« catholique et royale de la Bretagne fît exécuter
« les jugemens du conseil militaire; ils lui observè-
« rent que les démarches publiques auxquelles ils
« se détermineraient ne devaient nous inspirer au-
« cunes craintes, puisqu'elles n'auraient pour ob-

« jet que de préparer plus sûremen l'exécution des
« articles secrets. M. de Guerville nous rapporta
« cet écrit, qui semblait exiger une confiance en-
« tière de notre part.

« *Les articles secrets dont l'exécution définitive est*
« *fixée au 25 prairial prochain, auront leur plein*
« *et entier effet. Le comité de salut public prend les*
« *mesures nécessaires à cet égard. Les sacrifices qu'il*
« *est forcé de faire aux apparences ne le rendront que*
« *plus scrupuleux à tenir les paroles données. Elles*
« *sevont religieusement gardées. Signé* GRÉNOT, GUER-
« MEUR, GUÉNO. *Rennes, 9 floréal an* III.

« Le 27 mai, sur quelques indices qui nous firent
« craindre que le comité de salut public ne cher-
« chât à éloigner l'observation du traité, nous en-
« voyâmes M. Chatellier à Paris, après en avoir
« communiqué, le 24, avec le soi-disant représen-
« tant du peuple Grénot. Nous chargeâmes M. Cha-
« tellier de demander l'élargissement provisoire du
« Roi, tant pour nous convaincre de la sincérité
« des promesses faites par le soi-disant comité, que
« pour faciliter le moyen de faire sortir de la capi-
« tale cet auguste enfant et sa sœur, qu'une garde
« nombreuse entourait au Temple.

« Le 4 juin (16 prairial), il fut convenu que
« Louis XVII et sa sœur seraient conduits le len-
« demain à Saint-Cloud : Doulcet, Talien, Camba-
« cérès, Treillard, Rabaud, Syeyes, Rewbell, Guillet
« et Roux, en signèrent la promesse. M. Chatellier,
« que les membres du soi-disant comité de salut
« public cherchèrent à retenir quelques jours à
« Paris, afin qu'il jugeât par lui-même de la

« loyauté avec laquelle ils procéderaient, quitta
« Paris le soir même, d'après les ordres qui lui
« avaient été donnés d'être de retour le 7 au plus
« tard ; il arriva ici le 8 au matin. Nous nous dis-
« posâmes aussitôt à concerter, avec les représen-
« tans du peuple, les moyens d'envoyer des per-
« sonnes d'une fidélité et d'une bravoure éprouvées
« dans les environs de Saint-Cloud. Dans ce même
« moment, Louis XVII expirait dans la prison du
« Temple; dans ce même moment des ordres écrits
« étaient donnés pour faire avancer des troupes
« dans nos provinces; dans ce même moment on
« méditait l'arrestation de vos chefs, le massacre
« de vos femmes et de vos enfans. La lettre que
« nous avons interceptée le 10, auprès de Château
« giron, a découvert la profonde scélératesse du
« soi-disant comité de salut public. Cette lettre sera
« un monument durable de la plus atroce perver-
« sité : vous allez connaître, braves Vendéens et
« Chouans, les hommes qui nous offraient la paix,
« les hommes qui règnent aujourd'hui sur notre
« malheureuse patrie, et qui la tiennent enchaînée;
« les hommes qui ont assassiné deux Rois de France
« en moins de trois années. (*Cette lettre est la note
« ci-dessus rapportée*).

« Vous le voyez, braves camarades, le crime se
« dévoile aujourd'hui dans toute son horreur. La
« Convention n'ayant pu nous vaincre, a cherché à
« tromper notre bonne foi et à abuser de notre
« loyauté. Elle nous portait des paroles de paix, et
« elle ordonnait encore des massacres et des as-
« sassinats. Elle parlait de justice, et elle méditait

« le crime. Elle s'était engagée à remettre entre nos
« mains notre Roi et son auguste sœur, et notre
« Roi expire dans sa prison. Nous ne vous dirons
« pas que les hommes qui ont assassiné Louis XVI
« aient attenté aux jours de Louis XVII ; nous n'a-
« vons aucunes preuves certaines pour l'annoncer ;
« mais il est bien difficile de ne le pas croire, lors-
« qu'on voit cet auguste et malheureux enfant périr
« le 8 de ce mois, tandis que le 4 on avait
« promis à M. Chatellier qu'on allait le transférer
« à Saint-Cloud, et qu'on ne lui avait pas même
« laissé soupçonner que le Roi fût attaqué de ma-
« ladie.

« En attendant que la justice divine punisse les
« auteurs de tant de forfaits, et qu'elle fasse une
« justice éclatante des scélérats qui ont plongé la
« France dans cet abime de malheurs, il est de
« notre intérêt le plus pressant, comme de notre
« devoir, de pourvoir à notre défense et d'em-
« ployer tous les moyens dont nous pouvons dis-
« poser pour nous préserver de la rage de ces
« hommes pervers ! Braves camarades ! nous n'a-
« vons plus ni paix ni trêve à attendre de la Con-
« vention ; il ne nous reste que la victoire ou la
« mort. Si nous sommes destinés à succomber, que
« notre dernier soupir soit du moins utile à notre
« patrie.

« Cette assemblée va nous imputer, braves ca-
« marades ! l'infraction d'un traité que nous au-
« rions religieusement observé, si elle eût eu l'in-
« tention d'en remplir les conditions. Elle va nous
« représenter à la nation française, à l'Europe en-

« tière, comme des hommes perfides, ambitieux,
« trompeurs ; et, abusant de la facilité avec la-
« quelle elle fascine depuis si longtemps les yeux
« du peuple, elle égarera de nouveau l'opinion pu-
« blique; mais plus la soi-disant Convention mon-
« trera de barbarie et de scélératesse, plus nous de-
« vons faire éclater notre loyauté. Tous les Français
« sont nos concitoyens, nos amis, nos frères. Nous
« ne connaissons d'ennemis que les ennemis de la
« patrie. C'est contre eux seuls que nous voulons
« diriger notre courage. C'est le bonheur, c'est la
« liberté que nous voulons rendre aux Français.
« C'est pour les faire jouir de la paix et des avan-
« tages d'un gouvernement paternel, que nous nous
« dévouons à toutes les horreurs de la guerre. Loin
« de nous, à jamais, loin de nous toute idée d'ambi-
« tion, tout sentiment de cruauté ou de haine ! Que
« la Convention trompe le peuple français sur la
« pureté de nos vues et sur le motif qui nous guide,
« nous répondrons au peuple français que notre
« conduite franche et loyale sera digne de la cause
« à laquelle nous nous sommes consacrés, digne du
« Dieu que nous adorons et du Roi très chrétien
« que nous servons.

« Les légions de la Convention vont s'avancer
« sur nos frontières, braves camarades ! Ce sont ces
« mêmes légions que vous avez si souvent vaincues
« et qui viennent combattre malgré elles contre
« leurs frères, contre leurs amis. Épargnons au-
« tant qu'il dépendra de nous, épargnons le sang
« français : il n'a déjà que trop coulé, et selon le
« caprice des tyrans. Marchons aux soldats qu'elle

« envoie contre nous ; marchons à ces frères égarés
« avec l'olivier à la main : supplions-les de se rallier
« à nous, de sauver avec nous notre patrie infor-
« tunée. Ouvrons toujours nos rangs pour les rece-
« voir ; partageons avec eux nos subsistances ;
« couvrons-les des mêmes lauriers qui ombragent
« nos têtes ; que ces Français, si malheureux d'o-
« béir à des tyrans, viennent recevoir dans nos
« embrassemens ce panache éclatant qui fut dans
« tous les temps le gage de l'honneur, le signal de
« la victoire. Braves camarades ! épargnons le
« sang français, c'est le vœu le plus ardent de
« notre Roi. Implorons le Dieu de bonté, afin
« qu'il verse sa lumière dans le cœur de tous les
« Français ; qu'il les ramène sous l'empire de la
« raison et de la justice, et que, réunissant ainsi
« tous les enfans de cette famille immense, il les
« fasse jouir de l'abondance et de la paix.

« A ces causes et considérations, nous déclarons à
« la face du ciel et de la terre que nous ne considérons
« comme tyrans et ennemis de notre patrie que les
« députés de la soi-disant Convention ; que si nous
« sommes dans l'affreuse nécessité de repousser les
« attaques des soldats que cette assemblée sacrilége
« et usurpatrice enverra dans nos contrées, nous
« ne refuserons jamais de les considérer, de les ai-
« mer comme nos compatriotes et nos frères ; qu'en
« opposant une légitime défense à leurs efforts,
« nous préviendrons constamment, et par tous les
« moyens qui pourront dépendre de nous, l'effusion
« du sang et le pillage des propriétés ; que nous
« recevrons avec transport tous les officiers, tous

« les soldats qui voudront concourir avec nous au
« rétablissement de la religion, de la royauté, de
« l'ordre ; que tous Vendéens ou Chouans qui
« se permettront d'attaquer ou d'insulter le ci-
« toyen paisible, fût-il d'un autre parti ou d'une
« autre opinion que nous, seront punis suivant
« toute la rigueur des ordonnances militaires ;
« et que nous ne poserons les armes, que les
« motifs les plus sacrés ont mises dans nos
« mains, que lorsque la paix sera rendue à notre
« patrie, ou lorsque le dernier de nous aura péri
« en défendant sa religion et son Roi.

« Comme la soi-disant Convention s'empressera
« de dénaturer nos intentions, de calomnier nos
« sentimens et de nous prêter des vues qui ne fu-
« rent et ne seront jamais les nôtres, nous devons,
« braves camarades, faire connaître solennellement
« à la nation française quels sont nos principes et
« les motifs puissans qui nous inspirent. »

« DÉCLARATION. — *Les armées catholiques et royales*
« *de la Vendée et des Chouans à la Nation française.*

« Nous reconnaissons un seul Dieu, Créateur du
« ciel et de la terre. Nous voulons vivre et mourir
« dans la religion catholique, apostolique et ro-
« maine, que nos pères ont professée.

« Nous reconnaissons Louis-Stanislas-Xavier,
« Roi de France et de Navare, et nous lui jurons
« foi, obéissance et fidélité pour nous et nos enfans.

« Nous avons pris les armes pour défendre nos
« droits, nos propriétés, nos femmes et nos enfans.
« Nous ne poserons les armes que lorsque le gou-
« vernement monarchique, qui a fait si long-temps
« la prospérité de la nation française et le bonheur
« de nos familles, nous aura été rendu.

« Nous pardonnerons comme nous pardonnons
« déjà à tous les Français que la séduction, l'igno-
« rance ou la tyrannie ont contraints de se ranger
« sous les drapeaux sanglans de la Convention.
« Quoiqu'ils obéissent en esclaves aux plus atroces
« de tous les tyrans, et qu'ils viennent porter la
« désolation dans nos contrées, nous ne regarderons
« jamais ces soldats comme des ennemis, mais
« comme des frères égarés. Nous ferons observer
« avec la plus rigoureuse vigilance, une discipline
« exacte de service dans tous les lieux de notre ar-
« rondissement. Quelles que soient les cruautés
« qu'exercent les satellites de la Convention, notre
« soin le plus constant et le plus empressé sera d'en
« effacer la trace et jusqu'au souvenir, s'il était
« possible, dans tous les lieux où nous pénétre-
« rons.

« Nous n'avons point contracté et nous ne con-
« tracterons jamais d'alliance avec la nation an-
« glaise, ni avec aucune puissance coalisée, à moins
« que notre Roi Louis XVIII ne conclue un traité
« avec elles. Alors ces puissances seraient nos alliées,
« parce qu'elles seraient les alliées de notre sou-
« verain.

« Nous ne laisserons pénétrer dans le pays occupé
« par nos armées aucunes troupes quelconques des

« puissances coalisées. Nous combattrons leurs sol-
« dats avec le même courage que nous avons com-
« battu les soldats de Tallien, de Syeyes et de
« Fréron.

« Nous ne reconnaissons point et nous ne recon-
« naîtrons jamais de Convention ni d'Assemblée
« nationale en France, parce que nous ne voulons
« point nous rendre complices de tout le sang in-
« nocent répandu par les soi-disant députés du
« peuple français, et des brigandages innombrables
« exercés par eux jusqu'à ce jour.

« Nous protestons d'avance contre la constitution
« ou le gouvernement que les soi-disant députés du
« peuple français vont donner à la France. Ces
« hommes ne cherchent qu'à perpétuer les malheurs
« des Français, à entretenir leur aveuglement, à se
« préserver des châtimens qu'ils ont mérités, et à
« conserver les places et la fortune que le crime et
« et le sang leur ont acquises. Ils veulent tenir dans
« l'esclavage la nation française ; ils veulent jouir
« de l'héritage que les jacobins, leurs complices,
« leur ont laissé ; et sous les apparences de la li-
« berté, et en prononçant le nom de république,
« ils veulent gouverner despotiquement la nation
« française.

« Nous ne connaîtrons de pouvoirs et d'autorités
« légitimes que ceux qui auraient été établis ou re-
« connus par notre Roi Louis XVIII, conformé-
« ment aux lois constitutives de la monarchie fran-
« çaise.

« La clémence, la bonté du Roi, nous sont con-
« nues. C'est d'après les sentimens paternels de son

« cœur que nous déclarons que nulle personne ne
« pourra être recherchée ou inquiétée pour sa con-
« duite ou pour ses opinions. Le plus bel attribut
« de la puissance est le pardon des injures et l'ou-
« bli des fautes. Nous remplissons les volontés de
« notre Roi en promettant, dans toute l'étendue des
« pays qui seront occupés par nos armées, une
« amnistie sans réserve, à toutes les personnes qui
« se rangeront sous nos drapeaux. Nous prenons en
« même temps l'engagement solennel qu'il ne sera
« exercé aucune vengeance particulière contre aucun
« individu quelconque ; et tout Vendéen ou Chouan
« qui se porterait, en esprit de haine ou d'animo-
« sité, à quelque violence, excès ou reproche, sera
« sévèrement puni.

« Nous ne permettrons point la circulation des
« assignats dans les contrées occupées par nos ar-
« mées. Nous ne reconnaîtrons jamais cette mon-
« naie que pour une monnaie fausse, dont le gage
« prétendu a été établi sur le brigandage, l'assassi-
« nat et la proscription.

« Nous ne permettrons jamais dans les contrées
« occupées par nos armes, qu'il soit porté la moin-
« dre atteinte aux propriétés de la maison et cou-
« ronne de France, propriété inaliénable, et dont
« le titre et le droit sont imprescriptibles.

« Nous ne permettrons jamais qu'il soit porté la
« moindre atteinte aux propriétés de l'Église et du
« clergé de France, qui sont le domaine du pauvre,
« et dont le produit est nécessaire à l'entretien des
« autels et de leurs ministres. Nous ne permettrons
« point qu'il soit porté atteinte aux propriétés des

« Français fidèles et amis de la patrie, qui ne l'ont
« quittée que pour combatre la tyrannie des jaco-
« bins et de la Convention.

« Nous nous engageons solennellement à faire
« tous les sacrifices qui pourront dépendre de nous
« pour consolider la dette de l'État. L'honneur et
« la vérité nous engagent également à déclarer à la
« nation française que la soi-disant Convention,
« travaillant constamment à la tromper sur l'état
« des finances, le déficit qui n'était que de 56 mil-
« lions à l'ouverture des états-généraux, est porté
« aujourd'hui, de l'aveu même de la soi-disant
« Convention, à plus de 800 millions par an. Le
« capital de la dette contractée par elle et par les
« jacobins, se porte à plus de 20 milliards, et chaque
« jour il augmente dans une progression effrayante.

« La soi-disant Convention ayant formé le projet
« de faire la banqueroute, tout en persuadant au
« peuple français qu'elle prend les moyens de l'é-
« viter, nous déclarons solennellement à la nation
« française et à tous les anciens créanciers de l'État,
« que nous garantissons sur notre honneur, sur
« notre loyauté et sur toutes nos propriétés indivi-
« duelles, leurs titres, créances, droits et actions.

« Nous hypothéquons nos propriétés et celles de
« nos enfans à l'effet de faire tenir envers tous les
« créanciers de l'État les engagemens contractés
« envers eux par les Rois de France, ou en vertu
« de leurs édits, octrois ou arrêts de leur conseil,
« et à l'effet de reconnaître et rendre à chacun ce
« qui lui est légitimement dû.

« Nous renonçons solennellement et à perpétuité,

« pour nous et pour nos enfans, à toutes exemp-
« tions pécuniaires, à tous priviléges et droits quel-
« conques qui pourraient nous être dus, et nous
« contribuerons dans l'exacte proportion de nos
« biens et facultés aux besoins et aux charges de
« l'État; ne voulant nous réserver que le droit de
« soulager la plus pauvre partie du peuple des im-
« positions qu'il était dans l'obligation d'acquitter.
« **Nous combattons pour rétablir le culte catholique**
« **et la royauté**, pour rendre les ministres de Dieu
« a leurs autels, pour remettre tous les Français en
« possession de l'héritage de leurs pères, pour les
« faire jouir de la liberté véritable, et du bonheur
« que donne un gouvernement stable et paternel.
« A cet effet, nous invitons les braves soldats
« français, nos camarades et nos frères, qui ont si
« courageusement repoussé les armées ennemies, à
« venir se rallier à nous. Nous invitons les villes,
« bourgs et villages, à ouvrir leurs portes et à re-
« connaître leur souverain légitime. Nous invitons
« les magistrats, les administrateurs et toutes per-
« sonnes entre les mains desquelles réside une por-
« tion de force et d'autorité, à les employer au ré-
« tablissement de la religion et de l'ordre, et nous
« leur accorderons aide, assistance et protection,
« pour garantir leurs personnes et leurs propriétés
« contre les perturbateurs de l'ordre public. Nous
« invitons tous les laboureurs, tous les cultivateurs
« et tous les artisans, à continuer leurs travaux, et
« nous nous engageons à faire respecter leurs héri-
« tages et leurs ateliers.
« **Nous déclarons ennemis et tyrans de la patrie**

« les députés à la Convention, qui ont voté pour
« l'assassinat de Louis XVI, de glorieuse et sainte
« mémoire. Nous jurons de verser jusqu'à la der-
« nière goutte de notre sang, ou de ne poser les
« armes que lorsque les députés de la soi-disant
« Convention auront remis les rênes du gouverne-
« ment entre les mains du souverain légitime que
« Dieu a donné à la France.

« Tels sont les motifs qui ont dirigé les Ven-
« déens et les Chouans jusqu'à ce jour ; tels sont
« les principes qu'ils ne cesseront jamais de pro-
« fesser. Braves camarades ! il ne nous reste plus
« qu'à invoquer le Dieu des combats, à lui de-
« mander qu'il nous donne la force de venger ceux
« de nos frères qui ont été si traîtreusement ou-
« tragés et arrêtés ; à lui demander qu'il répande sa
« sainte bénédiction sur nos drapeaux, et qu'il con-
« serve les jours de notre Roi et ceux de sa famille.
« Jurons tous de répandre jusqu'à la dernière
« goutte de notre sang, pour rétablir en France
« la religion, la royauté et l'ordre public.

« Fait au quartier-général de l'armée de Cha-
« rette, et publié au quartier-général des armées de
« Stofflet, Sapinaud et Scepeaux, le 22 juin 1795,
« an 1er du règne de Louis XVIII. *Signé* CHA-
« RETTE, STOFFLET, SCEPEAUX, SAPINAUD, GUILLARD,
« CADY, etc. Suivent plusieurs pages de signatures
« des principaux officiers des armées catholiques et
« royales des Vendéens et des Chouans.

« *Certifié ; signé* GILBERT,
« *secrétaire-général.* »

« DE PAR DE ROI,

« Le conseil militaire des armées d'Anjou, du
« Haut-Poitou et de Bretagne ;

« Vu la réponse et la proclamation ci-dessus,
« nous ordonnons qu'elle soit imprimée, publiée
« et affichée dans toutes les paroisses qui compo-
« sent l'arrondissement des armées d'Anjou, du
« Haut-Poitou et de la Bretagne.

« A la Mabilais, le 25 juin 1795, l'an 1er du
« règne de Louis XVIII, *Signé* BERNIER, *commissaire-*
« *général.*

« De l'imprimerie royale de Maulevrier, CHAM-
« BART fils, *imprimeur.* »

Je n'ai pas voulu renvoyer de pareils documens
parmi des pièces justificatives et dans un appendice
à mes souvenirs, par cette raison que mon récit
n'aurait eu ni l'autorité qui résulte de leur contenu,
ni le même intérêt pour vous. Je veux terminer ce
présent chapitre en vous produisant une lettre politique de Louis XVIII., mais je voudrais vous parler
d'abord du jeune Sombreuil et de sa glorieuse conduite à Quiberon (1).

(1) Charles-Marie de Viriot, Vicomte de Sombreuil, fils aîné
de Charles-François, Comte de Sombreuil et Gouverneur des
Invalides, à qui sa courageuse fille avait sauvé la vie pendant
les massacres de septembre, et qui n'en fut pas moins condamné à mort et exécuté en 1794, comme étant complice d'une
prétendue tentative d'assassinat contre le représentant Collot-
d'Herbois. Le journal du soir annonça qu'il était âgé de 64 ans.

En exécution des promesses du gouvernement anglais et des préparatifs qu'il avait fait ostensiblement pendant cinq mois, une escadre de trois vaisseaux de ligne et de six frégates avait débarqué sur la plage de Karnac (en Basse-Bretagne) un corps d'émigrés, auxquels on avait donné pour chef un gentilhomme picard appelé M. d'Hervilly. Assisté par une colonne de chouans qui sont les Vendéens de la Bretagne, ce corps d'émigrés s'empara de la petite ville d'Auray, dès le lendemain de son débarquement, et malheureusement pour eux et pour nous ces honnêtes Bretons étaient commandés par un prétendu royaliste, appelé M. de Puisaye.

Les royalistes furent ensuite attaquer un détachement de républicains qui se trouvaient postés au fort de Saint-Barbe, au débouché de la presqu'île de Quiberon; mais ils furent repoussés jusqu'au fort de Penthièvre, et M. d'Hervilly, leur commandant, y fut mortellement blessé. Il paraît que, pour se réserver tout l'honneur de l'action, il avait fait retarder le débarquement de la deuxième division des émigrés, dont le Vicomte de Sombreuil avait le commandement. Ce débarquement ne put s'effectuer que le jour suivant, mais ce fut avec un grand

---

Son fils en avait à peine 23 lorsqu'il fut fait prisonnier à Quiberon. Il demanda seulement (pour les émigrés qui l'accompagnaient) *la vie sauve avec la permission de se rembarquer.* Conduit à Vannes et condamné à être fusillé, il obtint, sur sa *parole d'honneur,* trois jours de répit, pour aller régler des comptes avec les chefs de l'escadre anglaise. Il revint, malgré les supplications de l'amiral Wabren, et subit son supplice avec une fermeté digne de son nom. (*Note de l'Auteur.*)

désordre, et le manque absolu des vivres encouragea l'indiscipline et la trahison d'un grand nombre de mauvais soldats, qui pour la plupart étaient des prisonniers français, des marins nouvellement sortis des pontons, enfin des hommes sans foi, sans honneur et sans conscience politique. Ils avaient comploté d'abandonner les émigrés tout aussitôt qu'ils auraient touché les terres de France; ils envoyèrent des transfuges auprès du général Hoche, ils abandonnèrent les royalistes qui furent surpris dans le fort de Penthièvre, et les émigrés se trouvèrent cernés par les républicains.

Rassemblés autour de leur jeune et valeureux chef (M. de Sombreuil), les émigrés et les Chouans soutiennent pendant plus de cinq heures un feu terrible, et c'était principalement à dessein de laisser le temps de regagner les vaisseaux anglais qui longeaient la côte, à toute une multitude de femmes et d'enfans, d'ecclésiastiques et de vieillards à qui le gouvernement anglais n'avait eu garde de refuser l'embarquement, et ceci par esprit d'économie ou de lésinerie politique. Mais il n'était pas possible à tous ces malheureux de se rembarquer, et le brave Sombreuil est obligé de mettre bas les armes. Le nombre des prisonniers s'élevait à dix mille deux cent soixante, en y comprenant les femmes et les enfans.

Je ne vous dirai pas s'il est bien vrai que les batteries des navires anglais balayaient à coups de boulets-ramés et de mitraille toute la plage où se précipitaient les émigrés pour aborder les bateaux, les chaloupes et les embarcations du pays qui pouvaient les transporter à bord de l'escadre anglaise; nous ne savons pas si tous les projectiles anglais étaient principalement dirigés sur nos émigrés; mais un grand nombre de ceux-ci n'en périrent pas moins sous les feux et par le fer anglais. M. de Lauriol, ancien garde-du-corps de Monsieur, fut blessé d'un coup d'épée dans la poitrine au moment où il abordait un canot rempli d'officiers de marine. « M. « de Rousseville, ancien Page de M. le Prince de « Condé, et capitaine au régiment d'Enghien, se « sauvait à la nage : il atteint une chaloupe an- « glaise, il en saisit le bord de la main droite ; un « coup de sabre le force à lâcher prise ; de la main « gauche, il s'accroche au bordage, un autre coup « de sabre lui abat cette main ; on lui frappe sur la « tête à grands coups de sabre et de crosse de fusil « (par ordre de l'officier de marine anglaise), et « notre malheureux compatriote est englouti dans « les flots. Je l'ai vu !.... » Et c'est M. de Sombreuil qui parle ainsi dans sa dernière lettre à M. du Dresnay. On peut ajouter à ceci que le vénérable Évêque de Dol (M. de Hercé) se trouvait tout à côté d'une chaloupe, et que lorsqu'il se présenta pour y monter en tendant la main, il reçut dans la poitrine un coup de crosse de fusil qui le renversa sur les rochers de la grève, où il a été fusillé quatre jours après.

Si vous me demandez la raison de cette férocité systématique, je vous dirai, mon Enfant, que parmi ces émigrés qui faisaient partie de l'expédition de Karnac, il se trouvait trois cent quarante officiers de notre ancienne marine royale ; on sait combien la plupart d'entre eux s'étaient illustrés pendant la guerre d'Amérique ; on connaît l'esprit vindicatif et calculé qui préside à toutes les opérations du gouvernement anglais, et quand on a pensé que le cabinet de Londres avait résolu d'envoyer ces officiers français à leur perte assurée, c'est une opinion qui n'a pas manqué de trouver des partisans, même au sein du parlement britannique. Lorsque M. Pitt essaya de masquer l'horreur de ce honteux désastre, en disant que le *sang anglais n'avait pas coulé, du moins !* — *C'est l'honneur anglais*, lui répliqua Sheridan, *c'est l'honneur anglais qui vient de s'écouler jusqu'à la dernière goutte !*......

En faisant déposer les armes à ses compagnons, M. de Sombreuil avait capitulé favorablement pour eux de la manière la plus formelle et la plus précise, mais la Convention prétendit qu'il y manquait plusieurs choses de forme ; le général Hoche ne fit aucune difficulté d'en convenir, et la Convention nationale ordonna le supplice de six cents officiers français, pour qui M. de Sombreuil avait obtenu la vie sauve. On les a fusillés sans rémission sur le bord de la mer, et dans le nombre des condamnés comme ayant fait partie des *troupes débarquées*, se trouvait l'Abbesse de Cordylon, Madame de Chabot, qui devait être assurément fort âgée, car je me souviens qu'elle avait fait ses vœux à l'époque où ma tante de Montivilliers était Coadjutrice de cette maison, et je crois bien qu'elle avait au moins quinze ans de plus que moi. Mademoiselle de Hercé, qu'on n'avait pas fusillée, sans qu'elle en sache encore le pourquoi, m'a raconté que cette Abbesse était restée d'un caractère inflexible. Elle avait comparu devant la commission révolutionnaire d'Auray en habit religieux, disant qu'il était d'obligation pour elle. Elle avait commencé par déclarer que son âge et sa profession devaient la mettre à l'abri d'une inculpation pareille à celle d'avoir *porté les armes* contre la république : mais, le président l'ayant interrompue pour lui demander quel était son nom, son pays, etc.

— Puisque vous prenez la licence de *m'interloquer*, dit-elle au président, je ne dirai plus rien : *Quand l'âne parla, le prophète se tut !*

Comme elle avait été prise d'un flux de sang pendant la nuit, et qu'elle ne pouvait plus se tenir debout le lendemain matin, Mlle de Hercé m'a dit qu'on l'avait étendue sur une couverture afin de la porter sur le sable, et qu'elle avait été fusillée à bout portant. Les gens du pays relevèrent son corps et l'ont enterré dans leur église où l'on tient pour assuré que ses reliques sont d'une sainte. Elle était peut-être un peu trop fière de sa Crosse d'or, et de ses trois Chabauds d'or en champ de gueules, ainsi je ne sais qu'en penser.

Lisez cette lettre du Vicomte de Sombreuil à l'Amiral Wahren, qui commandait la flotte anglaise, et dites-moi si le jeune Français qui l'écrivit ne doit pas être l'objet d'un regret éternel pour nous?

« A la prison d'Auray, ce 22 juillet.

« Monsieur,

« J'aurai l'honneur de vous dire que le lâche
« fourbe qui nous a perdus, c'est-à-dire M. de
« Puisaye, m'avait donné l'ordre de prendre une
« position et de l'y attendre; mais il a eu l'extrême
« prudence de joindre bien vite un bateau, aban-
« donnant au hasard le sort des nombreuses victi-
« mes qu'il a sacrifiées. Les gardes du fort ayant été
« forcées, toute l'aile gauche de la position était déjà
« tournée et il ne restait de ressources que dans un
« embarquement le plus précipité, rendu presque
« impossible par la proximité de l'ennemi. Nos
« régimens d'Hervilly et du Dresnay se rangèrent
« entièrement du côté de l'ennemi, abandonnant
« leurs drapeaux et massacrant leurs officiers. La
« majorité de nos soldats, désespérant d'une aussi
« affreuse position, s'éparpillèrent dans la campa-
« gne. Je me trouvais adossé, cerné et resserré au
« rocher, à l'extrémité de l'île, avec deux ou trois
« cents gentilshommes et le peu de soldats restés fi-
« dèles; mais sans cartouches, n'ayant pu en obtenir
« que pour les gardes du fort Penthièvre, malgré
« mes instances les plus réitérées : sans doute que
« M. de Puisaye avait eu des raisons qu'il essaiera
« d'expliquer? Plusieurs bateaux, encore à la côte,
« pouvaient me donner la ressource déshonorante
« dont il a si promptement profité; mais l'abandon
« de mes frères d'armes eût été bien pis que le sort

« qui m'attend (je crois demain matin); j'en mé-
« ritais peut-être un meilleur.... N'ayant plus de
« ressources, j'en vins à une capitulation pour sau-
« ver tout ce qui ne pouvait s'échapper, et le cri
« général de l'armée m'a répondu que tout ce qui
« était émigré serait prisonnier de guerre et épar-
« gné comme tel. N'ayant pas voulu me comprendre
« dans ma capitulation, j'en suis seul excepté; moi
« seul, je dois périr et je mourrai comme j'ai vécu,
« j'espère.
 « Je vous somme au nom de l'honneur de pu-
« blier cette lettre.

» Sombreuil. »

Voilà, mon ami, dans quels rapports de bienveillance et de confiance étaient nos émigrés avec
le gouvernement anglais ; mais tout ce qui se passait
en Allemagne à l'égard du Roi notre maître était
plus déplorable encore. La cour de Vienne ne voulait considérer cette noble armée de Condé, où l'on
voyait des officiers supérieurs et même des généraux
français servir en qualité de simples soldats, que
comme un corps de troupes à la solde de l'Autriche,
et sur qui les généraux autrichiens devaient exercer
une souveraine autorité. Si S. M. les allait passer
en revue, les commandans Viennois défendaient
qu'on tirât les canons et même que l'on osât battre
aux champs en défilant devant le Roi de France.
On lui fit pressentir que l'Empereur exigerait bientôt qu'il eût à s'éloigner de l'armée française, et
M. de Thugut alla jusqu'à dire au Comte de Saint-

Priest que si S. M. persistait à y rester, on en viendrait, quoique à regret, à employer les voies de la contrainte. On a su comment les Anglais avaient conduit à l'Ile-Dieu Monsieur, Comte d'Artois, qu'ils forcèrent à y rester deux mois dans l'inaction......

(Il se trouve ici deux pages soigneusement raturées)

. . . .

à la colonne chargée de l'enlèvement du Roi, qui fut contraint d'abandonner l'armée française et qui fut blessé d'un coup de fusil, en passant à Dillingen, en Suabe. Mais je n'oublie pas que c'est par une intéressante et curieuse épître du Roi Louis XVIII que je vous ai promis de terminer ce chapitre que je pourrais appeler, comme celui du Père Ménétrier, *mon chapitre des pièces curieuses.*

Lettre du Roi XVIII au Duc d'Harcourt, son Plénipotentiaire à Londres.

Véronne, 28 septembre.

« Mon cousin, j'ai reçu votre réponse à ma lettre
« du 25 août. J'ai voulu prendre quelques jours
« de réflexions avant d'y répondre. Je suis très re-
« connaissant de l'intérêt que le gouvernement an-
« glais prend à ma conservation.

« Il est vrai que ma position serait assez sem-
« blable à celle de Henri IV, sauf que j'ai des in-
« convéniens qu'il n'avait pas et qu'il avait beaucoup
« d'avantages que je n'ai point. Suis-je, comme
« lui, dans mon royaume? Suis-je à la tête d'une

« armée docile à ma voix? Ai-je toujours porté les
« armes et servi sous le harnais depuis l'âge de
« seize ans? Ai-je gagné la bataille de Coutras? Eh
« mon dieu, non! je me trouve dans un coin de
« l'Italie. Une grande partie de ceux qui militent
« pour moi ne m'ont jamais vu. Je n'ai fait qu'une
« campagne dans laquelle on a à peine tiré un coup
« de canon. Mon inactivité m'expose à des juge-
« mens défavorables de la part de ceux qui me sont
« restés fidèles, jugemens que je ne peux pas ap-
« peler téméraires parce que ceux qui les portent
« ne sont pas instruits de la vérité. Puis-je conquérir
« ainsi mon royaume? Et supposé que mes fidèles
« sujets obtiennent un tel secours que je n'aie qu'à
« me présenter pour recevoir ma couronne, pour-
« rai-je acquérir par là cette considération person-
« nelle qui me serait si nécessaire?

« On vous dira, peut-être, que si les succès de
« Monsieur me promettent une entière sécurité, on
« me conduira dans mes Etats; mais cela signifie
« uniquement que l'on m'y fera venir lorsque les
« grands dangers seront passés. Dieu m'est témoin,
« et vous le savez, mon cher Duc, vous qui connais-
« sez le fond de mon cœur, que j'entendrais répé-
« ter avec la plus vive et la plus tendre satisfaction
« ce cri des Israélites : « Saül a tué mille combat-
« tans et David dix mille! » Mais ma joie comme
« frère, ne fait rien à ma gloire comme Roi, et je
« le répète, si je n'acquiers pas une gloire person-
« nelle, mon règne sera peut-être tranquille par
« l'effet de la lassitude générale; mais il ne sera

« pas long, et il sera peut-être plus malheureux que
« celui d'Henri III.

« Le passage du Rhin, la saison qui avance, tout
« se réunit pour me persuader qu'au moins pour
« cette année le corps du Prince de Condé n'agira
« point. D'ailleurs M. de Thugut a dit depuis peu,
« sans y être provoqué, que je ne jouerais pas au-
« près de ce corps un rôle convenable ; et je pense
« en effet que j'y serais, pour le moins, aussi dé-
« placé qu'à Véronne.........

« Que me reste-t-il donc? la Vendée. Qui peut
« m'y conduire? le Roi d'Angleterre ; insistez de
« de nouveau sur cet article. Dites aux ministres,
« en mon nom, que tout autre parti, quel qu'il
« soit, est dangereux pour ma gloire, dangereux
« pour le bonheur présent et futur de mon royaume,
« dangereux pour la tranquillité de l'Europe, in-
« compatible avec l'état présent de la France.

« Faites sentir tout ceci au cabinet de Saint-
« James ; ajoutez une réflexion moins importante
« puisqu'elle ne regarde que moi : dites que j'é-
« prouverais une bien douce satisfaction de devoir
« mon trône, ma gloire, le salut de mon royaume,
« à un souverain aussi vertueux que le Roi d'An-
« gleterre, à des ministres aussi éclairés que les
« siens

« LOUIS. »

CHAPITRE III.

Le Directoire. — Les assignats et la banqueroute. — Le pillage officiel. — Luxe des parvenus. — Costumes du temps. — Les *carmagnoles* et les *attiques*, les *incroyables* et les *merveilleuses*. — Le dîner grec et Mme Pipelet. — La recette pour le brouet-noir de Sparte. — Les Romaines du Luxembourg. — Mme Tallien. — Les divorces. — La Princesse Stéphanie de Montcairzin, dite de Bourbon-Conty. — La fausse marquise de Douhault. — Autres anecdotes

---

« Qui me délivrera des Grecs et des Romains ?
« Du fond de leurs tombeaux, ces peuples inhumains
« Feront assurément le malheur de ma vie !
« Mes amis, écoutez mon discours, je vous prie....

Le Directoire exécutif avait remplacé la Convention nationale en vertu de la constitution de *l'an trois*, et quel temps c'était, mon bon Dieu, que celui de ce Directoire ! ce n'était plus le régime de la terreur et l'effroi de l'humanité, c'était les saturnales de la civilisation ! A l'échafaud près, toutes les iniquités de 93 étaient restées en plein exercice, et c'était surtout la plus belle époque du monde pour les fournisseurs ! Les employés du gouvernement qu'on envoyait chez nous pour y lever les scellés, achevaient d'emporter ce qui nous restait de numéraire, et la valeur d'un louis d'or, à la bourse de Paris, était cotée pour sept mille deux cent quarante-six francs en assignats. Les conventionnels en avaient émis pour la somme de quarante milliards, et la banqueroute opérée par le Directoire a été de *trente-deux milliards et sept cent millions*. (N'oubliez pas qu'on avait fait la révolution française à l'occasion d'un embarras qui provenait de cinquante et quelques millions de rente).

Comme on avait mis au plus bas prix les taux originels de *soumission* pour les propriétés dites *nationales*, on pouvait acquérir une église, un bois de mille arpens, une ferme en Beauce, un hôtel à Paris, un herbage en Caux, ou tel autre bien d'église ou d'émigré, pour une centaine de livres tournois, qui, converties en assignats ou mandats territoriaux, faisaient encore un assez gros monceau de papiers. On parlait d'un perruquier nouvellement enrichi, qui venait d'acheter l'hôtel de Salm (1) et qui venait d'y faire changer le parquet du plus grand salon, parce qu'il ne trouvait pas que la marquetterie en fût assez magnifique pour lui. C'était un bouleversement de fortunes tellement rapide qu'il ressemblait au résultat d'une loterie générale. Les cinq directeurs de la république en étaient les spoliateurs en titre d'office : ils s'arrangeaient avec les fournisseurs et les caissiers aux dépens des soldats, aux dépens des hôpitaux et jusqu'aux dépens des commis des employés et des autres salariés de leur gouver-

---

(1) Aujourd'hui, grande-chancellerie de la Légion-d'Honneur.

nemens, dont ils retenaient quelquefois les appointemens pendant plus de six mois.. Quand on les destituait avant qu'ils ne fussent payés, on ne leur donnait rien ; c'était la règle.

Si vous voulez avoir une idée de Paris en 1796, représentez-vous une grande ville, une ville de huit cent mille habitans, où tout le monde est devenu fou, à l'exception pourtant d'une bonne dame qui se moque de tout le reste, et de quatre à cinq personnes qui sont assurément remplies de sagesse et d'esprit, car elles disent toujours : « Mme la Marquise a bien raison! » C'est un refrain qui revient un peu trop souvent ; peut-être? Mais on n'a pas le courage de se fâcher contre les personnes qui rabâchent de cette manière là..

La population de notre vieux Paris était divisée en quatre portions tout-à-fait disparates pour le costume. Les jacobins opiniâtres et les hommes de la plus basse classe, étaient restés en véritables sansculottes, c'est-à-dire avec un bonnet rouge et des sabots, une veste ronde appelée carmagnole, en étoffe grossière, ou bien une sorte de houpelande sans couture, et tout d'une venue conséquemment, laquelle était en gros tissu de beige brune velue, et presque toujours de la couleur de la brebis. Les femelles de ces hommes-là paraissaient bien autrement horribles qu'avant la révolution, parce qu'elles étaient beaucoup plus sales et plus misérables.

C'est à cette époque-là qu'elles ont pris l'habitude, non pas de se coiffer, mais de s'entortiller la tête avec un mouchoir de cotonnade : car, avant la révolution, toutes ces femmes du peuple, à partir de la bouquetière à la chiffonnière, étaient coiffées d'un bavolet de toile empesée, quelquefois de batiste, mais sans dentelles, et le plus souvent de toile écrue, pour les jours ouvriers.

Tous les artistes de l'école du citoyen David, et bon nombre de comédiens du boulevard, étaient habillés à la grecque avec la plus grande sévérité de costume. Ils portaient la tunique laconienne (au-dessus du genou); ils avaient un léger chlamyde orné d'une bordure en broderie de laine et qui figurait presque toujours un méandre. Ils avaient la poitrine et la tête nues, les bras nus et les jambes nues. Vous comprenez bien la félicité dont ils devaient jouir pendant tout l'hiver; mais vous ne sauriez vous figurer quel était leur embarras sur la place de la Concorde ou sur le Pont-National, quand ils s'y trouvaient aux prises avec les vents d'équinoxe?.. Quant à la pluie, c'était tout différent, et je vous assure qu'ils la recevaient sur la tête avec un stoïcisme et d'un air de gravité qui ne laissaient rien à désirer.

Le jeune Céphyse Rotisset (qui était le neveu de Mme Roland), disait un jour à sa tante, Mlle Dupont, que la pluie lui rendait le double service de lui nettoyer la tête et de faire boucler ses cheveux. Cet élève du Portique était aussi de l'école de David; mais il ne savait dessiner que des génies de l'agriculture et du commerce. C'était sa partie. Ses pauvres parens disaient de lui qu'on n'a jamais vu de garçon si maussade et de républicain plus détestable! Il est Théophilantrope en ce moment-ci.

Cet impertinent citoyen m'avait attiré une lettre

du régulateur et des orateurs du Gymnase attique, à laquelle je fis répondre en ces termes-ci, par Dupont(1) : « Citoyens, Madame de Créquy m'ordonne
« de vous dire que le jeune homme qui vous a parlé
« d'elle était dans l'erreur, au sujet de ses *relations*
« *intimes* avec l'Abbé Barthélemy qui n'a jamais été
« des amis de Madame, et Madame ajoute que le
« *profit* qu'elle a pu tirer de sa conversation ne sau-
« rait profiter à l'arrangement de ce banquet dont
« vous vous occupez et qui fait le sujet de la lettre
« que vous lui avez écrite, en date du quartidi 14
« vendémiaire. Madame ne pense pas que l'usage
« des Grecs fût d'employer l'*assa fœtida* comme as-
« saisonnement de leurs potages. C'était, m'a-t-elle
« dit, les Romains qui s'en servaient, et le *comyn*
« des gâteaux athéniens pouvait être une sorte
« d'anis. Madame a ouï dire autrefois que le brouet-
« noir de Lacédémone devait être une bouillie de
« farine de sarrazin, dans laquelle on mêlait de la
« chair de porc en hachis, suivant les uns, ou du
« jus de cochon rôti, suivant les autres. Mais Ma-
« dame n'a jamais eu l'occasion de parler cuisine
« avec l'Abbé Barthélemy qu'elle ne recevait point
« chez elle; ainsi n'attribuez pas son opinion sur
« la confection du brouet-noir à l'autorité de cet

(1) Ce régulateur hellénique était le fils du vieux Poissonnier, médecin du Roi, lequel était frère d'un autre médecin beaucoup plus habile que lui, qui se nommait Poissonnier-Desperrières, et que je faisais toujours mander en consultations. Le fils du vieux Poissonnier se fait appeler aujourd'hui M. de Prûlay, du nom d'un bien de campagne qu'il a acheté dans le Perche.   ((*Note de l'Auteur.*)

« académicien, qui n'en dit rien dans son ouvrage,
« et qui probablement n'en savait rien. Madame de
« Créquy me fait ajouter qu'elle vous remercie de
« l'honneur que vous lui faites en la conviant d'as-
« sister à votre festin gymnastique ; elle m'a chargé
« de vous dire qu'elle y ferait une étrange figure et
« qu'elle ne saurait accepter votre invitation. Per-
« mettez-moi, Citoyens, d'ajouter à cette réponse
« l'assurance de mon estime personnelle et de mon
« dévouement.

« Salut et Fraternité.

« DUFONT, l'aîné,

« *Homme de confiance.* »

Le Citoyen Céphyse vint rapporter à l'hôtel de Créquy que M. Poissonnier de Prûlay leur avait fait manger de la soupe à l'antique, au pain d'orge et au fromage de Brie. Il y avait eu pour chacun des convives, une oie (renouvelée des Grecs ainsi que le jeu qui porte son nom). On leur avait servi des mûres de buisson cuites au four, ce qui fut trouvé délectable ; mais les gâteaux corinthiens à l'huile d'olive et au miel roux ne furent pas du goût de tout le monde.

Vous verrez dans les journaux du temps que les savans archéologues, ordonnateurs de ce dîner grec, n'avaient rien négligé pour entourer leurs nombreux amis *des illusions les plus complètes*. La décoration de la salle du banquet était dans le style ionique avec des colonnes cannelées sans *congé ni base*, et le fond du tableau représentait une statue de Lycurgue au bord de l'Eurotas, où se jouaient des cygnes, qu'on avait fait venir du domaine national de Chantilly. La salle était jonchée de fleurs, les convives des deux sexes étaient couronnés de fleurs, et ils buvaient dans des coupes garnies de fleurs (ce qui devait être fort commode). Les détails du service étaient confiés à de jeunes ilotes à peu près nus...... Mais la beauté, la dignité, les grâces et l'enjouement des citoyennes qui participaient à cette intéressante réunion, ne le cédaient assurément sous aucun rapport aux Laïs, aux Aspasie, aux beautés les plus renommées de la Grèce antique! Il paraît que la citoyenne Pipelet y fit entendre un chant digne de Sapho (1). Enfin des voix humaines, accompagnées du pipeau grec ou flûte de Pan, achevèrent de réaliser cette suite d'illusions charmantes, en exécutant le premier chœur des Nuées d'Aristophane, sur cet air que les prêtres catholiques emploient au chant de ce qu'ils appellent la préface; car il est suffisamment connu que cette partie de la messe n'est autre chose que l'ancien récitatif au théâtre grec, dont l'église romaine avait gardé la tradition.

Les mêmes journaux ne manquèrent pas de disserter à perte de vue sur le brouet-noir, ce fameux brouet-noir des anciens Spartiates, dont la saveur

---

(1) Femme divorcée d'un chirurgien bandagiste et présentement Comtesse de Salm. Comme il y a des cousins de son mari qui sont titrés princes de l'empire, elle se fait appeler Princesse. Elle aime mieux cela.

4.

avait obtenu l'approbation la plus générale, et dont on avait eu le bonheur de se procurer la recette par l'entremise du citoyen Céphyse Rotisset, jeune artiste de la plus belle espérance ; lequel avait dirigé ses investigations du côté d'une femme éminemment instruite, la plus ancienne et la plus intime amie du savant et célèbre auteur d'*Anacharsis !* Le *Journal de Paris* ajouta que ce devait être la Duchesse de Choiseul, et je vous assure que je n'ai pas réclamé contre cette injuste supposition.

Figurez-vous que toutes ces Grecques de la rue Vivienne et la rue Thiroux n'étaient vêtues que d'une chemise de percale et d'une petite robe de mousseline sans manche, avec toute la gorge et les épaules au grand air. Cette robe à l'antique et sans ampleur, était serrée sur la taille immédiatement au-dessous de la poitrine, avec un galon de laine rouge ; et dans leurs cheveux qui étaient coupés à deux ou trois pouces autour de la tête ; on voyait toujours deux ou trois cercles de galons de laine, assortis pour la couleur avec celui de la ceinture, mais plus étroits. Les jambes étaient toutes nues, les pieds chaussés d'un cothurne avec des zig-zags à jour et en galon rouge, et ceci montait jusqu'à mi-jambe. Point de gants ; et quant à des poches, il n'y fallait pas songer avec un pareil vêtement, qui n'était composé que d'une mousseline collée sur les flancs. On y suppléait tant bien que mal au moyen d'un réticule ; car enfin ce n'est pas le tout que de s'habiller à l'antique, il faut pouvoir se moucher. On appelait cette mode de se faire écourter les cheveux *à la victime* ; elle avait dû son origine aux jeunes captives.

libérées après le ix thermidor; mais les républicaines avaient fini par l'adopter en signe de persécution passée, parce que c'était devenu le bel air. Les bourreaux avaient décimé les générations françaises, mais toutes ces dames avaient grand soin de vous rassurer sur l'avenir de la population, en simulant un état de grossesse universel. Ces apparences de fécondité s'appelaient des *demi-termes*, et les élégantes de 95 n'auraient pas voulu se montrer sans un pareil accessoire à leur parure.

Avec tout cela, parmi les amateurs des antiques et de la régénération, le parti des Grecs avaient trouvé des antagonistes, et c'était les *merveilleuses* du Luxembourg. Elles avaient adopté le costume romain, parce qu'il admettait l'emploi de la grande toilette ; mais je ne vous avais peut-être pas dit que les cinq directeurs avaient élu domicile dans le palais de Monsieur, ainsi ne vous y trompez pas. Il y avait donc à la cour de ces Tibères du Luxembourg de charmantes Julies, des Poppées, des Agrippines, des Cornélies énormes, et je pense bien aussi des Faustine-la-Maigre. Elles avaient des robes de patriciennes en tissu de pourpre avec des broderies de métal en palmettes; elles avaient de longs cheveux bien nattés à la Porcia, et mêlés de pierreries; mais ce qui m'en plaisait le moins, c'était leur chaussure, attendu que leurs bas couleur de chair étaient divisés pour les doigts de leurs pieds comme des gants, et qu'elles avaient des bagues de diamant à tous les orteils. Je ne sais pas où la citoyenne Tallien avait pu découvrir une pareille mode, et comme je ne doute pas qu'elle ne fût de son invention, je trouve qu'elle ne faisait aucun honneur à son bon goût (1).

On aurait pu mettre aussi dans les journaux que c'était Mme de Choiseul ou moi (d'après l'abbé Barthélemy) qui avions découvert et conseillé cette mode ; mais heureusement pour notre bonne renommée que le citoyen Céphyse était un *démophilhellène* exclusif et pur. Il n'approchait jamais ni de Mme Tallien, ni du Luxembourg, en haine des Romains, à cause de leur patriciat, de la dictature et de l'empire.

Je renonce à vous parler des *incroyables*, avec leurs habits carrés et leurs oreilles de chien. Imaginez qu'ils portaient des médaillons, des lorgnons, des colliers, des boucles d'oreilles avec des camées, et des cadenettes relevées avec un peigne courbe. Ils avaient aussi des bas comme on n'en reverra jamais, car c'était des chausses rayées en travers et qui formaient de larges anneaux de couleurs tranchées autour de la jambe. Ils avaient aussi, pour

---

(1) Dona Theresia Cabarrus, née en 1769, d'une famille bordelaise établie en Espagne, où le Comte Cabarrus, son père, avait été titré de Castille par le Roi Charles IV, après avoir été son ministre des finances par *intérim*. Mariée fort jeune à M. Devins de Fontenay, Conseiller au parlement de Paris; divorcée en 1792 et devenue femme de Tallien, proconsul à Bordeaux; divorcée de nouveau en 1802 et remariée avec M. Riquet de Caraman, propriétaire de l'ancienne principauté de Chimay dans les Pays-Bas, où l'on dit qu'elle a passé les trois dernières années de sa vie dans la souffrance, dans les sentimens du repentir le plus édifiant, et dans l'exercice de toutes les vertus chrétiennes. (*Note de l'Éditeur.*)

entourer leur col, un système de cravatte inconcevable; mais regardez-les dans les collections d'estampes, et dites-moi ce que vous pensez de leur petit bâton de cep de vigne en forme de cuillère-à-pot.

— *Vous portez le sceptre du ridicule*, disait Mme de Staël au jeune Thélusson (il y a toujours, et je vous ai dit pourquoi, des mailles-à-partie continuelles entre ces deux familles genevoises); et, malheureusement pour Mme de Staël, elle était costumée ce jour-là en Odalisque, en Sultane-favorite, en Houri mahométane! — *Madame l'Ambassadrice, ou plutôt, citoyenne baronne, c'est à vous qu'il appartient de le décerner!...* lui répondit l'*incroyable*, et peu s'en fallut qu'elle ne s'en pâmât d'émotion.

On n'a rien vu de pareil à cette sensibilité maladive et cet excès de faiblesse de Mme de Staël contre la moquerie. C'est le propre d'une malheureuse personne qui ne saurait se tenir dans sa position naturelle, et qui voudrait produire le double effet d'une femme charmante et d'un homme d'état. Quand on a la conscience de n'avoir aucune prétention qu'on ne puisse justifier raisonnablement, on est toujours en pleine sécurité d'amour-propre. Je n'ai certainement pas autant de motifs de confiance et de sécurité que Mme de Staël! Je n'ai pas l'honneur d'appartenir à M. Necker, et je n'ai jamais fait un livre. Je n'en ai jamais *dédié au peuple français*, conséquemment; mais j'ai la conviction de n'avoir aucune illusion volontaire, aucune prétention ridicule; aussi vous puis-je assurer que je verrais tous les Thélusson du monde et tous les citoyens de Genève et de Paris, braquer sur moi des lorgnettes et des binocles (afin de se moquer de moi), sans m'en embarrasser non plus que de la comédie des Femmes Savantes, ou de la satire de Boileau contre les femmes galantes.

Je pense bien que les *Incroyables* étaient conduits à s'habiller ainsi par un sentiment d'animadversion politique, en exécration de l'*antique,* et pour faire contraste avec les républicains; mais c'est le bon goût qui doit faire justice du ridicule. La carmagnole était une infamie, l'ajustement adopté par ces peintres et ces histrions grecs et romains était une folie; mais le costume inventé par les *Muscadins* était d'une extravagance *incroyable,* et je ne pense pas que la bonne manière de lutter contre les fous soit de les surpasser en déraison.

Le directeur Barras avait organisé pour les exécutions de sa police une escouade de familiers parmi lesquels ils se trouvait une vingtaine de maîtres d'armes et plusieurs galériens. Il arriva qu'un mauvais chanoine défroqué, nommé Poucellin, avait écrit et signé dans un journal obscur un article injurieux où se trouvaient rapportés plusieurs faits notoires, et diffamatoires en vérité, car c'était la frénésie dans la dépravation! Barras le fit enlever à son domicile et transporter dans un grenier du Luxembourg, où les prévôts de salle et les forçats du directoire le battirent si bel et si bien qu'il en mourut trois jours après. Le citoyen Fiévée (1), col-

---

(1) Auteur de *la Dot de Suzette*, de l'opéra des *Rigueurs du Cloître* et de la *Correspondance administrative.*

laborateur de l'abbé Poucellin, avait entrepris de poursuivre et de faire condamner ce directeur exécutif par le tribunal criminel ; mais on trouva moyen d'apaiser le citoyen Fiévée ; je n'imagine pas que ce fut en le *désintéressant*, et quoi qu'il en fût de son intention dans la poursuite, elle en est restée là ; ce dont les honnêtes gens savaient le plus mauvais gré du monde à ce M. Fiévée.

Je ne veux pas oublier non plus de vous raconter la bonne aventure et le procès de Mlle Margauthon, qui était allée solliciter le ministre Gohier pour en obtenir le paiement d'une pension sur l'État qu'elle avait accrochée du temps de M. Necker.

Je ne sais comment elle s'y prit, ni ce qu'ils se dirent et sur quoi la chose arriva, mais toujours est-il qu'elle en reçut des soufflets à tour de bras, après quoi ce digne représentant du peuple *le plus civilisé de la terre,* la mit à la porte en l'accablant d'injures ; et, séance tenante, il alla défendre à ses huissiers de la laisser jamais rentrer ni dans son cabinet ni dans ses bureaux.

« Voilà donc Margoton largement soufflettée
« Et qui redescendait tristement la montée. »

Elle y trouva pour le moment (sur le grand escalier de l'hôtel d'Elbœuf) une petite fille de trois ou quatre ans qui s'essayait à descendre toute seule, en se laissant glisser de marche en marche. — Est-ce que vous seriez par hasard la petite Gohier, la fille du ministre ? — Oui, citoyenne. — Ah ! c'est bien heureux pour vous ! Je vais vous faire descendre............ — Elle était belle comme le jour, disait cette folle, et voilà Margoton qui l'emporte en lui cachant la tête avec son mantelet. La seule chose qu'on put en découvrir judiciairement, c'est que c'était une ancienne protégée de Mme Necker et de Mme de Staël.

Elle avait été déposer la petite fille chez un marchand de chiens qui logeait du côté de Montmartre et qui s'appelait Frouley. Comme on avait écrit *Froulay* dans leur acte d'accusation, c'est en faveur de ce nom-là que j'avais pris garde à cette affaire. Elle avait payé deux mois de pension pour ce bel enfant du ministre, à trois sous par jour, ainsi qu'elle aurait fait pour un petit chat, et ce fut au bout de ce temps-là qu'elle écrivit au citoyen Frouley pour lui conseiller de renvoyer la petite pensionnaire à son papa qui était ministre de la république. Voyez quel temps et quelles gens !

Quand on voulait obtenir le divorce, il était suffisant de présenter une requête *en incompatibilité d'humeur,* et le mariage ne consistait pour tous ces nouveaux enrichis que dans un échange de femmes. Les personnes connues qui ont profité de cette loi révolutionnaire étaient en bien petit nombre. Il y eut d'abord la Duchesse d'Aiguillon, la Marquise de Fleury, Mme de Valentinois, la Vicomtesse de Laval et la Comtesse de la Galissonière, ce qui n'étonna personne. Il y en eut encore une autre dont le mari, les parens et les amis sont inconsolables. Je ne vous la nommerai point, parce que c'est le seul scandale qu'elle ait donné pendant toute sa vie. Je désire qu'elle puisse être heureuse avec son mari protestant, mais je ne l'espère pas.

Mme d'Aiguillon s'est remariée avec un M. Girardin, l'un des élèves de Jean-Jacques, et c'est ainsi que la belle conduite et les bons exemples de son mari leur ont profité. Mme de la Galissonière épousa (pour divorcer de nouveau, six mois après) le chef des chouans, M. de Puysaye, qui était un vilain traître, et la Vicomtesse de Laval ne s'est pas remariée, jusqu'à présent.

Pendant que je pense à cette Mme de la Galissonière qui était la principale héritière de Mme de Pompadour, et née Poisson de Malvoisin (découvrez-vous donc en vous inclinant), il faut que je vous en rapporte une histoire qui sera la première et la dernière.

Elle avait eu pour ami passionné (car elle était morte), un malotru qui s'appelait M. Dejenaive. Toujours soucieux et ténébreux, toujours crotté, toujours muni d'un gros bâton rustique, et toujours accompagné d'un caniche affamé qui n'était pas moins sale que lui. — On n'avait jamais pu deviner, disait Mme de Coislin (qui le recevait) de quelle couleur était le linge du maître et le poil du chien.

Il apprend la mort de cette pauvre femme, et le voici qui force les portes jusqu'à la chambre à coucher, où le premier objet qu'il avise est le corps de la défunte, étendu sur une grande table et dans un état affreux, car les médecins venaient de l'ouvrir. — Il se précipite sur le cœur de Mme de la Galissonière qu'il arrache, qu'il entortille dans son mouchoir sale : il le met dans sa poche, et le voilà parti comme un furieux.

— Mais, renvoyez donc le cœur de cette femme à ses parens, qui sont en droit de vous faire un procès, lui disait Mme de Coislin.

— Si vous saviez ce qu'il est devenu, lui dit-il avec un air sauvage et sombre.........

— Allons donc, vous me faites soulever le cœur !........

— Ah mon Dieu oui ! Je l'avais jeté de colère sur une malle, en arrivant dans ma chambre, à tâtons. — Je m'étais couché, je m'étais endormi pour me distraire, et le lendemain matin, j'aperçois que le mouchoir est tombé sur le carreau...... — Je saute à bas de mon lit........ — Mon chien l'avait mangé. — Je l'ai tué à coup de couteau ; mais je n'en ai rien retrouvé, rien du tout. — Je me suis souvenu que j'avais oublié de lui donner de quoi manger depuis deux ou trois jours.... — Quelle aventure dramatique et romanesque ? reprenait-il avec une sorte d'orgueil. — N'est-ce pas, Madame !

— Effectivement, répondit-elle, on en pourrait rait faire un petit roman bien gentil, bien propre, et d'un goût parfait ! C'est un joli dénouement pour une intrigue amoureuse, et je vous conseille d'en piaffer !........

Elle en est si révoltée qu'elle a pris le parti de lui défendre sa porte, et qu'elle ne peut l'entendre nommer sans colère et sans dégoût. — Vaut mieux tard que jamais !

Il apparut subitement à l'horizon de Paris une

nouvelle princesse de la maison royale de France, qui fut reconnue sans difficulté par le Directoire, et qui se faisait appeler Stéphanie-Louise de Bourbon-Conty. Elle ajoutait à ses autres qualifications celle de Comtesse de Montcairzin, parce qu'elle était provenue du mariage de la Duchesse de Mazarin, avec M. le Prince de Conty, et que ces deux noms contractés, réunis, et mélangés par ordre de Louis XVI, avaient produit celui de Montcairzin, tout naturellement.

On trouvait dans son mémoire à consulter qu'elle avait reçu le cordon bleu (du St-Esprit) à l'âge de sept ans, et puis qu'on l'avait mariée malgré qu'elle en eût avec un procureur de Lons-le-Saulnier, où elle se déplaisait à mourir. C'était non seulement parce que les vins du pays sont détestables, et parce que sa belle-mère et son mari ne la nourrissaient qu'avec des grenouilles et des couleuvres; mais c'était surtout, parce qu'elle ne pouvait sortir de son jardin sans rencontrer des ours qui lui pinçaient les oreilles en lui léchant les joues et lui faisant toutes sortes d'impertinences. Nicolas Bésuchet était un Sbrigani, un Guzman d'Alfarache, un Cagliostro! en comparaison de cette folle menteuse.

Le Directoire lui fit une pension viagère de sept mille livres; on lui donna vingt mille francs pour arranger ses petites affaires; et ce qu'il en résulta de plus fâcheux pour la Marquise Lecamus et pour Mlle Lecamus, sa belle-sœur, c'est qu'on la mit en possession de ces deux hôtels Lecamus qui se touchent dans la rue Cassette, et dont ces dames avaient hérité de leurs grands parens.

Mme de Valentinois n'était pourtant pas assez folle pour consentir à ce que cette princesse de Micomicon fût la fille légitime de sa mère, qui du reste n'avait jamais épousé le Prince de Conty, ce qui n'était pas difficile à démontrer; aussi dirigea-t-elle une poursuite en supposition d'état, contre la prétendue Comtesse de Montcairzin, qui n'en gagna pas moins son procès *avec dépens*.

Buonaparte a fini par faire déposséder cette aventurière; l'abbé Desmarets l'a fait chasser de Paris, et j'imagine qu'elle est retournée dans le Jura, chez son procureur, où je ne suis pas fâchée qu'on lui fasse avaler des couleuvres. Écoutez le récit d'une autre imposture à l'avenant de celle-ci.

La Marquise de Douhault, née de Lusignan-Champignelles, était une sainte et modeste personne; estimée, considérée, vénérée de tous ceux qui la connaissaient, et de moi particulièrement, parce que nous avions été long-temps en association de bonnes-œuvres. Elle était morte à la suite d'une maladie de poitrine, en Orléanais, dans une de ses terres, et ses deux frères avaient partagé son bien, parce qu'elle n'avait pas laissé d'enfans. Le Marquis, ainsi que le Commandeur de Champignelles, autre frère de la défunte, étaient réputés les plus honnêtes gens du monde, et chacun savait que l'aîné de cette famille avait eu la délicatesse de partager avec son frère et Mme de Douhault, sa sœur, un legs de quarante mille écus, dont il avait été avantagé par le testament de la Comtesse de Rogres, leur grand'mère. Enfin, MM. de Champignelles étaient non-seulement des gens honnêtes et désintéressés, mais c'étaient des gentilshommes d'une équité scrupuleuse et d'une générosité manifeste.

Long-temps, vingt ans peut-être, après la mort de leur sœur, car c'était au beau milieu de la révolution, notez bien ceci! on entend dire en Orléanais que Mme de Douhault n'était pas morte, et puis qu'elle venait d'intenter un procès criminel à son frère aîné, qui s'était emparé de toute sa fortune. Au lieu de faire enterrer sa malheureuse sœur, qu'il avait endormie par un narcotique, et qu'il avait forclose en pays magique, vous imaginez bien que c'était une bûche?

C'est toujours une bûche. Il y a terriblement long-temps que c'est une *bûche!* et mieux valait dire un *fagot*, pour cette fois-ci.

Mais cependant, toute la bourgeoisie d'Orléans reconnaît la ci-devant Marquise de Douhault, ainsi que la plupart de ses fermiers et ses anciens vassaux de ses terres. On la confronte avec tout ce qui restait de sa famille, et toute la famille est convaincue que cette prétendue victime de la cupidité fraternelle est une ancienne femme de chambre de la défunte, à laquelle on avait eu la bonté de laisser une partie de sa garde-robe, ainsi que le mobilier de la petite chambre qu'elle occupait au château. Elle devait se nommer Buirette ; elle devait être native de la Villette, auprès de Paris.

En accordant qu'elle eût été Mme de Douhault, elle pouvait être un peu changée de visage après vingt années d'emprisonnement et de souffrance ; mais en admettant qu'elle eût tout-à-fait perdu l'usage du monde, elle aurait dû savoir encore un peu d'orthographe, et surtout celle de son nom de famille! Elle aurait dû se souvenir de certaines particularités de sa jeunesse ; elle aurait dû se rappeler l'époque de son mariage et la couleur de son premier ameublement, par exemple? Elle aurait dû savoir que son mari n'était pas chevalier du St-Esprit..... Elle ne savait rien de tout cela, ni rien de rien, si ce n'est qu'elle était Mme de Douhault dont la famille avait usurpé l'héritage, et qu'on avait tenue renfermée dans un cachot à cent pieds sous terre, où elle avait oublié le surplus.

Elle avait signé *Chan Pinelle* au lieu de Champignelles, et son écriture était celle d'une véritable femme de chambre. — Elle a tant souffert! disait son avocat ; — Elle a tant souffert! disaient les magistrats et les auditeurs à l'envi les uns des autres. Elle a gagné sa cause en première instance, et le procès dure encore.

On vient me dire il y a cinq ou six mois, qu'il y a devant ma porte une dame en fiacre, et qu'elle demande à me remettre un billet du Curé de Saint-Roch. J'envoie Dupont vérifier la chose ; il m'amène une grosse petite femme toute commune, et tout aussitôt que j'ai vu dans sa lettre de recommandation que c'est la soi-disant marquise de Douhault, je la regarde sans la faire asseoir, et je la vois se décontenancer. Elle se met à parler précipitamment sans se douter que j'avais connu Mme de Douhault, dont on pouvait trouver qu'elle avait effectivement un faux air de visage, mais sans aucun rapport de physionomie, de tenue, de tournure, de manières, et surtout de langage et d'accent.

— Vous êtes une menteuse, lui dis-je, et vous venez de m'en donner la preuve certaine. — Vous êtes Anne Buirette, ancienne femme de chambre de Mme de Douhault. Nous nous connaissions beaucoup, votre maîtresse et moi, et voilà ce que vous ne saviez pas avant que je ne vous le disse.

— Ah! mon Diou! mon Dieu! faut-y, faut-y...

— Vous êtes Anne Buirette, du faubourg de la Villette, et je vous défends de reparaître ici.

Je m'empressai d'écrire à son sujet à M. Marduel, et je ne l'ai pas revue, comme de juste. Elle était sortie de chez moi dans un trouble affreux, mais je ne me reproche pas la rigueur de mon exécution. Elle avait dit en me parlant de l'ancien Évêque d'Orléans, *monseigneur-l'évêque*, et voilà ce que la M{se} de Douhault n'aurait jamais fait; mais elle avait dit aussi *nous-deux-mon-frère* au lieu de *mon frère et moi*, et ceci fut à mes yeux un trait de lumière, attendu que cette locution n'est employée ni dans l'Orléanais, ni dans aucune autre province de France, et que c'est une manière de parler qui n'est usitée que dans les faubourgs de Paris. Je ne saurais douter que ce ne soit une femme de chambre, une femme de Paris, une fille du peuple : je suis convaincue de son imposture, et j'en subirais l'épreuve du feu !

On avait de la peine à s'expliquer pourquoi Mme de T..... protégeait ouvertement une pareille intrigante, et comme elle a toujours des motifs secrets, on a su que cela venait tout simplement de ce qu'elle n'aimait pas Mademoiselle de Champignelles, à raison de je ne sais quelle rivalité pour un logement dans une maison du Prince-Évêque de Passau, pendant leur émigration.

Vous saurez que Mme de T..... est une Choiseul et une précieuse. Elle est régulièrement polie, du reste, et comme elle avait reçu pendant son instance en radiation de la liste des émigrés quelque service de M. Suard, elle se croyait obligée d'aller faire une visite à la femme de cet académicien, pour ne pas se trouver en reste, et pour les dédommager très amplement de leurs bons offices. Elle avait demandé conseil à tous ses amis; mais elle avait eu bien de la peine à s'y décider, en nous faisant observer qu'elle ne saurait que dire à M^m· Suard!......... Mme Suard, qui venait de faire imprimer un livre d'observations sur feu M. de Voltaire, où elle disait que *chacune de ses rides recelait une grace*, (ce qui constituait assurément pour M. de Voltaire un privilége unique!) Enfin, la dignité de Mme de T..... finit par céder au sentiment de sa reconnaissance; elle a pris un parti définitif, et la voilà dans le salon de Mme Suard avec tous les vieux restes du philosophisme et de tous les débris d'encyclopédisme et d'impiété qui survivaient au baron d'Holbach. On les aurait pris pour autant de fantômes évoqués des caves de Ferney!

Mme de T..... nous a dit qu'il y avait à côté de Mme Suard un vieux philosophe qui était fourré comme un podagre et qui avait l'oreille très dure. Il entend prononcer par la maîtresse de la maison le nom de Choiseul.... — Oh! je l'ai très bien connu! se met-il à dire, à la manière des sourds, en criant comme une orfraye; — Je l'ai très bien connu, tout comme aussi Mme de Gramont, sa sœur..... et puis un propos d'une indignité révoltante, et sur un sujet inouï partout ailleurs que dans les confessionnaux de la grande pénitencerie pour les cas réservés !.....

— Mon bon ami ! dit Mme Suard en lui minaudant au nez et lui parlant en clarinette (et notez bien que c'était à dessein de ménager poliment le préjugé vulgaire, ou la susceptibilité d'une demoiselle de Choiseul), — Mon bon ami, je ne conçois rien à l'inceste..... — Mais, non ! je vous parle sérieusement ; je n'y conçois rien ; je ne le comprends pas !..... Parlons plutôt du charmant adultère !.....

Imaginez l'abattement et la confusion de cette pauvre Mme de T....., si pudibonde et si précieuse qu'elle ne voulait seulement pas qu'un médecin lui parlât d'accouchement, pendant ses grossesses.......

Il arriva tout de suite après deux jeunes mariés qu'on amenait pour faire une visite de noces, et tout aussitôt que M. de Meulan, c'est le nom du vieux philosophe, eut été mis au fait de leur circonstance, il se mit à leur chanter (comme s'il était un petit lutin-réveillon) :

« Pourquoi nous marier,
« Quand les femmes des autres
« Pour être aussi les nôtres
« Se font si peu prier ?
« Pourquoi nous marier !

« Que les chiens sont heureux !
« Contre les murs ils p. ....
« Deux à deux ils s'unissent
« Sans qu'on médise d'eux.
« Que les chiens sont heureux !

Il faut que ces gens-là soient incurables! L'application de leur système philosophique et les crimes de la révolution n'ont rien fait sur eux : ils sont frappés d'un aveuglement stupide, et c'est comme une punition du ciel!

Il y avait dernièrement sur un navire qui revenait d'Amérique en France un philosophe de la même école, et ce matérialiste était un ancien dignitaire ecclésiastique. Il était renfermé dans sa cabine au milieu d'une tempête affreuse, et comme une vitre de sa lucarne avait été brisée, elle était remplacée momentanément par une feuille de papier d'écolier. Je vous dirai de plus, que sur ladite feuille de papier on voyait écrit le temps du verbe mourir, au futur. — Je mourrai, tu mourras, nous mourrons..... La vieillesse est diffuse, et je vous demande grâce pour tout ce menu détail qui m'est provenu d'un autre passager sur le même vaisseau. Enfin, on entendait dans la petite chambre voisine une bonne émigrée française, une mère de famille qui récitait sur la tête de ses enfans en péril de mort, les saintes paroles de l'Évangile selon saint Jean.

— *Et verbum* CARREAU *factum est*, dit le matérialiste à son compagnon de chambrée, en lui montrant cette conjugaison puerpérale.

Comment trouvez-vous ce calembourg de l'abbé de Talleyrand?

Je vous dirai que j'ai toujours relativement à lui un pressentiment fixe et comme une idée prophétique. Je suis persuadée qu'aussi longtemps que toute cette génération d'hommes-là ne sera pas enterrée, la France ne pourra goûter ni repos ni bonheur. Il y a certainement, ainsi que le dit Origene, il y a certainement dans l'action d'un homme qui agit de concert avec le diable, une influence pernicieuse, une horrible faculté de corruption ! *Le souffle de l'impie répand l'infection*, dit le Prophète, et la contagion la plus dangereuse est celle qui provient du *cœur humain !* (Voyez plutôt Brassavoli *de Compos. acquæ Tophanæ*, car il y dit positivement que presque toute la ville de Nocera faillit être empoisonnée moyennant un sel, extrait du cœur de l'évêque Altempi, dangereux apostat, subtil et vénéneux corrupteur ! ajoute ce physicien moraliste.) Lorsque Rousseau de Genève m'envoya sa Lettre contre les spectacles, je me souviens que je lui répondis ceci : — Il n'y a pas de spectacle aussi pernicieux que le triomphe de la perversité.

Vous direz peut-être (excusez ma supposition qui s'applique à votre inexpérience et non pas à votre intelligence) ; vous direz peut-être aussi : — Mais puisque c'est un scandale aussi dangereux, pourquoi Dieu le souffre-t-il ? — Il le souffre, mon ami, parce que sa créature humaine a reçu de lui son libre arbitre ; parce que, si l'homme n'était pas libre pour faire le mal, il n'aurait aucun mérite à faire le bien ; parce que l'Éternel en retire sa gloire en dépit des méchants, à l'insu des impies qui ne regardent que la terre et ne savent que le matériel de ce monde ; enfin, mon enfant, il le souffre, parce qu'il est la patience même. Saint Augustin nous a dit pourquoi : *Patiens quia æternus.* . . . .

. . . .

. . . .

. . . .
. . . .
. . . .
. . . . . . pour les générations futures, aussitôt que le feu sacré de la Vendée fut éteint dans le sang de Charette qui mourut en criant Vive le Roi.

On se demande aussi comment il se fait que la plupart des jeunes filles et des jeunes gens d'aujourd'hui s'expriment avec un ton rude et familier qui n'est pas celui de leurs parens? Mais je le crois bien, on les élève à tutoyer père et mère; et vous pouvez remarquer que tous *ceux et celles* qui ont été stylés de cette façon-là, ne peuvent jamais parler à personne avec un ton respectueux.

— C'est vrai! disait la petite de Béthune a son confesseur, et je ne le nie pas! J'ai dit à Maman — laisse-moi donc tranquille, et à Papa — tu ne sais ce que tu dis; mais je le leur ai dit *amicalement!*.....

Quand on nous a signifié qu'*une mère de famille doit être la confidente de son fils et la meilleure amie de ses filles*, on se rengorge comme si on nous avait répondu quelque chose. — *Ils sont toujours très susceptibles et maladifs*, dit le Manuel de la bonne Fermière, *et comme ils sont difficiles à élever, une bonne fermière doit être la meilleure amie de ses dindons.* Ce sont deux maximes d'une égale beauté!

Je me souviendrai toujours de la M^{se} de Saint-Pierre arrivant d'émigration, et comment elle ne voulut jamais rester en France, attendu que son petit-fils l'avait tutoyée en disant que c'était *la mode*....... Elle ne voulut pas s'en montrer courroucée, parce qu'elle est très-doucement polie ; mais elle est, par ma foi, retournée vivre en Angleterre où personne ne se tutoie jamais.

Antoine de Lévis me disait l'autre jour que les gens de bonne compagnie se reconnaissent encore aux bals masqués, parce qu'ils ne tutoient pas sous le masque. — C'est comme autrefois, lui dis-je, et lorsque vous entendez une personne se servir du mot de *bonne société*, vous pouvez compter qu'elle n'est pas de *bonne compagnie*; mais comme il est bon de reconnaître les siens, prenez-y garde et n'allez pas en parler étourdiment. C'est un signal de vigie dont vous ne devez point révéler le secret. Il ne faut pas divulguer le mot d'ordre.

CHAPITRE IV.

Le consulat. — La machine infernale. — Adélaïde de Cicé. — Picot de Limoëlan. — Saint-Régent. — Dernière version du gouvernement sur cette affaire, contradictions qui s'y rencontrent, impossibilité qui s'y trouve. — Opinion de l'auteur sur ce fameux procès

Vous trouverez dans les histoires de la révolution comment le gouvernement directorial était devenu gouvernement consulaire, et toujours en vertu d'une nouvelle constitution qui devait durer une éternité. Des treize directeurs apparus sur la scène du monde il n'y en avait que quatre dont on eût jamais ouï parler *politiquement*. L'Abbé Sièyes à cause de sa manie constituante, le citoyen Carnot pour sa férocité, Barras pour sa dépravation, Barthélemy pour la modération de ses opinions politiques et pour l'intégrité de son caractère. Tout le reste était des Reveillère-Lépaux, des Letourneur de la Manche, des Gohier, des Moulins, des taupes qui sont rentrées sous terre après en être sorties on ne savait pourquoi? Je ne vous parlerai pas de ce *dix-huit brumaire* qui n'a réussi que parce que les membres du conseil des cinq-cents étaient des pleutres, car assurément! Buonaparte avait tout-à-fait perdu la tramontane, et même la parole, au commencement de son exécution. Vous verrez tout cela dans cette bonne histoire de la Vendée que je vous prophétise; mais je vais vous parler d'un évènement que Buonaparte et son gouvernement ont fait défigurer de telle façon que les historiens les plus équitables auront beaucoup de peine à ne pas s'y laisser tromper.

Il y a plus de vingt ans que je me trouve en relation de bonnes œuvres avec Mademoiselle de Cicé, laquelle est sœur ainée de l'Archevêque de Bordeaux et de l'Évêque d'Auxerre. Avec la pureté d'un ange du ciel, elle est d'une charité sans égale et d'une humilité miraculeuse. Il est superflu d'ajouter que c'est une personne de la plus haute sagesse et la plus parfaite raison (1). Nous nous réunissons tous les lundis pour nous concerter avec les Duchesses de Fleury, de Béthune et de Sully sur les bonnes-œuvres de la semaine, et c'est Mlle de Cicé qui est la trésorière de notre congrégation. Mlle Favereau, de l'hôtel de Fleury, se trouve chargée de la distribution de nos petites aumônes à domicile (et c'est encore une affaire de sept mille francs par mois), mais nous nous sommes réservé les souffrances causées par la révolution, les calamités *supérieures*, on pourrait dire; ainsi les prêtres condamnés à la déportation, les émigrés sans papiers et tous les autres proscrits sont les objets de notre sollicitude immédiate.

Mlle de Cicé fit conduire chez moi, pendant la

---

(1) Adélaïde-Émilie Champion de Cicé, Mère temporelle des Rév. Pères Capucins de Paris, et Sœur du tiers-ordre de Saint-François, morte en 1809, âgé de 76 ans. *(Note de l'Édit.)*

nuit du 5 au 6 décembre 1800, un jeune émigré, gentilhomme breton et nommé de Limoëlan. Il est resté claquemuré dans votre petit appartement à l'hôtel de Créquy pendant plus de trois semaines, et je vous prie de ne pas oublier ceci.

Deux jours après, M¹ de Cicé me fit demander place pour un gros Chanoine d'Auxerre à qui personne ne devait songer malgré qu'on eût mis sa tête *à prix*, disait-il, et je pensai que ce devait être *au rabais?*... Mais à la réserve de votre chambre où se tenait le jeune émigré, toutes les autres pièces disponibles étaient en réparations et remplies d'ouvriers matineux.

Je pensai que ce gros abbé ne devait pas courir grand risque, et je le fis reconduire, après souper, chez Mlle de Cicé, dans la rue Cassette, à côté de l'hôtel Lecamus, et porte à porte avec la Princesse Stéphanie-Louise de Bourbon-Conty-Montcairzin, qui passait toutes les nuits deux ou trois heures à sonner de la trompe avec le petit Colibois. Vous savez? ce joli petit piqueux joufflu, qui était le filleul de votre mère. Elle avait débauché ce garçon (la Montcairzin bien entendu) pour lui faire donner du cor de chasse, et c'était un bruit dont Mlle de Cicé se consolait d'autant moins qu'il empêchait ses pauvres émigrés de s'endormir. — Ils n'ont que ce temps-là de bon, disait-elle, et l'on dirait que cette aventurière est poussée par le démon pour les empêcher de fermer l'œil, et les tourmenter?

Il est bon de vous dire à présent que le gros chanoine était si cruellement troublé par ce vacarme des trompes à l'hôtel Lecamus, qu'il ne voulut pas rester dans la rue Cassette, à raison de quoi Mlle de Cicé l'envoya coucher chez Mme de Gouyon de Beaufort, qui était de ses amies, et qui demeurait dans la rue Notre-Dame-des-Champs; (de sorte qu'il se promena toute la nuit par une gelée superbe). Il y partagea la cachette de M. Saint-Régent, chef de chouans du diocèse de Vannes. Vous ne vous doutez certainement pas de ce qui va survenir à tous ces honnêtes gens? ils ne s'en doutaient pas plus que vous, et voici la nouvelle que nous apprîmes dans la matinée du 4 nivôse.

Pendant la soirée précédente on avait tenté d'assassiner le consul Buonaparte, au moyen d'un tonneau cerclé de fer et tout rempli de poudre, de balles, de chevrotines, de clous et même de cailloux, lequel avait fait explosion dans la rue Saint-Nicaise et *quelques minutes après* le passage d'une voiture dans laquelle Buonaparte se rendait à l'Opéra. Cette explosion venait de coûter la vie à vingt-deux individus; cinquante-six autres personnes en étaient grièvement blessées, et cinq à six maisons de la rue Saint-Nicaise en sont restées dans un état de dégradation prodigieux; la belle maison de la Comtesse de Feuillans surtout (1).

On commença par dire et publier que les auteurs d'un attentat si criminel et si lâche, ne pouvaient être que des montagnards, des terroristes, des tigres de 95, qui ne voulaient pas se laisser dompter par cette main puissante et secourable qui leur avait

(1) Sur l'emplacement des maisons de la rue de Rivoli, n{os} 2, 4 et 6.

brisé les dents. Le ministre de la police en fit l'objet d'un rapport qui ne laissait rien à désirer pour la vraisemblance et la véhémence. C'étaient d'anciens bonnets rouges et même des septembriseurs qui avaient exécuté ce crime. On en avait saisi plusieurs; on avait trouvé sur eux des preuves certaines de leur culpabilité dont ils étaient convenus, du reste; et notez que ce ministre de la police était le proconsul Fouché.

« Ce ne sont pas là, disait-il dans ce même rap-
« port, des circonstances prévues par la sagesse des
« lois, ce ne sont pas là de ces brigands contre les-
« quels la justice et ses formes sont instituées, c'est
« une guerre atroce qui ne peut être terminée que
« par une mesure de haute police extraordinaire,
« et qu'en mettant ces hommes dangereux et in-
« corrigibles, en surveillance hors du territoire
« européen. »

C'est en conséquence de quoi cent trente jacobins furent désignés pour la déportation, et vous pensez bien qu'on les tria *sur le volet* parmi les ennemis du consulat et les détracteurs de Buonaparte.

Je ne fus pas étonnée d'apprendre que le C⁰ *Charlesse*, autrefois le Prince Charles de Hesse-Rothembourg, avait encouru la disgrâce de son ancien ami Fouché de Nantes, et qu'il était compris dans cette mesure expiatoire.

On n'a plus jamais rien dit de ces autres buveurs de sang sur lesquels on avait trouvé des preuves de leur crime et qui en avaient fait l'aveu.

Aussitôt que Buonaparte et son homme de la police eurent fait condamner à la déportation les cent trente jacobins qui les offusquaient de préférence, on n'entendit plus reparler des montagnards et des terroristes à propos de la machine infernale, et le gouvernement changea de batterie pour en diriger l'effet et le profit d'un autre côté. La transition fut si brusquement exécutée qu'il en résulta de l'incertitude à l'égard de la culpabilité des jacobins ; ensuite il arriva que Foucher se mit à débiter sur les royalistes absolument les mêmes choses qu'il avait publiées contre les autres, et du reste il est avéré, pour moi, que Buonaparte était déjà dans sa loge à l'Opéra, rue de Louvois, lorsque cette machine avait éclaté dans la rue Saint-Nicaise, au coin de la place du Carrousel ; ainsi vous voyez que le véritable auteur de ces machinations était plus dangereux pour les citoyens de Paris qu'il n'était mal intentionné contre la vie du *conquérant de la paix* ; car en vérité, Buonaparte n'avait couru d'autre danger que celui de se tromper d'heure, ou celui de verser en voiture.

Tant il y eut de rouerie politique en tout ceci, qu'on se mit à faire la guerre aux royalistes et la chasse aux émigrés, avec une affectation d'ardeur où l'on démêlait aisément l'intention de faire prendre le change à l'opinion publique, et peut-être même au chef du gouvernement, car il est possible que Buonaparte ait été la dupe de Fouché qui nourrissait une haine invétérée contre les prêtres et les nobles. Les prisons n'en furent pas moins encombrées que sous le régime de la Convention, et ces rigueurs consulaires atteignirent les personnes les plus pacifiques du monde. J'ai presque dit les plus insignifiantes, en songeant au Comte de Gand, à M. Collignon du Perthuis, à l'ancien Évêque de Viviers, et au Vicomte de la Roche-Aymon, surtout. Comment pourrait-on supposer, disais-je à nos amis, que le gouvernement puisse être de bonne foi dans cette accusation, quand on le voit donner dans un système de précautions pareilles !

M. de Limoëlan voulut absolument sortir de chez moi pour aller se concerter avec M. de Closrivière, qui était un de ses oncles, et il fut arrêté. M. Saint-Régent l'avait été chez Mme de Gouyon de Beaufort qui fut conduite en prison, comme aussi toute sa famille. Mlle de Cicé fut arrêtée sans qu'on pût avoir le temps de négocier pour elle auprès du citoyen Pâques. On ne douta pas que je ne dusse être inquiétée par la police, mais nos amis eurent la bonté d'agir en conséquence, et je pense que l'abbé Desmarets, mon ancien chapelain, ne fut pas insensible à leurs sollicitations (1).

Cependant, comme le ministre de la police avait besoin de trouver des coupables, et comme il nous était impossible de préserver tous nos amis, le malheur voulut que ce fût précisément du côté de cette bonne Mlle de Cicé que vint tomber l'inculpation du gouvernement sur le 3 nivôse, avec son tonneau, sa charrette et tous ses artifices. Dans l'embarras

---

(1) On peut dire aujourd'hui sans inconvénient, qu'à l'insu de Mme de Créquy, ses *congréganistes* avaient eu la précaution d'employer un moyen qui ne manquait jamais son effet dans les bureaux de Fouché, lorsqu'on pouvait s'y prendre à temps, c'est-à-dire avant l'envoi du dossier chez le magistrat qui devait dresser l'acte d'accusation. *(Note de l'Éditeur.)*

qu'on avait éprouvé pour faire un choix parmi tous ces incarcérés pour opinion royaliste, le malheur voulut aussi qu'un de ces bons émigrés qui logeaient alternativement chez Mme de Gouyon de Beaufort et chez Mlle de Cicé, eût acheté *une petite charrette,* il y avait de cela cinq ou six mois, à la vérité ; mais on n'y regarda pas de si proche, et voilà qui fut trouvé suffisant pour établir un procès criminel contre ces honnêtes personnes que je vous ai nommées.

Pour la parfaite régularité de mon récit, je vous dirai que M. Beuzelin, le gros Chanoine d'Auxerre, ne s'était pas laissé surprendre ! Il avait eu la précaution de s'habiller en femme, pour aller se réfugier à l'hôtel de Fleury (à quatre pas de chez Mme de Gouyon) ; il avait été rencontré par une patrouille, et c'était René Dupont qui l'escortait. Il nous a dit que les hommes de la patrouille en avaient eu peur.

Figurez-vous nos angoisses en voyant cette chère Mlle de Cicé, la brebis du bon Dieu, qui se trouvait aux prises avec Buonaparte et les juges de sa chambre ardente, car on n'avait pas voulu que la justice ordinaire eût à se mêler du 3 nivôse, et vous pouvez penser comment on avait composé ce tribunal d'exception ? Elle y fut admirablement bien défendue par M. Bellard, qui trouva moyen de faire pleurer toute cette populace irréligieuse et cette foule de gens sans entrailles, en leur parlant des vertus évangéliques et de la charité de sa cliente. Il amollit si bien le cœur des juges qu'elle ne fut condamnée qu'à l'exil à cent lieues de Paris. Mme de Gouyon fut renvoyée dans sa province après dix-huit mois de prison, et ce furent nos deux malheureux Bretons qui payèrent pour tout le monde.

Toutes les personnes qui suivirent le procès nous ont dit que la seule chose qu'on eût à leur reprocher était l'acquisition d'une charrette, et moi qui savais que Saint-Régent ne l'avait achetée que pour transporter pendant la nuit le corps de son frère à la porte du cimetière de Vaugirard, j'espérais toujours que Dieu lui serait en aide. C'est une révélation qu'il ne voulut pas faire, de peur de compromettre M. Duperron, notre juge de paix, chez qui ce pauvre jeune homme était mort. Il en fut ainsi de M. de Limoëlan dont on ne savait pas le nom véritable et qu'on accusait d'avoir participé à la confection de la machine infernale, tandis qu'il n'était pas sorti de chez moi depuis quinze jours, et qu'il n'avait vu pendant ce temps-là que l'Abbé de Closrivière et Mlle de Cicé. Je me reproche toujours de n'avoir pas rompu la glace, de n'avoir pas été protester de son innocence en déclarant la vérité des faits à la face de ce tribunal ; mais j'avouerai humblement que je n'en eus pas le courage. Je me fis des illusions jusqu'au dernier moment. C'était cette charrette qui était le seul corps de délit. La condamnation ne pouvait reposer que sur l'identité prétendue de celle qui portait la machine avec cette autre charrette dont Saint-Régent s'était servi comme d'un corbillard et qui avait été revendue dix-huit francs par René Dupont !........

— Non, disais-je, on n'écoutera pas ce paysan suborné, ce faux témoin qui vient reconnaître une charrette qu'il a vendue, il y a plus de six mois, et dont les débris sont en morceaux de la longueur du doigt!......

J'aurais pourtant dû m'inquiéter sur la différence qui se trouvait entre les rapports qui nous arrivaient directement de l'audience et la manière dont on arrangeait les débats dans tous les journaux, car il n'est pas une Gazette du temps qui n'ait dénaturé toutes les réponses de ce brave Saint-Régent, qui n'ait altéré toutes les paroles de Limoëlan (1), et qui n'ait rendu compte de tout le reste du procès avec une infidélité monstrueuse!..........

Ils ont affronté le supplice et sont montés à l'échafaud sans vouloir se défendre; par un sentiment d'affection pour nous, par égard pour qui, notamment? pour me préserver, pour me garantir quelques mois d'une vie déjà si longue, d'une vie troublée désormais, par cette continuelle pensée de leur grandeur d'âme et celle de ma faute...... Hélas! c'était à nous à lutter de générosité contre ces généreux hommes, et je ne l'ai pas fait. Donnez la paix, Seigneur; donnez la paix du Ciel à ces hommes de *bonne volonté!* Vous qui nous avez donné le précepte et l'exemple du sacrifice, ô mon Dieu, pardonnez-moi, vous qui connaissez l'amertume et l'humilité de mon repentir!......

(1) Léon-Thierry-Charles Picot de Limoëlan était le cousin de celui qui fut compromis dans le procès de Georges Cadoudal. Il n'a pas été condamné sous son véritable nom, et ce ne fut pas la principale irrégularité de cette étrange procédure.

(Note de l'Auteur.)

CHAPITRE V.

. . . . Lacune et portrait d'un inconnu. — Quelques détails sur Mlle d'Orléans. — Talent de cette princesse pour faire des aquarelles.—Dédicace d'un ouvrage de S. A. R. —Faux bruit relatif à son mariage avec un étranger.—Lettre de Dumourier sur les Princes d'Orléans. — Émigration de Louis-Philippe et sa réception en Allemagne. — Son voyage à l'Amérique et singulier désir exprimé par l'auteur. — Reconnaissance et générosité de ce prince. — Inscription gravée sur son bras gauche, etc.

———

. . . .
. . . .
. . . .
. . . .
. . . .
. . . .

. . . . Il y a par le monde une femme qui le connaît très bien, par la bonne raison que c'est elle qui l'avait élevé (tant bien que mal?) et voici comment elle en parlait pendant leur émigration : — Il n'a rien de ce qui peut s'appeler esprit, ni de ce qui ressemble à l'esprit, mais il est pourvu d'une sorte d'intelligence admirable ! et c'est une intelligence particulière à certaines bêtes. Il tient du lièvre et du renard. Aussitôt que son existence ou son avidité peuvent être en question, il devient d'une sagacité merveilleuse ; on ne le reconnaît plus; c'est tout un autre homme! c'est comme une curiosité d'histoire naturelle, un phénomène! enfin c'est an animal qui possède au plus haut degré l'instinct de sa conservation, et pourtant son existence n'est pas ce qu'il a de plus cher au monde; et je crois, Dieu me pardonne, qu'il serait capable d'exposer et de sacrifier sa vie pour conserver son argent. . . . .

. . . .

. . . .

. . . .

. . . .

. . . .

. . . .

. . . .

Mme la Duchesse d'Orléans était cruellement tourmentée pour Mademoiselle sa fille, et surtout depuis qu'il était question de son mariage avec un citoyen de Hambourg; à la vérité, c'était un banquier riche à millions, et je crois bien que, sans Mme la Princesse de Conty qui en avertit le Roi notre maître, qui en écrivit à l'Empereur d'Allemagne, lequel en fit écrire aux autorités de cette ville Anséatique, c'était une affaire faite! Il paraît que Mlle d'Orléans est amplement dotée de ce qui s'appelle aujourd'hui de la grâce et du talent. Sa grâce consiste particulièrement à parler au travers de ses dents sans les desserrer, ce qui produit une petite sorte de sifflement rempli de charmes (à la manière du Serpentin-Vert). Son talent consiste principalement à faire des lavis, et la gravure a reproduit pour nous une ingénieuse composition de cette princesse. C'était sûrement dans l'intention de populariser sa personne et peut-être sa famille, sous le triple rapport du patriotisme, du talent et de la simplicité ! Vous verrez que ce bel œuvre est un pâle dessin, composé d'une touffe de pensées jaunes, accompagnées d'un petit rameau de chêne avec une branche de je ne sais pas quoi. Le rameau civique et les pensées se trouvent réunis par un ruban tricolore, et voici l'inscription de cette allégorie :

Don d'Amitié a la Citoyenne Péthion.
Adèle Égalité.

Avis de l'Éditeur. — On avait eu soin de faire copier la gravure enluminée de ce dessin qu'on devait ajouter aux *Pièces justificatives,* mais comme cet ouvrage et son éditeur ne jouissent d'aucune faveur auprès du gouvernement, on a cru devoir ajourner cette publication lithographique. On nous a fait craindre que les lois de septembre ne fussent applicables à la reproduction de cette innocente image.

Je vous dirai qu'en passant par Francfort, le général Dumourier y fit une déclaration, en date du 20 avril 1795, et qu'il a signé cette déclaration dont l'original est conservé dans les archives du cabinet austro-germanique. En voici la copie, comme je la tiens du Baron de Breteuil :

« Ayant appris qu'on avait elevé quelques soup-
« çons sur mes intentions, d'après une prétendue
« liaison qu'on dit exister entre moi et Philippe

« d'Orléans, Prince français, connu sous le nom
« d'Égalité; jaloux de conserver l'estime dont je
« reçois chaque jour les preuves les plus honorables,
« je m'empresse de déclarer que j'ignore s'il existe
« réellement une faction d'Orléans; que je n'ai ja-
« mais eu aucune liaison avec le Prince qu'on en
« suppose le chef, ou qui en est le prétexte; que je
« ne l'ai jamais estimé, et que depuis l'époque fu-
« neste où il a déchiré les liens du sang et manqué
« à toutes les lois connues, mon mépris s'est changé
« pour lui en une aversion légitime qui ne me laisse
« que le désir de le savoir livré à la sévérité des
« lois.

« Quant à ses enfans, ils ont servi leur patrie
« dans les armées que je commandais, sans jamais
« montrer d'ambition. J'ai une grande amitié pour
« l'aîné; je crois être sûr que, loin de jamais aspirer
« à monter sur le trône de France, il fuirait au
« contraire au bout de l'univers plutôt que de s'y
« voir forcé. Au reste, je déclare que, si d'après les
« crimes de son père, ou par les atroces manœu-
« vres des factieux, il se trouvait dans le cas de ba-
« lancer entre les vertus qu'il a montrées jusqu'à
« présent, et la bassesse de profiter de l'horrible
« catastrophe qui a mis toute l'Europe en deuil, et
« qu'alors l'ambition l'aveuglât au point de pré-
« tendre à la couronne, je lui vouerais une haine
« éternelle, et j'aurais pour lui le même mépris que
« j'ai pour son père.

DUMOURIEZ (1).

(1) Cette déclaration a été insérée dans les journaux alle-

Mme la Duchesse d'Orléans m'écrivait donc le plus souvent possible, et se trouvait dans une inquiétude continuelle à l'égard de tous ses enfans. Je vous ai déjà dit que le général Égalité, son fils, avait fini par s'esquiver de l'armée de la république, afin d'émigrer ; et vous pouvez supposer comment il fut accueilli par les souverains germaniques et les émigrés français (1). On avait écrit à Mme la Duchesse de Bourbon qu'il s'était fait maître d'écriture en Suisse ; et l'on a dit quelque temps après qu'il était allé s'établir à l'Amérique anglaise, où je ne doute pas qu'il ne se marie convenablement avec quelque républicaine de New-York ou de New-Jersey. Qu'il y reste, en paix avec sa bonne conscience ! en paix avec les colons et les indigènes, avec les Padoukas, les Naquintoches et les Chichakas, mais qu'il y reste ! On assure qu'il est déjà tatoué comme un Algonquin, et qu'il a gravé sur son avant-bras gauche, et dans le bel ordre ci,

   VIVE LA RÉ

     PUBLIQUE

       FRANÇOISE.

---

mands de cette époque, et même dans plusieurs feuilles françaises, notamment le *Journal de Paris* du 16 mai 1795.

       (*Note de l'Éditeur.*)

(1) Le 4 avril 1793, au moment où Dumouriez, suivi du énéral Louis-Philippe-Égalité, allait chercher un asile dans le camp autrichien, près de Péruwelz, le 2e bataillon de l'Yonne les poursuivait à coups de fusil.

Arrivés au bord de l'Escaut, les fugitifs allaient être atteints par le bataillon et massacrés sans pitié ; quand une batelière,

Bernardine Debourt, touchée de leur danger et sans calculer celui qu'elle courait elle-même, vint les passer dans sa barque qui fut bientôt après coulée à fond.

Les journaux du département du Nord ont appris que Bernardine Debourt vit encore au Château-l'Abbaye. Octogénaire et pauvre, elle a adressé plusieurs pétitions au roi des Français ; ces pétitions sont réstées sans réponse. Enfin, en 1834, et grâce à des protections puissantes, elle a obtenu un secours de CENT CINQUANTE FRANCS !

Comprend-on que certaines gens puissent accuser Louis-Philippe de n'être ni reconnaissant, ni généreux ?

(Note de l'Éditeur.)

CHAPITRE VI.

Le commandant Sébastiani. — Histoire de son beau coup de sabre. — Histoire de sa balle (de plomb). — Histoire des *mains du Consul*, et réponse que lui fait Mme Récamier. — Mme de Staël aux Tuileries. — Sa réception par Buonaparte. — La pie voleuse et la pie séditieuse. — Le Commandeur de Dolomieu. — Mot de Buonaparte à son sujet. — Les salons du quartier d'Antin. — Politesse d'un fournisseur. — Les meubles à la romaine et les prénoms recherchés. — L'ennui de l'antique et prévision du gothique. — Pascal et Molière. — Les Devises. — Emblèmes figurés. — Allégories des anciens. — Devises héraldiques. — Devises personnelles, anciennes et modernes.

Vous pouvez penser que je vis bien loin de ce qu'on peut appeler le monde, et que je m'en tiens le plus loin possible. Ce qui m'avertit surtout que le temps va me manquer, ou plutôt que je vais manquer au temps, car ce n'est pas lui qui m'aura fait défaut ; ce qui doit m'annoncer que *je m'en vas* (pour vous parler en gros mots et vous écrire en grosses lettres), c'est que je ne suis presque plus choquée du ridicule. La susceptibilité de mon esprit, qu'on trouvait si pointilleusement incisive, est tout-à-fait émoussée. Il me semble que je n'ai plus le bon goût ? il ne me reste plus que le bon sens, c'est-à-dire un sentiment d'horreur pour le vice et d'attrait pour la vertu Enfin je ne suis presque plus sensible à rien, si ce n'est au sentiment du malheur des autres ou de leur affection pour moi, car sous ce rapport-là, je ne me décrépiterai point, grâce à Dieu! Je n'ai point abusé de ma faculté d'aimer; le ciel est juste! mon bon cœur ne faillira pas, et je mourrai toute en vie, de ce côté-là.

Je ne suis presque pas choquée de tout ce qu'on répète sur la femme du général Lefèvre, et je vous assure qu'à l'exception de ce que les jeunes gens nous rapportent d'un officier corse appelé Sébastiani, je n'entends plus rien citer qui soit véritablement divertissant. Il a, disent-ils, la prétention d'être le parent des Buonaparté qui le renient, et quand on en parle à la mère Buonaparté comme de leur cousin, sa gorge en enfle de colère. — Il est fils d'un paysan qui fabriquait et vendait des cuveaux, des souricières et des balais, dit-elle, *alla Porta-d'Ampugnano!!!* et vous conviendrez qu'il faut être bien abandonné de son bon ange et du bon Dieu pour en être réduit à se raccrocher à la famille Buonaparté. Il est toujours, à l'égard de son prétendu cousin le *piti monstro*, dans un état d'adoration perpétuelle : c'est le thuriféraire du consulat; mais il paraît qu'il existe encore assez de gens d'esprit pour se moquer de lui?

On m'a rapporté qu'en entrant dans le salon d'une aimable et charmante personne appelée Mme Récamier, ledit officier s'était mis à crier avec un ton fanatique : — *Le premier consul a des mains seuparbes!* — Ah! Commandant, lui dit la maîtresse de la maison, ne parlons pas politique! Vous savez quelles sont nos conventions?......

On dit qu'il a raconté dans le même salon qu'à je ne sais quelle bataille, il avait reçu dans le bras droit un coup de lance si rudement appliqué, que *son sabre en était tombé de sa main!*

— Ceci n'était rien, comme vous devez bien penser? a-t-il ajouté d'un air d'héroïsme, mais ce qui m'a le plus choqué, c'est que l'impertinent qui s'attaquait à moi, s'en vint tout aussitôt me tirer au milieu de la figure un coup de pistolet à bout-portant !..... Après avoir jeté les yeux autour de lui, le commandant eut la précaution d'ajouter : — Heureusement pour moi qu'il avait oublié d'y mettre des balles........

— J'espère bien, mon ami, lui dit je ne sais quel autre officier qui se trouvait là, que c'est la première et la dernière impertinence dont tu ne te sois pas vengé?

— Qu'appelez-vous dont je ne me sois pas vengé? répliqua-t-il en jetant des regards terribles sur toutes les femmes de la compagnie, — *je lui ai passé mon sabre au travers du corps!*..... — Il ne faut pas vous imaginer, continua M. Sébastiani, que parce que l'on a reçu une brillante éducation conforme à sa naissance, et parce que l'on a des élégantes manières, on soit une muscadin et voilà toute! Allez, colonel, allez écouter tous les officiers et les soldats de mon régiment, ils disent toujours entre eux : — Le commandant Sébastiani est une bien joli garçon, c'est vrai; mais il est si braâve!.......

Cette maison de Mme Récamier est l'hôtel de Luxembourg ou l'hôtel de Créquy de ce temps-ci. On dit que cette élégante jeune femme est d'une politesse parfaite et de la société la plus sûre ; mais il paraît qu'elle a beau faire et qu'elle ne saurait arrêter les avalanches et les torrens de moqueries qui se précipitent continuellement sur le commandant Sébastiani. On prétend qu'elle en gémit, en disant : — Mon Dieu, que je vous remercie de ne pas être moqueuse ! Comment peut-on trouver du plaisir à dénigrer....... Je vous assure que M. Sébastiani n'est pas si ridicule !....... — Et puis c'est qu'il est si braâve ! lui répondent les auditeurs, sur lesquels on ne peut rien gagner au profit de ce commandant.

Je n'entends parler depuis deux mois que du commandant Sébastiani, dont je ne saurais me refuser à vous dire encore une histoire. Celle-ci me paraît la plus belle, mais ce sera la dernière, et je vous en réponds, car on n'en finirait pas.

Tandis que Buonaparté faisait la guerre en Italie, son noble et valeureux cousin s'y trouvait dans une bonne maison par billet de logement. Il paraît qu'il avait été blessé dans la dernière campagne, ou pour mieux dire, il n'y paraissait pas, mais on n'en fut pas moins ébloui par le récit de tout ce qu'il avait fait d'éclatant, et l'on n'en fut pas moins touché de tout ce qu'il avait dû souffrir par suite de sa blessure. Vous pouvez imaginer quelle était l'émotion de certaines femmes sensibles, lorsqu'il leur faisait voir et *palper* la balle dont il avait été blessé et qu'il portait continuellement dans la poche de son gilet. C'est une cérémonie qui se renouvelait régulièrement tous les matins dans cette maison où logeait le commandant, et la même cérémonie se reproduisait tous les soirs dans celui des salons où la noblesse du pays tenait ses assemblées à tour de rôle. La balle de M. Sébastiani faisait le tour du cercle, et comme de juste, elle finissait toujours par revenir au brave commandant qui la remettait bravement dans la poche de son gilet jusqu'au lendemain matin.

Ces choses-là s'exécutèrent avec une complaisance et une régularité réciproques pendant une quinzaine de jours ; mais il survint un malencontreux officier français qui s'avisa d'arrêter, comme on dit, la balle au bond, et au lieu de la faire passer à sa voisine qui ne l'avait peut-être pas vue plus de sept à huit fois, il eut la malicieuse fantaisie de la laisser tomber et de la garder dans le fond de son chapeau.

— Voilà, dit-il à l'oreille de sa voisine, une balle qui devait commencer à vous ennuyer, mais je veux mourir si vous la revoyez jamais !...

Jugez quelle fut la surprise de la compagnie en voyant le lendemain ressortir du gilet et reparaître dans la main du commandant Sébastiani une balle de pareil calibre ! On imagina d'abord qu'il avait eu connaissance de l'espièglerie de la veille, et qu'il avait exigé la restitution de sa balle, afin de pouvoir continuer ses démonstrations héroïques avec l'assistance et le témoignage de ce formidable projectile ; mais comme la même expérience a fini par être renouvelée jusqu'à trois fois, vous en conclurez ce qui vous plaira ? Je ne m'en mêlerai point.

Je dois conclure de tout ce que j'entends, car je ne vois presque plus rien hors de mon enclos, que les coutumes et les habitudes de la vie sociale sont toutes changées. On dîne à quatre heures, et l'on boit du thé par là-dessus. Les femmes ne s'embrassent plus, elles ne se lèvent pour saluer personne et ne se reconduisent pas. On dit que Mme de Luynes a reçu le citoyen Talleyrand chez elle, et que Mme d'Albert s'est mise à le reconduire pendant que sa belle-sœur était à sa table de jeu. Il a bien vu la malice et n'a rien dit de peur de s'attirer quelque *monseigneur* et quelque déclaration sur la convenance et l'usage d'accompagner un évêque jusqu'à la première porte. — Vous nous quittez bien vite, avait-il dit la veille à Mme du Bourg-Crômot : — Comme il faut faire son salut, je vais au salut. — Vous dites que..... vous allez au salut? — Oui, Monseigneur!

Les temps sont tellement changés que si j'avais le *plaisir* et l'*avantage* d'aller faire une visite à Mme Inguerlot, son mari ne me reconduirait certainement pas jusqu'à mon carosse. Quand la vieille femme du procureur Moreau venait me quêter pour son œuvre des enfans-trouvés, M. de Créquy l'accompagnait toujours, chapeau bas, jusqu'à sa voiture de louage, et votre grand-père était un homme d'une autre étoffe qu'un fournisseur. Si je vous ai parlé de cet Inguerlot, c'est parce qu'en recevant dans son cabinet la Duchesse de Choiseul et la Princesse d'Hénin (qui avaient à lui parler d'affaires), il ne s'était seulement pas soulevé de son siège!

Vous pouvez bien supposer que, dans un temps pareil à celui-ci, Mme de Staël ne saurait manquer à se faire de fête. La première chose qu'elle a faite après l'ascension de Buonaparte au consulat, c'est de lui avoir fait dire que le *peuple français* redevait douze cent mille livres à la famille Necker, et que s'il voulait lui faire payer cette petite somme avec les intérêts depuis 1794, elle était toute prête à lui consacrer sa voix, sa plume éloquente et toutes les facultés de son génie.

Il paraît que le consul Buonaparté n'a pas jugé que les avantages de cette proposition fussent de son côté; il a refusé de souscrire à cet engagement réciproque, et Mme de Staël a voulu s'en expliquer directement avec le premier consul, qui lui a fait la malice de la recevoir en grande compagnie dans le salon de sa femme.

— *Madame de Staël*, lui a-t-il dit avec un ton de familiarité sérieuse et perfide : *je suis bien aise que vous ayez désiré me connaître.*

Vous êtes encore plus belle et plus gracieuse que je ne croyais.

Combien avez-vous d'enfans ?

Les avez-vous nourris ?

Avez-vous des vignes à Coppet ?

Avez-vous été voir la pie voleuse ?

On dit que nous avons à Paris la pie séditieuse...

Et du reste, pas un mot de politique ou d'accommodement financier. Mme de Staël en est dans une irritation formidable, et je ne sais pas à qui va rester la victoire entre ces deux puissances de la révolution ? Dans tous les cas je ne fais aucun vœu pour Mme de Staël : nous avons joui de ses premières œuvres et je connais déjà son savoir-faire ! — Convenez, Mme la Baronne, convenez avec moi, qu'en fait de tentatives de réforme sociale et de félicité publique, lui disait M. Bergasse avec son ton discret et modéré, *vous n'avez pas la main heureuse !*....

Une des personnes que Buonaparte abhorre le plus (et le mieux, à mon avis,) c'est le Commandeur de Dolomieu, cet infâme savant, qui lui a livré l'île de Malte. Buonaparté disait l'autre jour à M. de Narbonne que, s'il n'y avait eu personne dans la ville et la citadelle de Malte pour lui en faire ouvrir les portes, il n'aurait jamais pu trouver moyen d'y pénétrer. Le minéralogiste Dolomieu n'en a eu pour sa récompense et sa trahison qu'une pension de mille francs. Il avait autrefois la prétention d'être votre parent; mais feu M. de Créquy disait à cela que le seul rapport qu'il y eût entre vous autres et ces Dauphinois, dont le nom de famille est Gratet, c'est qu'ils avaient été annoblis par le Connétable de Lesdiguières. (En vertu de ses grandes-patentes) Il paraît que les Dolomieu se sont fait reconnaître comme parens par Messieurs de Gratet du Bouchage, et c'est une sorte de complaisance que je ne saurais approuver.

On nous parle aussi d'un Abbé de Broglie qui s'était fait présenter à Buonaparte, et qui vient d'encourir sa disgrâce à propos d'une *petite église* dont il aurait voulu que le gouvernement français le reconnût pour directeur. On dit que Buonaparte lui a répondu : *Citoyen, je ne reconnais en France en fait de chrétiens, que des catholiques et des protestans. Il n'y a pas assez de religion dans ce pays-ci pour en faire une troisième.*

Je crois vous avoir dit que les Broglio ou Debroglio, ce qui veut dire *Dumoulin*, en patois du comté de Nice, étaient venus chercher fortune en France, où ils ont fini par se trouver dans une situation bien différente de celle où la maison de Savoie les aurait laissés dans leur pays. Il est à remarquer qu'ils se sont transmis et qu'ils ont conservé sans aucune altération le caractère niçard, avec toutes ses subtilités et sa gaucherie, ses prétentions au savoir-faire, l'amour du parlage et celui des manœuvres embrouillées. Mme de Coislin disait toujours qu'aussitôt qu'un Broglie intervient dans une affaire, il en résulte infailliblement des *imbroglio* qui finiront par un *embrouillamini* désastreux.

Ce sont les gens du monde les plus difficiles à satisfaire, les plus suffisans, les plus didactiques, les plus outrageusement pédantesques et les plus ennuyeux surtout ! Il est singulier qu'ils n'aient jamais pu prendre le caractère français, et ce qu'il y a d'inexplicable dans cette famille piémontaise, c'est que toutes les femmes et les filles y ont un caractère et des habitudes absolument opposés à celui de leurs parens masculins, qui sont restés de véritables provençaux-niçards.

Quant aux salons du quartier d'Antin, où les jacobins défroqués et les nouveaux enrichis se donnent des bals qui doivent sentir encore une odeur de carnage et de boucherie, il paraît que ce sont des chambres tendues en drap rouge avec des brodures noires, ornées de caryatides et de statues bronzées (sans feuilles de vigne), et garnies de meubles romains en bois d'acajou du plus lourdement sévère et du plus triste dessin. Tout cela n'est éclairé que par des lampes, au lieu de bougies, ce qui peut être fort économique et ce qui doit être fort malsain. Toutes les femmes y sont coiffées à la grecque avec des *repentirs* et des tire-bouchons qui découlent d'*huile antique*. Elles ont presque toutes des colliers *rouges*, ce qui dénote encore aujourd'hui des opinions ou des prétentions à la *victime*, et ce qui devrait donner un ressouvenir affreux... Elles ont des robes à la grecque et des tuniques à la grecque ; les bas de robe brodé en noir sur fond rouge, les tuniques brodées en rouge sur fond blanc, et plus souvent en laine qu'en soie. On dirait que le Musée des antiques aurait été formé pour l'instruction des couturières et des coiffeurs? Je vous ai déjà dit que les femmes avaient repris l'usage des sacs à ouvrage, que les antiquaires appellent *réticules*, attendu que ceux des dames romaines étaient formés en filet de réseau ; mais les bourgeoises qui les portent disent toujours des *ridicules*, et ceci me fait rire (à part-moi s'entend, car on ne me surpendra guère à pédantiser).

Je vous dirai pourtant que les décorateurs à l'antique emploient continuellement la *patère*, et que les tapissiers les appellent des *pâter* ; enfin les *méandres* s'appellent des *grecques*, et tous les petits dessins noir et blanc (comme en pourrait faire Adèle Égalité) s'appellent des *camées*, sans distinction. Lorsque j'étudiais Vitruve à l'abbaye de Montvilliers, et que j'y lisais le père Montfaucon, je ne m'attendais guère à m'en escrimer contre les bourgeoises et les boutiquiers de Paris, au bout de 88 ans.

Dans l'ordre matériel, ainsi que dans l'ordre politique, la république a démoli beaucoup de belles choses, et n'a rien édifié qui ne soit misérable ; on me dira sûrement que sa mission se bornait à détruire, mais il est à remarquer combien toutes les constructions de cette vaniteuse république ont l'air mesquin (1).

Il faut sans doute, et sous peine de barbarie, rester soumis aux prescriptions de l'architecture antique, pour le calcul des masses et des lignes, les profils de règle et toute la partie des ornemens qui marquent *l'ordre*; mais pour le reste, il devrait être permis d'être *composite* en architecture, et suivant la remarque de Politien, l'affectation d'atticisme est plutôt la preuve de la stérilité que de la sévérité du goût. En effet, que peuvent signifier sur des monumens français la couronne Vallaire ou l'Obsidionale; le bouclier Perse et l'*Aspergillum*, surtout! Est-ce qu'un pareil ustensile est en rapport avec la croyance ou les coutumes de notre pays? Si les artistes grecs ont employé des objets de lâtrie comme ornemens, c'était parce qu'ils en voyaient faire un usage habituel, et que la partie la plus vulgaire du peuple en connaissait l'emploi : en outre, ils avaient le bon goût d'accorder la décoration des murs avec la destination des lieux, et je ne sache pas qu'un sculpteur antique ait jamais placé des *Præfericuli* ni des *Litui* sur la façade de sa petite maison.

Quand la révolution sera finie, car il est visible 'elle tourne à la mort, ne pourrait-on pas, avec attributs du christianisme, avec les marques de dignité royale, avec toutes celles de nos distinc-

---

(1) Il ne reste plus d'autres constructions de cette époque que la petite rue des Colonnes auprès de la place de la Bourse.

(*Note de l'Éditeur.*)

tions modernes enfin, remplacer avec intelligence et suivant les lieux, les pipeaux, les hiboux et l'inévitable patère des frises grecques? Il me semble que le Ciboire et l'Ostensoir de nos tabernacles, que l'Oriflamme et la Couronne royale, la Mitre, la Croix latine, le Casque et l'Ecu français n'ont pas un profil moins noble et moins gracieux que les bucrânes, les chouettes et les pieds de chevreau des entablemens doriques? Mais les architectes français ne veulent jamais sortir d'une imitation servile, et toutes les décorations qu'ils appliquent à nos édifices ne sont pas mieux d'accord avec la religion de leur pays qu'avec les habitudes de leur temps et les nécessités de notre climat.

Je vous dirai qu'au temps de la renaissance, et du temps de Louis XIII encore, en savait tirer bon parti des insignes nobiliaires pour tout ce qui s'appelle *décors*. On y composait très-bien et tout simplement (comme vous le verrez au château de Canaples), un dessus de porte, par exemple, avec la plaque du St-Esprit, richement ciselée, bien appliquée, sur un fond de velours vert, en rappel du manteau de l'ordre, et noblement encadrée dans son imposte garni de fleurs-de-lis d'or. Il me semble que rien ne saurait être plus convenable et d'un meilleur effet pour une chambre du dais, ou dans toute autre salle d'apparat.

Si j'entreprenais de vous détailler tout le parti que j'ai vu tirer des armoiries pour la décoration, j'en serais plus fatiguée que vous n'en seriez ennuyé, ce me semble; et quand vous serez en paisible possession de vos beaux châteaux, c'est un article de mes souvenirs et de mes enseignemens que je recommande à votre méditation. Quand une famille est en sécurité dans sa dignité, ces ornemens-là produisent plus d'effet et font une meilleure impression que vous ne le croiriez sur les personnes que l'on reçoit et sur les enfans qu'on élève.

> « O vous, qui gouvernez notre triste patrie,
> « Qu'il ne soit plus parlé des Grecs, je vous supplie!
> « Ils ne sauraient prétendre à de nouveaux succès.
> « Vous serait-il égal de nous parler français?..... »

Il me semble qu'on est déjà rassasié des charmes de l'antique; le moyen âge a l'air de nous arriver à pas de loup, comme il a déjà fait une fois au temps de la décadence et du règne de Constantin. J'ai déjà vu des panneaux de voiture et des empreintes de cachet avec des lettres gothiques..... J'ai le pressentiment du gothique, et je crois que nous allons retomber dans le naïf et le Jean-Baïf; mais comme le penchant de la mode est toujours glissant, comme le besoin du changement sera la maladie des temps futurs, vous passerez par la renaissance avant d'en revenir au temps du grand Roi pour les costumes; car je ne doute pas que votre femme ne se fasse coiffer à la Mancini; j'espère bien que vous en arriverez ensuite aux modes de ma jeunesse; j'ai la satisfaction de penser que vous vivrez dans mon jeune temps; et je vous attends là!

Faites-moi le plaisir de vous moquer alors de ces pauvres gens du consulat qui n'avaient sous la main que des morceaux de bois d'acajou (dont j'ai l'horreur!) et qui ne s'asseyaient que sur des meubles incommodes, parce qu'ils étaient à la mode.

Cette propension vers le gothique est assez naturelle après la satiété des Publicola Chaussard, des Iphigénie Martin, des chaises curules et des bonnets phrygiens, surtout ; car, en vérité, la persistance à se coiffer du bonnet rouge aurait excédé la patience humaine !

Le temps des Céphyse et des Antigone est donc passé. On dirait qu'il est déjà loin de nous (pour la mode), et l'on peut juger combien les esprits sont en voie rétrograde, en observant les prénoms qu'on donne aux enfans. Ecoutez ce petit dialogue de votre grand'mère avec Mlle Caristie, sa locataire de la rue de Meslay......

— Ah ! mon Dieu, oui ! Madame, et je ne veux pas lui donner un nom païen. J'ai déjà ma fille aînée qui s'appelle Amalthée, parce que c'est le nom de la chèvre qui avait nourri Jupiter, à ce que disait son parrain, M. Dacier ! Jugez le beau plaisir pour nous que cette chèvre-là soit la patrone de notre chère petite? Aussi mon mari m'a dit, mon Dieu ! si Madame la Marquise, qui est si bonne pour nous et qui a tant d'esprit, voulait bien être sa marraine, je suis bien sûr qu'elle lui donnerait un nom si distingué, que tout le monde en aurait jalousie, de ce nom-là !

— Madame Caristie, je ne peux pas tenir votre enfant, je suis trop âgée pour le soigner dans son éducation religieuse, ainsi que j'en prendrais l'engagement sur les fonts de baptême. C'est une obligation que j'ai toujours remplie avec une fidélité consciencieuse ; aussi vous dirai-je, en rendant grâce à Dieu, que le ciel m'en a bénie, car il n'est pas un de mes fillots qui n'ait bien tourné.

— Mais, c'est une raison de plus, Madame, et je vous en supplie !

— C'est une chose impossible..... — Et puis la loi de 94 au sujet des marraines et des parrains n'est pas rapportée : elle est encore en pleine vigueur ; et si j'allais vivre jusqu'à cent vingt ans, peut-être qu'on viendrait me remettre en prison parce que mon filleul aurait déserté ?

— Ah ! Madame, ce que tout le monde désire c'est que vous parveniez jusque là ; mais si c'est une fille, dont j'accouche ?.....

— Eh bien, si c'est une fille, avez-vous quelque dévotion de préférence ? Avez-vous un nom de prédilection pour elle ?

— Oh oui ! j'en ai deux ou trois qui ne me sortent pas de la tête ; mais avant d'en parler à M. Caristie..... — Je suis persuadée que si je lui disais : Madame de Créquy les approuve,..... il les trouverait charmans ! J'avais pensé, par exemple, à Blanche ? — *Blanche......*

— Oh ! je vous entends bien, mais c'est qu'il y a déjà Blanche de Castille, Blanche d'Aquitaine et Blanche de Navarre ; c'est un nom de Princesse qui pourrait vous donner un faux air de prétention vaniteuse ou d'ambition.....

— D'ailleurs M. Caristie n'a pas voulu entendre parler de Blanche, en disant qu'elle serait peut-être noire comme une taupe ?

— Voilà ce qui pourrait bien arriver : puisque

toutes les Rose sont vertes comme des feuilles de chou ; les Désirée font horreur ; les Bonne égratignent et mordent tout le monde ; les Félicité périssent sur un échafaud ; les Perpétue meurent de la coqueluche ; les Céleste sont des créatures infernales ; les Angélique font des pactes avec le diable...... et les Modeste donc ? Ah, les Modeste !...... n'en parlons pas !

— Madame, à présent je penserais, si vous me permettiez de vous le dire, à Urgelle, à Yseult..... ou à Urgande..... Et j'aimerais assez pour mon fils, Enguerrand, Tancrède ou Raoul.

— Allons donc, la fée Urgelle qui n'est *brin belle*, *Yseult-aux-blanches-mains*, et *Urgande-la-déconnue!* On vous en ferait des ravauderies à n'en pas finir. Enguerrand Caristie, si vous voulez ; il aurait le désagrément d'avoir Enguerrand de Marigny pour homonyme... Mais je trouve que Tancrède est un nom de chevalerie bien étincelant et bien empanaché ! Ne songez donc pas à Raoul de Créquy ; laissez-le dormir en paix dans son église d'Ayrolles, avec son lion sous les pieds. Pourquoi voulez-vous braconner sur les terres de Messieurs de Créquy ?..

— Ah! je vous assure bien que je ne prétendais pas.....

— Mais, je vous assure bien que cela revient au même. Quand on n'a pas eu dans sa famille un nom de baptême attitré, je n'aime pas qu'on aille en chercher dans les traditions ou les généalogies des autres. Si vous n'êtes pas en droit de vous faire appeler Lothaire ou Lancelot, et si vous voulez des noms euphoniques, il y en a tant d'autres ; et pourquoi ne pensez-vous pas à Louis, Valentin, Samuel ou Raphaël? Si vous accouchez d'une fille, à qui vous vouliez donner un nom distingué, appelez-la Geneviève; et si c'est d'un garçon, Denys, Germain, Remy, Landry, Séverin, Sulpice, ou Merry. Laissez-nous les Foulque et les Jocelyn : ne cherchez pas vos noms dans les *Chroniques*, et prenez-en dans les *Litanies*. Il n'est rien de si joli pour un enfant de Paris que de porter un nom de légende gauloise, et surtout du diocèse de Paris. Un villageois Breton qui s'appelle Maclou, une Tourangelle qui s'appelle Martine, ne sont point ridicules, et j'approuve beaucoup les Espagnols qui ne prennent jamais d'autres patrons que les saints de leur calendrier. Les paysans sont comme les princes, ils ne portent que des prénoms nationaux, et dans ces noms des paysans, je trouve toujours une grâce charmante avec je ne sais quoi de respectable, en ce que ces pauvres gens qui les portent en sont rattachés à quelque chose d'anciennement local et de *solariégo*, comme disent les Castillans. On dirait qu'ils ne datent pas d'hier? Comme vous êtes une femme de bon sens, je vous dirai que je ne puis souffrir les petites filles qui s'appellent Fanny, et que lorsque je vois des garçons (Français bien entendu) à qui l'on a donné les noms étrangers d'Alfred, Édouard, Fernand, Gustave, et *Frédérick* surtout! je prends leurs parens en aversion.

Je vous avouerai, mon fils, que j'ai fini par céder aux instances de Mme Caristie que j'aime beaucoup. Il a fallu composer avec l'exigence de l'Électeur de Saxe, mon compère, qui s'appelle Auguste;

ainsi notre filleul s'appelle Auguste-René-Victor. Il en résulte une sorte de jeu de mots qui me déplaît beaucoup ; mais je recommande incessamment qu'on ait soin de l'élever de manière à ce qu'il ne s'entende jamais dire — Auguste Caristie, va te faire sucre (1) !

M. de Lalande vient de faire paraître un dictionnaire des Athées qui devrait être brûlé par la main du bourreau, et il a dit hier à M. de Pougens que, si j'étais déjà morte, il n'aurait pas manqué de m'inscrire parmi ses Athées, ce qui suffira pour vous donner une idée de la véracité de son livre. La tendance actuelle serait plutôt déiste que matérialiste, ou plutôt, les gens de ce temps-ci ne sont rien du tout. Ils lisent encore Voltaire, et c'est là qu'ils apprennent ce qu'ils doivent penser de la religion chrétienne.

Il est à remarquer que, parmi nos bons écrivains du XVIIᵉ siècle, les deux auteurs de prédilection du siècle philosophique ont toujours été Molière et Pascal. Il se trouve encore aujourd'hui que les *Lettres Provinciales* et *Tartuffe* sont les deux ouvrages les plus goûtés du public, et pour cause. Les *Lettres Provinciales* ne sont qu'un tissu de mensonges, et l'on pourrait dire que le chef-d'œuvre de la théologie de Port-Royal est un crime. *Tartuffe* est visiblement dicté par un sentiment d'hostilité contre la religion

---

(1) Nous avons sous les yeux une carte de visite, imprimée, qui porte le nom de M. AUGUSTE CARISTIE, rue Notre-Dame-des-Victoires, n° 19, ce qui s'accorde parfaitement avec l'Almanach des 25 mille adresses, page 96.   (*Note du libraire-édit.*)

haine masquée, mais à laquelle les impies et le public irréligieux ne se sont jamais mépris. C'est l'œuvre d'un comédien. La faveur obtenue dans un temps d'irréligion par ces deux ouvrages est la meilleure preuve de leur tendance irréligieuse. Les Français sont un peuple si sot et si fin !

La preuve que la révolution n'a pas détruit l'intelligence et n'a pas tué l'esprit dans notre bon pays, c'est que les Devises personnelles et figurées y sont devenues fort à la mode (à défaut d'armoiries). On m'en a cité de charmantes, et je voudrais terminer ce chapitre en vous parlant sur la science des Devises. Vous verrez que ce n'est pas de celles de la rue des Lombards, non plus que des armoiriales, en vérité, car la plupart des Devises de blason ne valent pas mieux que des devises à bonbons. Je n'aurai pas beaucoup de légendes héraldiques à vous citer sous le rapport de l'esprit, mais le genre d'intérêt qu'elles doivent présenter n'est pas celui de la subtilité dans l'intelligence.

Je vous dirai, pour commencer par le commencement, que les *allégories figurées* dont il est question dans les anciens, participaient beaucoup du caractère de la devise moderne.

Un peintre grec avait donné pour emblème à la sottise *une femme qui veut se tenir debout et qui trébuche sur le dos d'un cochon.*

Un poète de l'ancienne Rome avait choisi pour emblème de l'opiniâtreté *une femme qui serre et qui embrasse étroitement la tête d'un âne.*

— Voyez la tulipe et l'épi, dit saint Augustin, le plus spirituel des hommes, et c'est à propos de l'humilité : — l'inutile fleur est orgueilleuse et droite, *quia vana;* la grappe du froment est humblement penchée, *quia plena.*

Relativement au Révérend Père Menestrier qui a fait un *Traité des Devises,* je vous dirai que c'était un honnête homme, et voilà tout. Si je n'avais appris sur les Devises que ce qu'il en rapporte dans son traité, je vous renverrais au fameux Bourdaloue qui n'en dit pas beaucoup plus, à la vérité, mais qui dit supérieurement bien tout ce qu'il en sait; enfin, je vous recommanderais ce bel ouvrage du Pape Léon X, lorsqu'il était *Messire Jean* de Médicis, et qu'il envoya, par un beau page, à son ami le Cardinal de Créquy, une bouture de cet excellent poirier qui porte son nom de jeunesse. Studieuse et chaste jeunesse! Adolescence ingénieuse et docte, à qui nous devons un des ouvrages les plus spirituels des temps modernes. Tâchez de vous procurer ce livre des Devises composées par Léon X, et vous y verrez, que de toutes les opérations de *pur-esprit,* l'art des Devises personnelles et figurées est peut-être la plus ingénieusement délicate et la plus difficile (1).

On n'en saurait apprécier le mérite sans connaître la difficulté de leur facture, et l'on ne saurait en

---

(1) Dans cette belle peinture de Raphaël, qui représente Léon X et qui appartient à nos Rois, le livre ouvert qu'on y voit entre les mains du Pape est celui de ses Devises. Les spirituelles figures des Cardinaux de Médicis et de Rossi paraissent en témoigner au Saint-Père une approbation si satisfaite et si respectueuse, qu'il me semblait entrer dans le Vatican du seizième siècle en regardant ce tableau. (*Note de l'Aut.*)

connaître les difficultés sans en savoir les conditions. La *devise allégorique*, ainsi que l'entendent les modernes, est composée d'un *corps* et d'une *âme*, c'est-à-dire d'un objet matériel à qui s'applique une légende. Cet objet matériel doit être *unique*, c'est-à-dire que le corps d'une devise régulière ne saurait être formé, par exemple, de trois étoiles, ou d'une rose et d'un papillon. La légende doit être concise et « légesrement destournée, sans aucun subterfuge « et par un élégant soubs-entendu, » dit mon ami Gilles Ménage. Elle se doit appliquer tout aussi justement à la personne pour laquelle on la destine, qu'à ce dit objet allégorique et matériel. Henry Estienne ajoute à cette prescription que « l'asme de « la deuise doibt touts jours estre assez modeste « pour que celluy quy l'arborre en puysse faire ap-« pliquation sur luy-mesme, et qu'il en puysse avoir « faict composition sans oultrecuidance ou uanité « malséyante »

Il est bon que le corps de la Devise représente un objet agréable aux yeux.

Le genre de cet objet et le sexe de la personne doivent être le même.

Indépendamment de ces deux conditions de rectitude et d'ingéniosité qui doivent se remarquer dans l'âme ou la légende, elle ne doit être composée que de huit syllabes, au plus; la seule exception qu'on y puisse faire est en faveur de quelques vers latins, italiens ou français, *et si toujours faut-il qu'ils soient des plus excellens!* c'est le précepte. Mais en voilà bien long sur le didactique, et comme le professorat m'a toujours fatiguée, j'aurais bonne envie de m'ap-

pliquer la devise de Saumaise, ALIIS LUCENS CONSU-
MOR. Je suis seulement fâchée que ce soit une *Lampe*;
mais l'élégance et la propreté n'étaient pas le fait du
ménage Saumaise, et mes grands-oncles en avaient
ouï dire des choses à faire soulever le cœur! Allons,
plus d'épisodes et point de distractions; ne sortons
pas de l'important sujet qui nous occupe, et tâchons
de *colliger nostre disre sur les devises en toute preud-
homie*, comme dit maître Étienne Pasquier dans sa
belle épître à Monsieur de Thou.

Ce n'est pas ici l'occasion de vous parler de ces
sortes d'inscriptions héraldiques qui se trouvent
divisées en légendes-ez-armes, ou bien en cris-
de-guerre (pour *défi*, pour *invocation*, ou par
événement). Je vous les garde en réserve pour un
chapitre du Blason, que je vous prépare, et je
ne vous parlerai maintenant d'aucune devise gothique à moins qu'elle ne soit allégorique à des
armoiries.

Il est assez connu que, dès l'année 1190, la première devise de vos armes était NUL NE S'Y FROTTE!
ce qui se rapportait visiblement aux feuilles lancéolées
de votre créquier; mais Jean V, Sire de Créquy,
crut devoir l'abandonner par égard pour Louis XI,
attendu que ce Roi de France avait arboré la même
légende, en y donnant pour corps de devise un
porc-épic.

J'ai vu l'empreinte d'un *signet* de la Reine Blanche de Castille sur lequel on voit un lys au naturel,
appliqué sur un champ semé de fleurs-de-lys héraldiques, et la légende circulaire autour de ce cachet
porte ces mots de la sainte Écriture: LILIUM INTER LILIA.

La Reine Marguerite de Provence, femme de Saint Louis, prenait pour emblème une Reine-Marguerite avec cette légende en latin barbare, ou peut-être en dialecte provençal de ce temps-là : Roygna de Parterra, ancilha Roygnae de Coely (*la Reine de la terre est la servante de la Reine du ciel*). Il est prouvé qu'à la fin du quatorzième siècle un ancêtre de Messieurs d'Estaing portait déjà pour devise des lys et des roses; Tots por elx, Tots por elles; et vous voyez que le Comte Charles d'Estaing n'avait pas eu la peine d'y changer grand' chose pour en faire à la Reine Marie Leczinska cette galanterie qui fut trouvée si charmante! *Tout pour eux, tout pour elles!* On s'écriait : *C'est ravissant!* et personne ne savait que la Reine, femme de Louis XV, n'en avait pas l'étrenne.

Les Quélen, dont le nom bas-breton signifie du houx et dont le cimier des armes est une branche de cet arbuste, ont pour devise Kimrique : Enper Emser Queien (*le houx est toujours vert*).

La vieille devise des vieux Goyon avait pour *corps* une grosse tour, et voici son âme armoricaine : Keransker samenec Keransker Guhimenec (*château redoutable et châtelain secourable*).

J'ai toujours distingué celle de MM. du Boscq de Radepont qui portent quatre lions dans leurs armes : Plus qu'ung lyon. J'aime cette devise; elle est de franc-jeu; mais ne vous impatientez pas, j'ai fini mon chapelet gothique, et nous entrons dans la renaissance.

Messire Jean de Médicis avait donné pour devise a Pic de la Mirandole, qui se mourait de labeur, un *Flambeau brûlant à ses deux bouts :* SE MENO LUZ, MAS VIDA (*plus de vie, si moins de lumière*).

A Don Juan d'Autriche, vainqueur à Lépante, une *Fusée.* DA L'ARDORE, L'ARDIRE. (*L'excès de mon audace vient de mon ardeur.*)

A Don Pio Salviati qui s'était insurgé contre le Sénat de Pise ; *Un Aigle :* L'ALTO NON TEMO (*Je ne crains point de m'élever*).

Pour le Commandeur d'Aquino, calomnié par son frère ; *un Cygne sur l'eau* ; TANGOR, NON TINGOR (*J'en suis touché sans en être taché.*)

Je vous avouerai que je ne fais pas grand cas de la devise de François premier. Excepté sur les images cabalistiques et les diplômes de Rose-Croix, qui est-ce qui a jamais vu des *Salamandres dans les flammes ?* Quand les ignorans et les enfans peuvent demander : — qu'est-ce que cela ? les personnes instruites et les gens d'esprit doivent dire : — je n'aime point cela ! Si le corps de cet emblème est chimérique, l'ame en est complètement vide ; mais il faut composer avec la complexion de certains individus. Les salamandres et les amoureux ne songent guère à ce qu'ils disent ; ils sont dans les flammes ! et pour un emblème de François premier, on est obligé de convenir que les flammes étaient l'essentiel. (Il n'y a pas moins de 4 mille salamandres sculptées dans les voûtes et sur les parois du château royal de Chambord !)

Pour arriver directement de François premier à son petit-fils, en passant par-dessus Henry second, qui n'a jamais fait ouvrer que des H entremêlées avec les croissans de sa belle Diane ; je vous dirai que le Roi Henry III avait fait sculpter sur le mausolée de son favori, le jeune Hyacinthe de Maugiron, une touffe de jacinthes avec ce vers de sa façon qui est d'une correction parfaite :

DES REGRETS D'APPOLLO TRISTE ET DOULX MONUMENT.

Ce fut l'Archevêque de Paris, M. de Noailles, qui fit enlever ce petit bas-relief, en disant que son air de paganisme était déplacé dans une église. Il en avait peut-être encore un autre bon motif, en arrière-pensée; mais toujours est-il que, pendant la jeunesse de mon père, cette allégorie payenne (avec le nom d'Appollon) se trouvait encore sur le même tombeau dans l'église de Saint-Germain-l'Auxerrois, où ma grand'mère et mes grands-oncles l'avaient toujours vue sans en être scandalisés le moins du monde. C'était dans la grande chapelle à droite, en face de l'hôtel de la Sainte-Vierge. On ne sait comment expliquer dans les Valois, cette candeur dans l'impiété, et cette naïveté dans l'impudence?

La douce et triste Louise de Vaudémont, épouse négligée du même Henry III, avait pris pour devise *un Cadran sous le soleil :* ASPICE UT ASPICIOR (*Regardez-moi afin que l'on me considère !*)

La Reine Marguerite, Duchesse de Valois, ne voulait plus porter les armes de France depuis la rupture de son mariage avec Henry IV, et cette ingénieuse princesse avait fait graver sur sa vaisselle et son sceau-privé *une tige de Vigne* avec ce vers du Tasse : L'ARDOR TEMO ET GIELO M'OFFENDE (*Je crains l'ardeur et la froideur m'offense.*)

Henry Estienne avait donné pour Devise au premier Duc de Sully (Grand-Maître de l'artillerie) *un Aigle portant la foudre :* QUO JUSSA JOVIS ! (*Où Jupiter veut que j'aille pour lui.*)

Marie de Médicis avait fait représenter dans les médaillons qui formaient les angles de ses tapisseries, à Bruxelles, *une Cascade :* DE MI CAIDA, MI CANDOR. (*Dans ma chute, la blancheur.*)

La Reine Anne d'Autriche portait pour Devise au commencement de sa régence, *la Lune qui se lève au coucher du soleil :* PER TE, NON TECUM. (*Par toi, sans toi.*)

Je ne saurais approuver la Devise de Louis XIV avec cet emblème du Soleil, qui, par son *outrecuidance*, est en opposition formelle avec le sage précepte d'Henry Estienne. A la vérité, le Roi Louis-le-Grand a laissé représenter cette Devise, mais on ne saurait dire qu'il l'ait jamais portée.

Mme de la Fayette écrivait un jour au Grand-Prieur de Froulay que la devise qui convenait le mieux à Mademoiselle de la Vallière était *une Rose naissante*, avec ce vers du Tasse : QUANTO SI MOSTRA MEN, TANTO PIU BELLA, (*Moins elle se montre, plus elle est belle.*) Si je vous rapporte cette devise, à qui je voudrais faire honneur, parce qu'elle est sœur de la Princesse de Clèves, ce n'est pas qu'elle ne me semble un peu plus spécieuse que véritablement ingénieuse. J'aime mieux celle que Mme de la Fayette avait composée pour la Duchesse douairière de Créquy (Armande de Saint-Gelais.) *Une Tourterelle.* PIANGO SUA MORTE, E MIA VITA. (*Je me plains de sa mort et de ma vie.*)

Je vous ai parlé de cette belle Duchesse de Lesdiguières, votre grand'tante, qui était grand'mère à **28** ans, et à qui Mme de Sévigné, votre aïeule, avait donné pour emblème *un Oranger* : LE FRUIT N'Y DÉTRUIT PAS LA FLEUR.

Le Prince de Marsillac, François VIII de la Rochefoucauld, portait pour devise au carrousel de Paris *une Montre*; CHETO FUOR, COMMOTO DENTRO. On disait avec raison qu'aucun emblème ne pouvait être mieux choisi pour ce jeune seigneur, attendu qu'avec un front si calme, il avait toujours le cœur et l'esprit en agitation passionnée.

Ménage avait donné pour Devise au grand Condé, *une Épée* : PRO REGE SÆPE, PRO PATRIA SEMPER. (*Pour le Roi souvent, pour la patrie toujours.*)

A Bossuet *un Éclair* : DUM ILLUMINAT, MINATUR. (*En menaçant, il éclaire.*) Mes vieux oncles ont rabâché devant moi que Mme de Sévigné disait à ce vieux Ménage : Mon bel amoureux, c'est bon à dire, mais si monsieur de Meaux faisait venir Grangeneuve pour lui faire graver sur un petit cachet, *un éclair*, de la part de M. Ménage, Grangeneuve dirait : — Un éclair!..... que le tonnerre écrase les savans ! de quoi se mêlent-ils?

La Devise de la Reine Christine était une *Hirondelle*, et POUR CHERCHER MIEUX.

Celle de Mme de Sévigné, une *Hirondelle* encore, et LE FROID ME CHASSE.

Ninon de Lenclos scellait ses poulets (mon oncle le G. P. en avait gardé bon nombre et vous en trouverez dans mes portefeuilles) avec *une Girouette* entre les quatre-vents. NO MUDO SE NO MUDAN. (*Je ne varie pas quand ils ne changent point.*

J'ai trouvé dans les Lettres Édifiantes que l'Impératrice douairière de la Chine (en 1642) avait choisi pour emblème une touffe de pâquerettes, ou petites marguerites, dans un beau vase de porcelaine; et je pense bien que c'était du vert-céladon-craquelé de noir avec des reliefs or et blanc; mais le bon missionnaire n'en parle pas. Ce qui vaut beaucoup mieux, c'est qu'il nous donne la traduction des quatre lettres chinoises qui font l'âme de cette devise, et je ne saurais assez m'étonner que ces quatre lettres puissent dire autant de choses. NÉE SOUS LE SABOT DU RUSTRE, DESTINÉE A LA GUEULE DE L'ANE, L'AMOUR M'A TROUVÉE DIGNE D'UN TEMPLE, ET J'HABITE UN PALAIS.

Je n'omettrai pas de vous parler de ce musicien Farinelli, favori modeste, à qui le Roi des Espagnes avait imposé l'obligation d'accepter un titre de Castille, et qui choisit celui de Marquis d'Ensenada, (*rien en soi*). Les armoiries qu'il s'était composées et qui peuvent passer pour une Devise, étaient *des Cercles autour d'un Centre*, et MINIMUS INTIMUS. (*Le plus proche est le moindre.*) Je trouve qu'il y a dans cette humilité d'un homme aussi puissant quelque chose de si vertueusement noble, que j'en ai les larmes aux yeux.

La Duchesse d'Orléans (mère de Philippe Egalité) s'était mis en tête que je devrais lui trouver une Devise. Comment, répondis-je à M. de Penthièvre, avez-vous eu la témérité de vous charger de cette commission-là? Je ne connais pas un seul emblème que je voulusse désigner..... Attendez donc, pourtant,...... *une cruche de grès!* dites-moi ce que vous pensez d'une Cruche de grès, DURE ET FRAGILE ?

La plus belle et la plus parfaite de toutes les Devises est peut-être bien celle-ci pour le Roi de Suède, Charles XII. *Le signe de l'Ourse* (lequel est le signe armillaire le plus près du pôle.) ALTIOR E GELIDIS (*le plus haut des astres du Nord*).

Mais précipitons notre kirielle en y supprimant les formules, car il est passé deux heures, et voilà que j'entends sonner mon couvert.

Le Maréchal de Villeroy,

ancien Gouverneur de Louis XV.

Une clé de montre.

J'AI RÉGLÉ QUI NOUS RÈGLE.

La Princesse des Ursins.

Une Aile, prise de ses armes.

SERPERE NESCIT.

Elle ne sait pas ramper.

Le Duc de Nivernais

(époux très fidèle).

Une Chicorée.

J'AI BLANCHI SOUS MES LIENS.

———

Pour l'abbé Barthélemy.

Un Flageolet.

SIMPLE ET TOUJOURS D'ACCORD.

———

Pour le Comte de Caylus

(habile antiquaire).

Une Coupe étrusque.

NULLA ACONITA BIBUNTUR FICTILIBUS.
(JUVÉNAL.)
(Ce n'est jamais dans l'argile que l'on boit le poison).

———

Pour Dona Rosa de Lascaris

(très timide et très jolie).

Un bouton de Rose.

JE NE PUIS PARAITRE SANS ROUGIR.

———

Voici maintenant quelques-unes de ces Devises modernes où j'ai trouvé le plus de justesse et d'ingéniosité.

Pour Madame Élisabeth.

La Boussole.

EN DES TEMPS INÉGAUX SA VERTU FUT ÉGALE.

Le Comte de Murat. *Un Obélisque.*

ALTO, STABIL' E DRITTO.

(*Haut, droit et solide.*)

Pour Madame et Mademoiselle de Bonchamps.

Des Lys brisés.

POUR EUX, COMME EUX.

Pour l'Abbé de Comnène. *Une Hirondelle.*

D'UN PALAZZO BANDITA, EMMI LA CHIES' APERTA.

Chassez-moi d'un palais, mon refuge est un temple

Pour Mme de Genlis. *Une Noisette.*

AIMÉE DE L'ENFANCE.

Pour Mme Tallien. *Une Rose.*

LE MECHANT N'Y VOIT QUE L'EPINE.

―――

Pour un aimable étourdi.

Un carton rempli de Fleurs.

LÉGER SANS ÊTRE VIDE.

―――

Pour M. . . . .

Un trèfle à quatre feuilles.

PECORE, CHI CALPESTANO ME.

(*Ce sont les bêtes qui me foulent aux pieds*).

J'aime encore celle-ci pour le général Dumouriez, c'est *une feuille de Chêne*, et SERTO MARCENTE SOLUTA (*détachée d'une couronne flétrie.*) On a composé pour votre grand'mère une devise qui l'a satisfaite, c'est un Pigeon d'Alexandrie qui porte une lettre. POINT DE FIEL ET DU SOUVENIR. J'avais choisi le même corps d'emblème pour votre pauvre mère émigrée, L'INVIO L'INVIDIO (*je l'envoie, je l'envie*). . . . . Madame de Créquy n'a pas achevé ce chapitre. . . . .

AVIS DE L'ÉDITEUR

L'époque où nous sommes parvenus doit concorder avec celle de la mort du dernier enfant du marquis de Créquy, que son père avait conduit en Suisse, auprès de sa mère, et qui mourut dans un château du canton de Bâle, à la suite d'une affection cérébrale, ainsi que son frère aîné. Monsieur de Créquy mourut quelque temps après d'un anévrisme au cœur, et sa mère avait tristement abandonné ce travail assidu dont ses deux petits-fils avaient été successivement l'unique objet. On a déjà dit que Madame de Créquy avait fait présent de ses notes manuscrites à un parent de son fils. On peut ajouter qu'à dater du jour de cette remise, tout ce que cette femme spirituelle a bien voulu faire écrire en supplément à ses souvenirs, n'a plus été dicté que par un sentiment de complaisance, ou plutôt de condescendance.

CHAPITRE VII.

L'Abbé Bourlier, Évêque d'Évreux. — Négociations officieuses de M. de Talleyrand. — Visite de l'auteur au premier consul. — Motif de cette démarche et son résultat. — L'auteur va visiter une de ses terres. — Aspect d'une province de l'Ouest. — Prévisions de l'auteur sur l'avenir de Buonaparte. — Fin de l'ouvrage.

Si vous ne m'aviez pas, ce qu'on appelle *tourmenté* relativement à ma visite aux Tuileries, je n'en aurais certainement rien écrit. Je conviens qu'il n'en serait resté aucune trace, mais je ne vois plus personne autour de moi qui pût avoir à le regretter..... Enfin, je vous l'ai promis : j'ai toujours tenu ma parole, et comme je n'ai pas de temps à perdre pour m'acquitter de celle-ci, j'entre en matière.

L'Abbé Bourlier (1) vint me dire un jour à propos de rien, que M. de Talleyrand conseillait à tout le monde de se rapprocher du gouvernement répu-

---

(1) Jean-Baptiste Bourlier, depuis Évêque d'Évreux. On a dit qu'il avait été précepteur de M. de Talleyrand, qui l'aurait fait appeler à l'épiscopat pour imiter cette coutume des Lords anglais à l'égard de leurs anciens précepteurs. Je vous puis dire, en faveur de l'Évêque d'Évreux, que M. de Talleyrand n'a jamais eu d'autres précepteurs que les régens du collège et du séminaire où il a été élevé gratuitement. Son père, son oncle et

blicain et de solliciter des audiences du premier consul, afin d'en obtenir la restitution des bois séquestrés.

Je lui répondis que M. de Talleyrand devrait bien commencer par nous restituer l'hôtel de Créquy, rue d'Anjou, où demeurait autrefois mon fils, et que ce bienveillant ecclésiastique avait acquis nationalement en vertu des lois de la république, à raison de l'émigration de ma belle-fille ; car c'est là que demeurait alors cet évêque d'Autun, et c'est long-temps après qu'il a revendu cette charmante habitation à un Anglais nommé Crawford. Vous n'ignorez pas que le Baron de Breteuil est mon plus proche parent, et qu'il se trouve mon principal héritier depuis que j'ai perdu mon fils et mon cher petit-fils : le Baron de Breteuil était d'avis que j'écrivisse à Buonaparté, et je finis par surmonter ma répugnance. Il est impossible d'imaginer et d'exprimer tous les efforts que m'avait coûté cette démarche !...

On m'annonça, deux jours après, le *colonel* (je ne sais plus comment), *aide-de-camp du premier consul*, et voilà que je vois entrer un grand jeune homme qui me fait trois révérences en s'inclinant jusqu'à terre, et qui me dit, avec un air et du ton

---

l'archevêque, avaient été placés comme lui dans un collége à titre de *Boursiers*. Il est assez curieux que les éducations gratuites de Robespierre, de l'abbé de Talleyrand et de Buonaparte, aient été le produit de la charité monarchique, et que ce soient précisément les Rois *très chrétiens* qui en aient fait les frais. (*Note de l'Auteur.*)

res plus respectueux, que le premier consul désire me voir et qu'il m'attendra le surlendemain à deux heures après midi.

Je restai confondue! Je répondis que j'étais bien âgée, bien affaiblie, mais toutefois que j'y ferais mon possible; et puis j'envoyai chercher le Baron de Breteuil en grand'hâte, afin d'avoir son avis sur un pareil guet-apens.

L'avis du Baron fut qu'il ne fallait pas manquer à l'invitation du chef de la république, attendu qu'il restituait les bois confisqués. Il ajouta qu'il avait déjà demandé à voir également Mme de Coislin, qu'il avait fort bien traitée, et la Princesse de Guémenée, qu'il avait appelée *Votre Altesse* et pour laquelle il avait agi plus obligeamment et plus justement encore, en lui restituant sa forêt de Lorient. Il est à savoir que ces dames avaient eu grand soin de garder le secret sur leurs visites au premier consul, et rien n'empêchait de nous conduire avec la même discrétion.

J'avoue que la curiosité finit par me prendre, et, finalement, il fut convenu que j'irais à l'audience du général Buonaparté, mais qu'on n'en parlerait à qui que ce fût, pas même à Mmes de Matignon et de Montmorency.

C'était le 12 novembre, le consulat venait de s'installer dans les Tuileries, et ce pauvre château me parut terriblement dépenaillé. Je m'étais fait apporter en chaise, et je me fis descendre à la porte du dernier salon, comme le Mascarille de la comédie de Molière, ou, si vous l'aimez mieux, comme la Comtesse de Saint-Florentin chez la Reine Marie

8.

Leczinska. Il est bon de vous dire que, faute de robes comme on en aurait mis autrefois ou comme on en porte aujourd'hui, j'étais habillée comme à mon ordinaire, c'est-à-dire avec ma jupe et mon grand casaquin de taffetas carmélite, ayant le coqueluchon du même avec la mantille pareille. On lui annonça *la citoyenne Créquy*, et me voilà tête à tête avec le conquérant des Pyramides.

Il me regarda pendant une ou deux minutes avec un air de méditation qui finit par avoir un faux air d'attendrissement. Ensuite il me dit avec une expression que j'appellerais presque *filiale*. — *J'ai désiré vous voir, Madame la Maréchale...*, mais, il reprit tout aussitôt d'un air capable et passablement impertinent : *J'ai voulu vous voir. Vous avez cent ans.*

— Pas tout-à-fait peut-être ; mais j'en approche beaucoup.

— *Quel âge avez-vous au juste ?*

— Il me prit envie de rire à raison d'une interrogation pareille et surtout à cause de sa forme impérative.

— Monsieur, lui répondis-je en souriant (comme on peut sourire à mon âge, hélas ! et peut-être ne s'aperçut-il pas que je souriais), je ne saurais vous dire au juste mon âge. J'étais née dans un château du Maine....

— *Ah ! oui*, dit-il en m'interrompant brusquement, *de votre temps les registres de l'état civil étaient mal tenus ou même n'existaient pas.* Et puis il reprit sèchement en forme d'interrogatoire et comme aurait fait un juge d'instruction :

— Où logez-vous?
— A l'hôtel de Créquy.
— Ah diable!... et dans quel quartier?.....

Je ne pouvais m'expliquer cette fantaisie de s'informer où je logeais, moi présente; mais on dit que c'est une sorte de curiosité qu'il montre pour tout le monde, et de plus, vous allez voir qu'il avait pour me faire lui répondre *ad rem* une petite raison qu'il croyait *politique*; enfin je lui dis que c'était rue de Grenelle, à l'ancien hôtel de Fenquières.

— *Rue de Grenelle, vous avez eu hier et avant-hier du bruit dans votre quartier* (1). *En avez-vous eu peur? C'était pour le prix du pain.*

— Les insurgés n'étaient pas nombreux, m'a-t-on dit, et je ne m'en suis pas inquiétée.

— *Il n'y aura pas d'émeutes possibles sous mon gouvernement! pas d'émeutes sérieuses! mais des criailleries, je ne dis pas? — La France n'en est pas moins heureuse et satisfaite! — Il ne faut pas s'y tromper: quelques mauvaises piailleries ne prouvent point le mécontentement général. — Le bonheur ne va pas tapager dans les rues; une poignée de mécontens ou de malintentionnés a l'air de quelque chose, mais ce n'est rien! N'est-ce pas vrai?*

— Oh! sûrement: trois femmes qui crient font plus de bruit que trois mille hommes qui se taisent.

— *Ce que vous dites là est très bien?... savez-vous que c'est très bien ce que vous dites là?* et je lui répondis tout doucement, comme aurait fait Coli-

---

(1) Il appelait mon quartier, la rue de Grenelle au Gros-Caillou.

nette à la cour. — Vous avez bien de la bonté, Monsieur.

— *Vous connaissez le ci-devant Prince de B......* *Que pensez-vous de lui ?*

— Vous me faites là, Monsieur, une question bien délicate et bien directe, mais heureusement qu'elle n'a rien d'embarrassant pour moi ; je ne le connais pas assez pour en penser grand'chose.

— *On me l'avait beaucoup vanté. C'était sans raison. Si c'est un sage, il est bien sot !*

— Si c'est un sot, lui répondis-je, il est bien sage ! et le voilà qui se prend à me dire avec un air de protection militaire, et tout crument : — *Vous n'avez pas moins de sagesse que d'esprit !*

Comment trouvez-vous cette observation saugrenue sur ma sagesse ? à moi, la plus intime amie de M. de Penthièvre, et de Mme de Gisors, et de Mme de Marsan ! Pauvre soldat, il ne savait seulement pas les illustres noms de ces personnes avec qui j'avais passé ma vie dans ce même château dont il usait comme du sien. L'Élysée Marbœuf et les *Malaparté* me traversèrent l'esprit, mais je m'en détournai comme de mauvaise pensée. — Voilà qui n'est pas *bien sage,* me dis-je, et puisque vous avez tant fait que de vous résoudre à venir ici, ne songez qu'à vos bois,... chassez le serpent...

Comme il faisait un temps de giboulées sombres, avec des éclaircis lumineux, des averses et des coups de vent inattendus : — *Je suis fâché de vous avoir* FAIT SORTIR *aujourd'hui, il fait un temps* ARBITRAIRE, me dit-il en riant, et en ayant l'air d'appuyer avec *i*ntention sur ce dernier mot. Il me dit aussi : — *Nous voyons souvent une femme qui est parente* AVEC *vous.*

— Qui donc cela ? repartis-je avec un air de surprise, et d'un ton familier dont il ne s'aperçut pas.

Il me répondit comme s'il avait accouché de quelque chose de bien gros, que c'était Mme de Mirande.

— Je ne savais pas que nous fussions parentes ? Je suis Duchesse de Mirande en Espagne ; c'est peut-être à cause de cela qu'elle s'y sera trompée ?... Mais la figure de ce premier consul avait pris un air de si grand courroux, que je fus fâchée d'en avoir tant dit ; car, au fait, je ne voulais ni bien ni mal à cette gasconne.

— *Vous avez vu Louis XIV !* poursuivit-il avec un accent d'élévation et presque d'exaltation. — *Avez-vous vu Pierre-le-Grand, Madame la Maréchale ?*

— Je n'ai pas eu cet honneur-là, j'étais dans ma province...

— *Je sais que vous avez été amie* AVEC *le cardinal de Fleury ; est-il vrai qu'il ait espéré faire avoir la couronne impériale à Louis XV ? Louis XV a-t-il eu des chances pour être élu Empereur ?*

— Mais, général, on pensait que la chose aurait parfaitement réussi sans la mauvaise foi du roi de Prusse, à qui M. le Cardinal n'a jamais pardonné d'avoir osé manquer de parole au Roi.

— *Frédérick était plus habile que Fleury, mais pas plus fin ! il était fin le vieux Fleury.* — *Avez-vous souffert des lois révolutionnaires ?* me demanda-t-il alors en prenant un air de sécheresse et de distraction.

Il aurait, je crois bien, voulu s'éviter l'ennui d'entendre une complainte, aussi la fis-je courte, et j'en arrivai bien vite à la forêt de Vareilles, aux bois de Valenciennes et à la forêt de Saint-Pol. Il me répondit assez hors de propos (car il répondait à sa pensée du moment plutôt qu'à mes paroles). — *Madame, vouloir faire le bien dans un temps de révolution, c'est écrire sur le sable au bord de la mer. Ce qui échappe aux vents est effacé par les vagues.* Je ne garantirai pas que ce fussent précisément là ses paroles, mais c'était le sens de son aphorisme à quoi je ne répliquai rien.....

(*Il se trouve ici deux lignes à peu près illisibles par suite de la détérioration du papier...*) ou peut-être en 1718.

— *C'était*, reprit Buonaparté, *l'année de l'exil de d'Aguesseau.* — *Avez-vous connu le chancelier d'Aguesseau?*

— Je l'ai vu quelquefois, général, il avait été l'ami de mon beau-père.

— *Avez-vous connu Dubois et Cartouche?...*

— Je le regardai sans lui répondre, et si sévèrement que je m'en étonne encore à l'heure qu'il est. Il sentit de lui-même, apparemment, qu'il était de mauvais goût d'avoir été déranger et faire appréhender au corps la Marquise douairière de Créquy pour lui demander des nouvelles de Cartouche, et il me fit un sourire si fin, si naïf et si doux, que j'en restai toute désarmée.

— *Laissez-moi vous baiser la main*, dit-il. Je m'étais mise à tirer ma mitaine avec tout l'empressement requis dans une occasion pareille. — *Laissez votre* quant, ma bonne mère, ajouta-t-il avec un air de sollicitude exquise; ensuite il appliqua fortement ses lèvres sur le bout de mes pauvres doigts centenaires et décrépits qui se trouvaient à découvert.

Il m'accorda la restitution de nos bois avec une grâce parfaite, et puis il me parla de la belle et noble conduite du Duc de Créquy-Lesdiguières à Rome, en ajoutant que la France avait eu grand tort de souffrir la destruction de cette pyramide qui témoignait et verbalisait les réparations que la cour de Rome avait faites à cet Ambassadeur.

Hélas! que me fait aujourd'hui ce beau nom de Créquy que je porterai la dernière, et qu'on écrira bientôt pour la dernière fois dans un sale registre, à côté des noms de tout le monde, et peut-être sur une même page avec celui de Merlin ou de Gasparin?

Buonaparté ne savait pas, ou peut-être ne se rappela-t-il point que, sur le monument dont il regrettait la démolition, les Corses se trouvaient qualifiés de *nation toujours infâme, odieuse aux peuples et désormais indigne de servir les rois.*

Je ne pouvais non plus m'expliquer pourquoi il m'avait appelée *Madame la Maréchale*. Mais lorsque j'ai su qu'il disait toujours *Monsieur l'Amiral* à ce pauvre La Galissonnière, qui n'avait jamais navigué que de Calais à Douvres, j'ai pensé qu'il avait apparemment envie de se faire illusion sur la date, l'origine et la nature de son autorité consulaire!

En parallèle avec cette entrevue forcée, je vous recommande la lecture d'un manuscrit que j'ai fait placer au commencement de mon appendice. C'est la relation d'une audience accordée par Louis XI à un vieillard contre lequel il avait eu plusieurs griefs. Vous y remarquerez sans doute une différence bien notable entre les temps et les personnes, entre les idées et leur expression.

———

Je viens de faire mon dernier voyage à Montflaux et ma dernière tournée dans mes autres domaines. J'ai fait ce que mon pauvre fils appelait autrefois le grand tour, en allant à petites journées par la Beauce et revenant par le Vexin Normand. J'ai traversé le pays Chartrain, l'Orléanais, le Dunois, le Blaisois, la Touraine et l'Anjou, le Saumurois, le Bas-Poitou, la Bretagne et le Maine; et je me disais tristement : — Suis-je en France? Voilà bien mes terres et les ruines de mes châteaux; mais sont-ils restés dans mon pays? et les gens qui les entourent sont-ils encore des Français?

Les châteaux sont démolis, les fermes dévastées et les grandes routes abandonnées à l'entretien des communes qui sont écrasées de contributions. On n'aperçoit dans les villes que des figures insolentes ou malveillantes. On ne vous parle que d'un ton brusque, exigeant ou défiant. Tous les visages ont une expression sinistre; il n'est pas, jusqu'aux enfans, qui n'aient un air hostile et dépravé. On dirait que la haine est dans tous les cœurs. L'envie n'est pas satisfaite, et la misère est partout. C'était bien la peine de faire une révolution.

L'aspect des villages est effroyable autant par le

manque de culture que par les traces d'incendie, mais le matériel des villes est plus méconnaissable encore. On n'a pas manqué d'abattre partout les vieux remparts d'enceinte avec leurs belles tours et ces anciennes portes qui donnaient quelque chose de particulièrement historique et d'individuel, on pourrait dire, à chaque cité. Tout est rasé, si ce n'est l'hôtel-de-ville, aujourd'hui *la maison commune*, où se tiennent cinq à six malotrus qui représentent le gouvernement Français, c'est-à-dire un officier corse, assisté d'un avocat de Montpellier et d'un ancien commis à la chancellerie de France. Ma province est appelée du nom d'un ruisseau. Le calendrier de Robespierre a remplacé l'ère chrétienne. On arrache les fleurs de lys jusque dans les jardins. Le pavillon blanc n'est plus celui de la nation française; il est bariolé de rouge et de bleu, livrée d'Orléans : c'est tout ce qu'on a conservé de l'ancien régime.

Mais je me trompe et je me rétracte. Il est resté dans presque toutes nos villes un édifice imposant, dominé par de hauts pinacles, et sur qui tous les yeux viennent s'attacher avec un sentiment d'intérêt ou de curiosité, aussitôt qu'on l'aperçoit du bout de l'horizon.

Il y a là-dedans un homme habillé de violet, comme au xve siècle; il y siége en prince; il y parle en maître; on l'appelle Monseigneur, en dépit de la séance du Jeu de Paume. On l'avait troublé dans la possession de son héritage; mais on n'a pu l'empêcher de succéder à ses prédécesseurs gaulois : car il est héritier des temps antérieurs à la monarchie, ce prélat, ce *préféré*, cet homme à part dans la civilisation française!

C'est un missionnaire du Pontife universel; c'est un Évêque institué pas un concordat inévitable entre ces trois républicains qui s'appellent Consuls, et le successeur du Pape saint Léon qui fut au-devant d'Attila.

Eternelle juridiction romaine, admirable institution de l'Église de Dieu! On nous avait annoncé que la barque de Saint-Pierre allait disparaître et s'engloutir dans l'abîme des flots soulevés par les philosophes de France, et voilà que la révolution française n'a pu la faire submerger! Lois du pays, droit du prince et droit des gens, propriétés, monumens nationaux, coutumes civiles, appellations populaires, tout a disparu, tout a croulé sous nos pieds, tout a changé sous nos yeux, excepté la succession de l'Épiscopat. Voyez en France et regardez autour de vous dans nos anciennes villes: y voyez-vous dans les choses et les personnes, y voyez-vous un seul établissement qui puisse intéresser le voyageur? Y trouvez-vous encore un magistrat avec qui l'on puisse entrer en relation d'estime? Un militaire, un homme du gouvernement qui puisse rendre la sujétion légère, en imposant un sentiment de confiance et de considération générale? Eh mon Dieu, non! vous n'y retrouvez que la haute basilique, où vous verrez siéger ce personnage en autorité, qui dit *nos très chers frères* en parlant au peuple, et qui trône sous un dais, malgré la constitution de l'an VIII: et pourtant c'est un Français du XIXe siècle, un sujet de notre gouvernement républicain, cet homme qu'on encense et devant qui l'on genufléchit parce qu'il est le successeur légitime d'un prélat mérovingien !.....

C'est parce que les institutions humaines sont accessibles aux nouveautés, qu'elles manquent de solidité. Nous n'avons plus rien chez nous d'historique et de national, excepté l'Evêque et la Cathédrale ; c'est tout ce qui nous reste des temps passés.

Cette belle église pourra tomber de vétusté, et de pauvreté, sous les efforts du temps ou de l'irréligion. D'autres hommes du bonnet rouge ou de la bande noire viendront peut-être déraciner ses fortes murailles ; ils abattront ses campaniles, et la ronce viendra soulever les dalles de ces vastes nefs. La voûte du temple pourra s'écrouler, mais le siége épiscopal n'en restera pas moins dans le sanctuaire, indéfectible, indestructible, *et firmatus est in fundamento civitatis Dei nostri.*

J'ai remarqué dans le caractère ou le procédé général de Buonaparte une foule de choses que j'abhorre, une chose que j'approuve et une chose que je ne comprends pas. Je n'ai pas besoin de signaler ce que je réprouve en lui, mais le motif de mon approbation consiste en ce qu'il ne recule devant aucune opposition. Il ne faut pas croire que ce soit seulement l'inexpérience ou la faiblesse du Roi Louis XVI qui nous a perdus, c'est par-dessus tout la maladresse et la lâcheté de ses ministres. Lorsqu'on eut le bonheur d'avoir été débarrassé de M. Necker, il aurait fallu procéder tout différemment qu'on ne l'a fait. Il fallait se rappeler que six mois après la mort de Louis XIII, le Cardinal Mazarin avait déjà fait treize concessions au parlement de Paris, et je suis persuadée que si le Roi s'était trouvé majeur à l'époque de ces concessions, et que ce fût à lui qu'on pût les attribuer raisonnablement, il n'aurait jamais pu rétablir son autorité royale. J'ai toujours remarqué, l'histoire à la main, que dans les temps de révolution, ce sont les concessions qui perdent les souverains concessionnaires. Les grandes affaires ne se conduisent pas autrement que les petites, et c'est le plus entêté qui réussit infailliblement. Sans en aller chercher des exemples ailleurs que chez nous et pendant les derniers siècles, il est aisé d'observer combien la persévérance de nos souverains leur a profité sous les règnes de Henry IV et de Louis XIV. S'il est vrai que Buonaparté veuille régner, je m'explique une partie de sa conduite, mais voici la chose que je n'en conçois pas.

Buonaparte a bien de la bonté de vouloir se rapprocher de la haute noblesse qui ne lui sera jamais utile à rien. Héritiers de leurs pères, la plupart de nos grands seigneurs ont été élevés sans piété ; ils ont commencé à vivre trop jeunes. Incapables d'exercer l'autorité du Prince, ce sont des races énervées dans la domesticité, dégénérées pour l'intelligence, usées pour la domination. Pourquoi n'est-ce pas un homme de la haute noblesse qui a surgi pour exterminer la révolution ? Pourquoi parmi les nobles qui se sont distingués par un dévouement généreux et pour la capacité, ne s'est-il pas trouvé un seul grand seigneur ? Enfin, pourquoi tous les grands seigneurs qui ont figuré dans la révolution ne s'y sont-ils fait remarquer que par la déloyauté de leur conduite ou leur manque d'intelligence ?

Buonaparte est un ambitieux qui voudra faire le conquérant, et vous verrez que ceci ne profitera guère à la France. Depuis que la Savoie nous est acquise et que la Belgique nous est revenue (car en vérité, l'héritage de Marie de Bourgogne est une branche de notre couronne de lys), le territoire français est bien assez vaste ! si nous voulions l'étendre au-delà des Alpes et du Rhin, ce serait un État gigantesque et qui serait en dehors des belles proportions. Il y a les mêmes conditions pour faire un beau royaume que pour être un beau roi ; pour être un homme parfaitement bien fait, il ne faut pas avoir plus de cinq pieds sept pouces

---

Quand Buonaparte enrichit ses créatures, c'est à la manière des fleuves débordés qui fertilisent les derniers champs qu'ils viennent couvrir aux dépens des terres qu'ils ont ravagées. Il paraît qu'on n'obtient pas toujours sa faveur avec des sentimens honnêtes et des habitudes honorables, et voilà pourquoi ses marques de prédilection ne sauraient faire supposer aucun autre mérite que celui de la soumission. C'est un personnage qui me semble en état et résolution de parvenir à l'exercice d'une autorité prodigieuse, mais rappelez-vous ce que je vous en prédis ; Buonaparte est un protecteur à la baguette, un régulateur à coups de sabre, et vous verrez que les favoris de cet arrogant soldat, ses principaux mandataires avec ses familiers et les autres importans de sa création, ne pourront jamais obtenir dans l'opinion publique aucune sorte de consistance, aucune espèce de considération personnelle.

Je pense que les impiétés et les scandales de la Régence, les œuvres du philosophisme et les dernières années de Louis XV avaient opéré la dissolution de la France, et qu'elle avait besoin de se renouveler dans un bain de son propre sang. Je crois fermement que la Providence a suscité Buonaparté pour exterminer les égorgeurs et dissiper les illusions révolutionnaires. Je crois bien que la tête pourra lui tourner comme à son devancier Roberspierre, et je pense que les enfans de Saint Louis nous seront rendus après cette exécution providentielle. Vous verrez que Buonaparté n'en profitera pas long-temps. Dieu sait si cet homme de victoire et d'absolu vouloir ne se méprendra pas sur la mission qu'il a reçue, et s'il n'en sera pas rudement châtié. Qu'est-ce que la victoire aux yeux des vaincus? Qu'est-ce que la force à la place du droit? et qu'est-ce que la gloire d'un homme en face de ses contemporains?.....

Les lauriers sont un parfait symbole; ils ne donnent que de l'ombre, et c'est tout au plus.

FIN

PIÈCES JUSTIFICATIVES.

N° 1.

RELATION

FAITE PAR MESSIRE ROBERT ARNAULD,

SEIGNEUR D'ANDILLY,

TOUCHANT LA RÉCEPTION QUE LE ROY LUY FICT,
LORSQU'IL SORTIT DE PORT-ROYAL,
POUR ALLER REMERCIER SA MAJESTÉ DE LA GRACE
DONT ELLE VENAIT D'HONORER LE MARQUIS
DE POMPONNE (1).

Aprets que le Roy eust desclaré, le sixiesme jour de septembre 1672, qu'il avoit bien voulu faire choix de Monsieur de Pomponne pour remplir la charge de secrettaire d'Estat, vacquante par la mort de Monsieur de Lyonne, et par la démission de son fils, Monsieur de Berny, quy en avoist eu la survivance, plusieurs per-

(1) Cet intéressant et curieux opuscule inédit est provenu des papiers de mon oncle, le Bailly de Froulay, Grand-Prieur de Malte. (*Note de Mme de Créquy.*)

sonnes ayant dict à Sa Majesté que je ne manquerois pas de vouloir aller lui rendre de très humbles remerciements d'une si grande grace, et Sa Majesté ayant répondu qu'elle le permettroit, il n'y eut pas lieu de retarder à m'acquiter de ce devoir.

Ainsy, le dixième jour du même mois, je fus à Versailles avec Monsieur de Bartillat, mon intime amy, à quy Sa Majesté (se souvenant que c'étoit luy qui luy avoit parlé le plus souvent et avec le plus d'instance pour faire revenir mon fils de son exil' avoit eu la bonté de dire que dans cette occasion elle *se réjouissoit avec luy* (1).

Lorsque nous arrivasmes, le Roy alloit tenir son conseil; mais Monsieur de Bartillat luy ayant dict que j'estois là, Sa Majesté lui respondit : « Amenez-le moy. » Il n'y avoit avec elle dans la galerie que Monsieur Roze, secrétaire du cabinet, qui se retira (2). Ainsi nous demeurâmes seuls, Monsieur de Bartillat et moy, avec Sa Majesté.

Lorsque je voulois lui faire mon compliment, elle prit la parole d'une manière si obligeante, qu'elle m'ouvrit le cœur et me donna cette grande liberté pour lui parler, qui dura tout le temps de cette longue et favorable audience. Sa Majesté me dit donc de prime abord : « Il ne falloit pas une moindre occasion que
« celle-cy pour vous faire sortir de vostre solitud, où quelque
« retiré que vous fussiez, on n'a pas laissé de parler de vous
« et beaucoup !... Mais je vous vais donner une autre joye, c'est
« que vous verrez votre fils plustôt que vous ne le pensez, car je
« luy ay mandé de revenir le plus viste qu'il se pourra. »

(1) Nicholas Jehannot, Chevalier, Seigneur de Bartillat et aultres lieux, Surintendant des finances, Thrésorier général et chef du conseil de la Reyne-mère; lequel estait homme d'esprit et grand homme de bien. (*Note du G. Prieur de Froulay.*)

(2) On ne sauroyt faire parler un Monarque avec une si grande noblesse et plus de simplicité, avec tant de bonté paternelle et tant de justesse en faict d'expression, que ne faisoit le Président Roze, et l'on peut dire de la collection des lettres qu'il avoyt escrites au nom du feu Roy que c'est une suite de chefs-d'œuvre.   *Prieur de Froulay.*)

A quoy je respondis dans les termes les plus respectueux pour luy témoigner une juste reconnoissance je dis entre aultres choses, que d'aultres princes pouvoient donner de grandes charges, mais que les donner d'une maniesre qui les relevoist encore infiniment au-dessus de ce qu'elles estoient par elles-mêmes estoit une gloye qui luy estoit réservée, et dont nulles paroles ne pouvoient exprimer combien j'estois touché ; que j'osois assurer Sa Majesté, qu'outre la fidélité et la passion pour son service, quy étoient et devoient estre héréditaires en mon fils, j'espérois que Dieu lui feroit la grâce de la servir avec tant d'application et de détachement de son intérest propre, qu'elle n'auroit point de regret à l'avoir comblé de ses aveurs. Sa Majesté me dict : « Vous « oubliez à parler de sa capacité, tout le monde me félicite et me « remercie du choix que j ay faict de luy. » La suite m'engagea à dire sans affectation que le feu Roy son père m'avoit fait l'honneur de me faire offrir à Béziers, en 1622, la charge de secrettaire d'état vacant par la mort de Monsieur de Sceaux, en donnant quatre-vingt mille écus de récompense à ses héritiers, et que je n'avoys pas été assez hardy pour les donner. Sa Majesté me respondit : « Il en coustera davantage à vostre fils, mais cela ne du« rera guère, et je le sauray tirer d'embarras.. »

Le Roy me dict ensuite beaucoup de bien de mon fils, et il termina par ces propres paroles : « Quand vous n'auriez nul aultre « contentement et aultres satisfactions que d'avoir un tel fils, « vous devriez vous estimer très heureux ; et comme *il faut com-* « *mencer par bien servir Dieu*, pour bien servir son Roy, *je ne* « *doubte point qu'il ne satisfasse à tous ses devoirs* (1). »

Sa Majesté me dict ensuite, d'une maniesre dont je ne saurois assez bien exprimer la grâce et la délicatesse : « Au reste, j'ai un avis à vous donner qui vous est important, car il regarde vostre conscience, et je crois qu'il pourroit mesme y avoir sujet de vous confesser, c'est que vous avez marqué dans la préface de l'histoire de *Josephe* que vous aviez quatre-vingts ans, et je doubte que l'on puisse, sans vanité, montrer que l'on soit capable de faire à cet aage un si grand et si bel ouvrage ? »

(1) Allusion au jansénisme de toute la famille Arnauld.
(*Note de Mme de Créquy.*)

La suite du discours me fit dire à Sa Majesté, cela étant venu à propos, que je me plaignais de ce qu'entre tant de justes louanges qu'on lui donnoit, il y en avoit une sur laquelle on n'appuyoit point assez, qui estoit à l'égard des duels. Le Roy me répondict simplement : « On m'en loue beaucoup; » et je luy repartis : Ouy, Sire, on vous en peut louer, mais non pas, ce me semble, autant que le mérite une aussy grande grâce que Dieu vous a faite d'arrester ce torrent de sang qui entraisnoit dans l'abysme une si notable partie de vostre noblesse; à quoy il a ajousté une autre grâce dont Vostre Majesté ne sauroit aussy trop le remercier, quy est d'avoir *donné la paix à l'Eglise :* car l'Eglise, Sire, étant le royaume de Jésus-Christ, c'est une beaucoup plus grande gloire à Vostre Majesté de l'avoir pacifiée que si elle avoist donné des loix à tout l'univers. » Ce que Sa Majesté me témoigna chrestiennement et fort humblement recevoir.

Elle me dict qu'aussitost que j'étois entré, elle m'avoist reconnu. Je respondis au Roy que je ne pouvois assez m'en étonner, puisqu'il y avoit vingt-huit ans que je n'avois eu l'honneur de le voir, depuis que la Reyne, sa mère, le tenant par la main dans la gallerie du Palais Royal, j'avois eu l'honneur de parler pendant fort long-temps à cette grande princesse. Sur quoy le Roy me dict avec un air de bonté profonde, et plusieurs aultres fois encore durant cet entretien : « La Reyne ma mère vous aimoit beaucoup. »

Sur ce qu'après je dis ces paroles à Sa Majesté : « Tout ce que
« je puis faire en l'aage où je suis, Sire, pour reconnaître les
« obligations dont mon fils et moi vous sommes redevables, c'est
« de continuer, dans ma solitude, à souhaiter qu'en suite de tant
« d'actions qui doivent éterniser la mémoire de Vostre Majesté,
« Dieu porte ses jours si advant dans le siècle à venir, qu'il n'y
« ait pas moins de sujet d'admirer la durée que la gloire de son
« règne. » Sa Majesté me respondict : « Vous me voulez trop de biens. »

Après je la suppliay de me dire si elle me permettoit d'user de la mesme liberté avec laquelle le Roy, son père, et la Reyne, sa mère, avaient toujours eu pour agréable que je leur parlasse. Elle me répondict à cela d'une manière si obligeante, que je ne craiguis point de luy dire : « Sire, pour ce quy regarde mon
« fils, Vostre Majesté l'a tellement comblé de ses bienfaicts, qu'il

« ne se peut rien désirer davantage; mais pour moy, Sire, j'ad-
« voue que pour être pleinement content, il me reste une chose
« à souhaiter. — Dites laquelle, me répondict le Roy. — L'ose-
« rai-je dire, lui repartis-je. — Oui, me répliqua Sa Majesté.
« — C'est, lui dis-je alors, que Vostre Majesté me fasse l'hon-
« neur de m'aimer un peu. » En achevant ces paroles, je luy
voulus embrasser les genoulx, mais ce grand Prince me fist l'honneur de m'embrasser d'une maniesre quy devoit achever de me
combler de tendresse et d'obligation.

Je pris ensuyte congé du Roy quy voulut bien me dire alors :
« Je prétends que ce ne soit pas la derniesre foix que je vous
verray. » Et sur ce que je lui respondis qu'il ne me restoit qu'à
prier Dieu pour elle dans ma solitude, Sa Majesté me dict : « Cela
ne dépendra plus de vostre meschant vouleyr, et si vous ne me
venez visiter quelque foix, je pourrai bien vous envoyer quérir
d'autorité. »

Il fust dict aussy plusieurs autres choses, dans cette longue entrevue, que je ne saurois vous rapporter, attendu que j'étois si attentif à ce que Sa Majesté me faisoit l'honneur de me dire, d'une
maniesre qui me touchoit également le cœur et l'esprit, et que
j'étois également si attentif à lui respondre, que ma mémoyre en
étoit comme suspendue. Monsieur de Bartillat estoit lui-mesme
si touché de ce qu'il entendoit dire à Sa Majesté, qu'il advoue,
malgré sa préoccupation, n'en avoir pu retenir la plus grande
partie.

Apres estre sorti de chez le Roy, nous allasmes, Monsieur de
Bartillat et moy, chez Monseigneur le Dauphin, qui me reçut favorablement. Quand la Reyne fut habillée, je lui allai faire ma
révérence, et Sa Majesté me fit l'honneur de me parler avec une
bonté nompareille.

Le Roy, après avoir tenu conseil, allant à la messe avec cette
grande foule de personnes de qualité qui l'accompagnent toujours, comme je parlois à Monsieur Le Tellier (1), proche de la
chapelle, Sa Majesté me fit l'honneur de me démesler dans cette
foule, en me faisant un signe de teste et des yeux, avec un sou-
ryre infiniment doux.

(1) Michel Le Tellier, Chancelier de France et père du Marquis de Louvois.

Sa Majesté commanda ensuyte à Monsieur Bontemps, capitaine de Versailles, de me retenir à disner; et elle me fit l'honneur de m'envoyer de ses fruicts par Monsieur de la Quintinie (1). Le Roy ayant tesmoigné à Monsieur de Bartillat qu'il seroit bien aise que je visse jouer les eaux, dont la beauté va sans doute au-delà de tout ce que l'on peut imaginer, Sa Majesté eut la bonté d'ajouter : « Mais comme la Reyne veut les faire voir à un Seigneur de son « pays, qui va prendre possession du gouvernement d'Anvers, « et à sa femme, *je crains* qu'elle n'y aille tard, et que cela met- « tant Monsieur d'Andilly dans l'humidité du soir, il ne s'en- « rhume. »

La Reyne, en compagnie de cette grande dame espagnole, alla donc le soir voir jouer les eaux. Comme le carrosse de Monsieur Bontemps, dans lequel j'estois, ne pouvoit pas dans une si longue file arriver aussitost que Sa Majesté aux endroits où elle mettoit pied à terre, elle avoist la bonté d'envoyer un de ses pages pour me faire advancer; et lorsqu'on fit jouer les jects de la grotte, elle me commanda de me mettre tout contre la portiesre du carrosse où elle estoit, afin que je ne fusse point mouillé.

Il faudroit un trop long discours pour vous rapporter toutes les particularités de cette journée, si extraordinaire pour un solitaire, et si longue que nous ne fusmes de retour à Paris qu'après dix heures du soir.

Je vous assure que sans vous, il n'y en auroit eu rien d'escript Je me serois contenté d'admirer, dans ma retraite, les éminentes qualités du Roy, que je n'aurois pu croire si grandes que je les ay reconnues, quoi que la renommée m'en ait rapporté, et quoi que mon fils m'en ait pu dire; je vous advoue qu'elles m'ont touché de telle sorte que, quelque extraordinaire que soit le bienfaict dont il a honoré mon fils, j'estime infiniment plus tant de circonstances obligeantes dont il lui a plu de l'accompagner. Oserai-je adjouster que, depuis mon retour, la satisfaction que Sa Majesté a bien voulu tesmoigner avoir eue de moy, ne cède aulcunement à tout le reste?

(1) Directeur général des jardins, vergers, fruitiers et passagers des maisons royales. Il a laissé un livre utile et fort agréable pour la grâce du style et pour sa naïveté.

(*Note de Mme de Créquy.*)

N° II.

DÉCLARATION

De trois Dames de Saint-Cyr,

Relativement à l'origine de la musique et des paroles du GOD SAVE THE KING.

Nous soussignées, anciennes religieuses professes de la maison royale de Saint Cyr, diocèse de Chartres, étant priées d'attester, pour rendre hommage à la vérité et dans une intention qui n'a rien de prophane ou frivole, ce que nous pouvons savoir touchant un ancien motet qui passe aujourd'hui pour un air anglois, et pensant que la charité ne sauroit en être blessée, nous déclarons que cette musique est absolument la même que celle que nous avons entendue dans notre communauté, où elle s'étoit conservée de tradition, depuis le temps du Roy Louis le Grand, notre auguste fondateur, et que ladite musique avoit été composée, nous a-t-on dit dès notre jeunesse, par le fameux Baptiste Lully, qui avoit fait encore plusieurs autres motets à l'usage de notre maison, et entre autres un *Ave maris Stella* d'une si grande beauté que toutes les personnes qui l'entendoient chanter disoient qu'elles n'avoient rien ouï de comparable. Pour ce qui est du premier motet, nous avons entendu raconter à nos anciennes que toutes les Demoiselles pensionnaires le chantoient en chœur et à l'unisson toutes les fois et au moment où le Roy Louis le Grand entroit dans la chapelle de Saint Cyr, et l'une de nous l'a encore entendu chanter à grand chœur lorsque le Roy Louis le Martyr, seizième du nom, vint visiter cette Maison royale avec la Reine, son épouse, en l'année 1779; et ce fut sur l'avis de M. le Président d'Ormesson, directeur du temporel de Saint Cyr, qu'il avait été décidé que Sa Majesté seroit saluée par cette invocation, suivan l'ancien usage, de sorte qu'il n'y a presque aucune de nous qui ne sache par cœur ou ne connoisse l'air et les paroles de cedit motet. Nous pouvons donc assurer que l'air est entièrement conforme à celui qu'on dit un air national d'Angleterre, et quant aux paroles que nous allons copier exactement, on nous a toujours dit qu'elles avoient été composées par Madame de Brinon, ancienne supérieure de St. Cyr, et personne lettrée, fort habile en poésie, comme il y parait par d'autres cantiques à l'usage de sa communauté. Celui sur la communion y a été chanté jusqu'à la fin, et si l'autre n'étoit pas aussi connu que celui-ci, cela tenoit sans doute à ce que le Roy Louis le Bien Aimé et le Roy Louis le Martyr n'avoient pas l'habitude de visiter souvent notre maison comme le Roy Louis le Grand, notre fondateur, avoit coutume de le faire.

GRAND DIEU, SAUVEZ LE ROY!
GRAND DIEU, SAUVEZ LE ROY.
VENGEZ LE ROY!
QUE TOUJOURS GLORIEUX,
LOUIS VICTORIEUX
VOYE SES ENNEMIS
TOUJOURS SOUMIS.
GRAND DIEU! SAUVEZ LE ROY !
GRAND DIEU! VENGEZ LE ROY!
VIVE LE ROY !

Nous attestons donc que cesdites paroles, que nous avons en mémoire depuis si longues années, ont toujours passé pour une œuvre de notre Révérende Mère supérieure, Madame de Brinon, c'est-à-dire datent du temps du Roy Louis XIV, décédé en 1715.

En foi de quoi nous avons donné le présent attestat, sous licence et permission de notre supérieur ecclésiastique, et nous y avons fait appliquer les cachets de nos armes, à Versailles, ce 19 septembre 1819, et avons signé.

ANNE THIBAULT DE LA NORAYE.
P. DE MONSTIER.
JULIENNE DE PELAGREY.

Nous soussigné, maire de Versailles, etc., certifions que les

PIÈCES JUSTIFICATIVES.

trois signatures ci-dessus sont celles de Madame Thibault de la Noraye, de Madame de Monstier, et de Madame de Pelagrey, anciennes religieuses et dignitaires du couvent royal de Saint-Cyr, et que foi doit y être ajoutée. Versailles, le 22 septembre 1819.

LE MARQUIS DE LALONDE (et scellé).

N° III.

Copie de la dépêche confidentielle qui fut écrite à l'empereur Charles VI en lui envoyant la relation de la mort du Comte Antoine de Horn, par le Baron de Pentenrieder, son Ministre plénipotentiaire à la cour de France (Paris, 17 avril 1720). Ces deux pièces sont provenues des archives des princes de Horn au château d'Overisque dont elles portent l'estampille et les numéros d'ordre.

SACRÉE MAJESTÉ,

En suite et complettement de la depesche que j'ay eu l'honneur de diriger sur la haute destination de Votre Majesté Cœsarrienne par le dernier ordinaire, je luy viens rendre compte de l'inique supplice et douloureuse fin du Comte Antoine de Horn, lequel au mespris de la plus formelle promesse accordée par le Regent de France à messieurs le Duc de Croy-Havrech, Prince de Ligne, Marquis de Crequi, et autres fort grands Seigneurs tant de l'Empire que de ce Royaulme, et ladite promesse consistante à faire commuter la peine du supplice de la roüe en celle de la décollation, n'en a pas moins esté soubmis à la torture et puis supplicié sur la roüe en place publique en la matinée du 26 dernier. Ce dont il est resulté comme de juste, un grand soulevement d'indignation contre les deux personnages en credit auprez du Duc d'Orléans qui ont retourné l'esprit de ce prince en l'espace de vingt-quatre heures, à ce point de lui avoir fait tenir comme non advenue sa parole d'honneur qu'il avoist donnée formelement auxdicts seigneurs, pour le faict de la commutation dudict supplice infammant en ce le de la dezcapitation qui ne l'est point. Pareil mespris de sa parolle de prince et de la foy donnée à gens si hautement nés, si grandement establis et si dignes de toutes sortes d'égards et ménagments, a cruellement ulcéré les cœurs et les esprits de la noblesse et principalement de touts les parens et alliez de ce malheureux jeune seigneur, lesquels se demandent avec assez d'apparence de justice et raison, si c'est donc qu'on doit avoir à mespris les engagements qu'ils reçoivent d'un prince, ou si le Duc Regent ne fait aucun estat de sa parolle d'honneur aprets l'avoir donnée. En tout estat de cause, il en subsiste une générale animadvertion contre les troix autheurs de cette cruauté si blessante pour tant de grandes familles, et si marquée de villeinie sordide, par le motif quy l'a faitte opérer, avec une déloyauté si brusque et si manifeste aux yeux de touts. On peut et doit supposer que c'est en vue de soutenir et préserver de chûte un échaffaudage de tromperie fiscalle que ces deux affides voudroient empescher d'écrouler, et qui ne s'en détruict pas moins de partout au grand dommage et préjudice avec ru ne complette de ceulx qui sont entrés dans leur système. Je diray latterallement au fonds de mon subjet present, que le sieur Law est bien fort embarrassé du dscredit de ses papiers et que celluy qui gouverne icy en a montré desja de la crainte et comme du regret, ensuite d'une émotion qui s'en est montrée ces jours derniers dans les rües de la ville : 2. 25. 11. 18. 63. 17. 44. 49. 6. 25. D. 14. 72. 86. 11. 52. 55. 11. 24. 50. 7. 5. 16. 42. 94. A. 69. D. 4. 11. 9 35. 60. 25. 27. 8. 2. 71. 86. 52. 55. 11. 24. 30. 94. 42. 16. 5. 7. O. 25. 2. 88. 15. 24. 19. 34. Ci jointe la rellation de cette exécution que je n'hésiteray point à qualifier du nom de barbarie et d'inicquité cryante, en considérant surout la foiblesse de raison dont le Comte de Horn avoit toujours été frappé et qu'il avoit dans le sang, en hérédité notoirement justifiée par toutes les preuves envoyées des Pays-Bas : preuves de nature et d'autorités incontestables ; preuves judiciaires ressortissantes des tribunaux brabançons : preuves de notoriété publique, provenantes de plus de cent témoignages dignes de toute estime et coufiance. Il est bon d'observer collatérallement aussy que le juif l'avoit provoqué par un outrage insub'ssable et que le seul coup qui luy fust porté par le Comte estoit dans une épaulle et n'avoist pas pu lui causer la mort. 19. 4. 12. 29. 16. 22. Je viens de recevoir une dépesche du Prince de Horn inclusant copie de sa requête à S. M. Cœsarrienne, ainsy qu'au saint conseil de l'Empire, et je viens de retourner replique à Son Altesse en lui accusant réception de sa lettre et lui disant que j'attendois reponse à la deman e que j'avois soumise à Vostre Sacrée Majesté pour en obten r les instructions dont j'ai besoin pour me pouvoir diriger suivant son auguste volonté dans la suite et les conséquences d'une catastrophe si douloureuse et si imprevüe.

Estant pour toute ma vie, de Vostre Sacrée Majesté,

Le très humble, très fidèle et très soumis serviteur et subjet,

PENTENRIEDER.

N° IV.

RELATION

DE LA MORT DU COMTE DE HORN,

Par le plénipotentiaire impérial.

Aussitost que l'on eut appris la condampnation du Comte Anthoine, on vint me dire qu'il avoit répondu d'une manière si déréglée devant ses juges, qu'is auroient dû le juger privé d'une partie de sa raison, mais comme il n'entroist dans cet estat déraisonnable et déréglé qu'après avoir pris son repast du matin en prison, on supposa que son vin pouvoit être drogué de manière à produire cette méchante disposition sur l'esprit de ses juges, car ou se montroit acharné à le faire condampner pour les deux raisons de rivallité et de fiscallité dont j'ay parlé suffisamment, et si les deux suppots du système avoient un motif, le Prince en avoist un autre qui venoist aboutir à la mesme resollution avec non moins de méchant voulloir et de persistance. Pour moy, je croirois seullement qu'il avoist la teste foible et troublee par ce que sa disposition naturelle lui pouvoist donner d'altération, et par ce que sa situation devant la justice françoise devoist lui fournir de contrariété et de trouble. Les parents et alliés de sa maison se réunirent aussitost pour aller présenter au Régent une requeste fort bien faitte, afin d'en obtenir la grace ou tout au moins commutation de la peine en celle de la prison perpétuelle, ésperant ainsy qu'à la majorité du Roy il y auroit meilleure justice à espérer pour une personne de famille princière, alliée de la maison royalle de France et qu'on pouvoist tenir à peu près pour un insensé. Ceux des signataires et supliants qui sont subjets du saint Empire, estoient le Prince de Ligne, le Duc de Havrech, le Comte d'Egmond, le Vidame de Tournay, le Comte Em. de Bavière, et le Burgrave de Leyden. Le surplus estant des Seigneurs françois de la première qualité seullement, vu que le Prince de Ligne avoist faict difficulté de reconnoistre et admettre pour parents de ses neveux ceux qui n'étoient pas du premier rang en France et de distinction première, résollution que les meilleurs esprits de la convoquation n'ont pas manqué de combattre et qui estoit grandement impolitique à mon sens. On avoit admis les Dames à signer la mesme requeste et voicy les noms de celles de nostre costé. La Comtesse de Longni Montmorency. C'est une Comtesse de Horn. La Princesse de Croui qui est une Créqui, la Princesse de Nassau, Landgrave de Hesse. La Princesse de Nassau qui est une Mailli, et la Margrave de Berg op-Zoom qui est Ligne-Aremberg. Il y a dans les autres signataires quatre Princes et une Princesse de la maison royalle de Lorraine que je n'ay pu en empescher quoi que j'aye pu faire et dire pour leur faire sentir l'inconvénient de cette demarche en réserve sur leur dignité personnelle et en deffiance du resultat de pareille demarche où j'aurois éstimé que personne de leur maison n'auroist dû s'exposer, pour éviter toute compromission par un semblant de parité de noblesse avec les autres suplians qui avoient arresté de signer et se présenter en pêle-mêle, et aussy dans la crainte du refus de la grâce demandée. Il faut pourtant dire et justement observer qu'une Princesse de Savoye et deux de la maison de Gonzague n'en ont fait aucune difficulté. Estimant ou supposant sûrement que pareille action ne sauroit leur porter préjudice et tirer à conséquence. Le Duc de Bouillon et Messieurs les Cardinaux ont également signé la requeste au hazard de leur arrivée et sans égard à leurs prétentions de dignité. Quoi qu'il en soit, je n'avais rien négligé pour décider Messeigneurs de Lorraine à ne point signer ni se produire et commettre en cette occurrence et de ladite manière, et s'ils ont agi differement, c'est contre mes avis et representations réitérées auprès de Monseigneur le Prince de Guize, jusqu'à trois reprises en deux jours, avec la même insistance et toujours autant d'inutilité de ma part; peut-estre seroist il prudent et convenable de faire sentir qu'on auroist du recevoir differemment les observations que j'etois en droit de faire arriver aux parents de Sa Majesté Impériale, et eu égard à mes fonctions de son Plénipotenciaire en Cour de France.

Toute cette assemblée de noblesse s'est donc présentée devant le Duc d'Orléans qui les avoit fait prévenir qu'il leur accorderoit audience dans la soirée du jeudi 21 mars, au Palais-Royal; on les a reçus avec beaucoup de formalités et grande apparence de courtoisie, comme il appartenoit à leur qualité; c'est un des grands officiers de la maison qui leur a fait les honneurs de la salle d'attente, et comme ils s'étoient mis de grand deuil, il en resultoit une apparence des plus lugubres et des mieux appropriées pour le motif de cette audience.

Le Régent a fait dire qu'il les prioit de lui députer seulement leurs commissaires qui etoient le Cardinal de Rohan, le Duc de Havrech, le Prince de Ligne, et le Marquis de Crequi, qui bien que le plus jeune etoit de fait et réelement, le chef de ladite commission, à raison du mérite qu'on lui doit reconnoistre, et de son crédit sur l'esprit des autres, comme aussi parce qu'il sait parler juste, et facilement bien, et fortement quand il convient de le faire.

La discussion s'est prolongée très long-temps et fort avant dans la nuit sans pouvoir rien gagner sur le Duc Régent qui n'a pas voulu se relâcher de la peine capitalle et qui a eu de rudes attaques à supporter et surmonter de la part du Prince de Ligne qui n'est pas, comme on doit en convenir, un homme à tempérammens et ménagemens bien calculés. On estime que l'extrême roideur du Régent a tenu principallement à ces brusqueries mal avisées. Cependant il a promis et donné parolle formelle de faire commuter la peine de la roüe en celle de la décollation pure et simple, par égard pour les familles et personnes intéressées à ce que les quartiers du nom de Horn ne soient pas diffamés, et pour éviter les nombreux et graves préjudices qui s'ensuivraient dans la fortune de ces mesmes familles, à qui leurs filles et leurs cadets resteroient à leurs charges pendant plus d'un siècle à venir, c'est-à-dire durant quatre générations, ce qui donne, à trente ans par chaque génération, un total de cent vingt ans, ainsi que l'avoit fait observer le Marquis de Créqui, ce que le Régent témoigna très bien comprendre et favorablement accueillir Il alla mesme jusqu'à proposer de faire faire l'exécution capitale dans la cour intérieure de la prison du palais, ce qui fut accepté par le Prince de Ligne et le Duc de Havrech seulement, car les deux autres commissaires s'étaient retirés de toute négociation, lorsqu'ils avaient jugé que le refus de garantir la vie sauve à leur parent, avoit été rejeté sans espoir de rémission. Ce point convenu pour la commutation du supplice infamant en l'autre peine non pas dégradante, le Duc d'Orléans est venu saluer tous ces membres de l'assemblée de famille, auxquels il a bien voulu faire faire force civilité, protestation de regret, assurances de bon vouloir, et cœtera. Tout le monde s'est séparé avec une grande et profonde tristesse, et l'on s'attendoit à ce que l'exécution auroit eu le mardi saint 26 mars de la façon que l'avoit promis le Duc d'Orléans. On a su que la Marquise de Parabère et le Duc de Saint-Simon s'étaient chaudement entremis auprès de ce Prince, mais sans en pouvoir obtenir autre grâce que celle de ladite commutation de peine, cette Dame en ayant éprouvé une émotion à laquelle le Prince a eu ses raisons pour ne pas se montrer fort sensible, et le Duc de Saint-Simon a cru pouvoir écrire à un de ces Messieurs qu'on devoit s'en tenir pour fermement assuré parce qu'il en avoit tiré, de son costé, parolle d'honneur du Duc Régent, lequel avoist judicieusement adopté cette méthode a suivre afin de ne pas punir non-seulement toute une famille pour un acte de folie d'un de ses membres, mais encore un grand nombre de maisons les plus illustres de l'Europe, et notablement de l'empire, et des Estats du Roy Très Chrestien.

On estoit donc en tranquillité sur le fait de la roüe, et l'on vacquoit douloureusement à ces apprets qui devoient en suivre l'exécution du mardi, lorsqu'on apprit le même jour que le comte Anthoine avoit été rompu vif dès le matin sur cette place qu'on appelle la Gresve et où l'on supplicie et meurtrit d'ordinaire les malfaiteurs de la province de France et du ressort de Paris. On adjoutoit que le bourreau lui avoit, toutes fois, par égard ou charité, administré le coup de grâce avant de lui briser les membres ; mais ce qu'il y avoist de plus horrible à penser, c'est que ce malheureux patient avoist eté soubmis à la torture avant d'aller à l'échafaud, et ce qu'il y avoist d'inconcevablement dérisoire après les parolles d'honneur données par le Duc Régent et les promesses reçues par cette Haute Noblesse, c'est qu'il avoist été mis à mort coste à coste, avec le scélérat piedmontois qui avoist réellement commis le meurtre et qui n'étoist qu'un homme de néant ou peu s'en falloit. J'ai envoyé sur-le-champ au lieu de l'exécution un gentilhomme a moy pour estre assuré de la triste réalité des choses, et l'on m'a rapporté que les plus proches parents du Comte Anthoine s'étoient rendus en grand appareil sur le lieu même, et dans leurs carrosses dont tous les rideaux estoient fermés : leurs carrosses étant rangés coste à coste au nord de la place de la Gresve, où ils ont attendu jusqu'à ce que leurs estafliers les vinssent advertir que l'exécution étoit consommée, et que le témoin judiciaire d'icelle se fust déposté du lieu qu'il occupoit d'office à cette fin de mission. Pour lors de ce que lesdits Seigneurs et Princes ont fait détacher le corps de la roüe et fait apporter dans un carrosse à l'un d'eux, et m'a-t-on dit que Monsieur de Crequi avoist tenu mesmement jusqu'audit carrosse une des jambes rompues qui ne tenoist plus que par quelques lasnies es de peau sanglante au restant du corps, ensuite de quoi je me suis rendu chez la Comtesse de Longui-Montmorenci pour jeter de l'eau bénite sur le corps que j'ai trouvé déjà mis au cercueil et déposé dans une chapelle ardente, avec un clergé nombreux qui lui chantoit l'office de libera. Il y a eu grande affluence de devoirs rendus pendant les quarante-huit heures suivantes, et un nombre infini de condoléances des plus bienséantes et respectueuses ; j'adjouterai que l'on ne doute point qu'il n'aist été supplicié injustement. On a dit pendant ces deux jours des messes continuelles à deux autels dressés dans la mesme salle, où j'ay envoyé tous les gentilshommes et autres gens de l'ambassade; ceux-ci en livrées de grand deuil avec l'aiguillette à mes couleurs selon l'usage de ce pays. C'est le Prince François de Lorraine accompagné des Marquis du Plessix-Belliesre et de Crequi qui sont allés conduire le cercueil et l'accompagner jusqu'à Baussignies, où le Prince de Horn avait demandé de l'envoyer comme la seule consolation qu'il puisse recevoir dans une si grande amertume, car on ne sauroit se doubter combien il aimoist tendrement son malheureux frère, jusque-là qu'il a eu plusieurs accès de fièvres avec transport, en suite de l'inquiétude que lui avoist donnée son départ pour Paris, estant à peine retabli de son dernier dérangement au cerveau qui causoit au Prince des transes mortelles, non par ce que son frère pouvoit commettre de punissable, il n'y croyoit pas; mais par ce qu'il pouvoit y avoir de périls à courir pour lui. Cet evesnement est sans aucun doute un horrible malheur, et c'est peut-être un effet de méchanceté bien criminelle.

N° V.

RECTIFICATION *pour la page 253 du premier volume, première édition, page 255 du même volume, deuxième édition.*

Il résulte d'un grand nombre de pièces qui nous ont été produites et que nous avons soumises à l'examen d'un généalogiste habile et consciencieux, que la parfaite bonne foi de l'auteur aurait été surprise, à l'égard de la famille Le Compasseur de C..., par des allégations inexactes, infidèles peut-être, et dans tous les cas fort injustes, ainsi qu'on nous a mis à lieu de le vérifier. Nous nous empressons de le reconnaître, en ajoutant que cette rectification est la seule que nous ayons accordée, parce que la réclamation qu'on nous a faite à l'égard de la famille de M. le Marquis de Courtivron, est la seule qui nous ait paru suffisamment établie.

Quant à l'ancienneté de cette famille originaire du Roussillon, où elle était possessionnée de la seigneurie de la ville d'Ope et de celle d'Estagel, il suffira de mentionner sommairement 1°, un titre de Guillaume Le Compassor, seigneur d'Ope, charte latine, en date des nones de septembre en l'année 1188, où l'on voit que ledit seigneur d'Ope cède et transporte à Bertrand de Peyrallos, à sa femme et leurs héritiers ou ayans-cause, l'honorifique des droits féodaux qu'il possédait dans ladite ville d'Ope, et ceci moyennant la somme de 150 sols malgonniens, qu'il se réserve le droit de leur rembourser avant la fin de ladite année 1188, afin de pouvoir recouvrer la possession des droits qui sont l'objet de ladite cession. *On nous a fait observer qu'il existait peu de chartes d'une date aussi ancienne, et peu de familles françaises ou étrangères qui puissent fournir un document de pareille valeur.*

2° On nous a fait parvenir la transcription d'une autre charte latine en date du 20 décembre 1390, dont il appert que Françoise de Sénecterre, femme de Noble Seigneur Bertrand Le Compasseur, Chevalier, donne quittance de la somme de 1,641 livres 8 sols et 1 denier tournois, à Noble Seigneur Raymonde de Peyrallos, Vicomte de Rhodes et Sire de Cephalonie, duquel titre il résulte aussi que Bertrand Le Compasseur sus-nommé avait cédé par acte du 2 mars précédent, au Vicomte de Rhodes, le château fort et le domaine d'Estagel au comté de Roussillon.

De plus et 3°, sous la date du 15 septembre 1391, on voit des lettres de cédule en mandement royal de Jean, Roi d'Aragon, de Valence, de Sardaigne, de Mayorque et de Minorque, Prince de Catalogne et Comte de Roussillon, lequel approuve et ratifie ladite cession d'Estagel par le Noble Chevalier Bertrand Le Compasseur, avec tous ses droits de haute, moyenne et basse justice, *mère et mixte impère*, ainsi que ledit Chevalier Bertrand Le Compasseur, les avait acquis et reçus d'Illustre Seigneur, Pierre d'Aragon, d'heureuse mémoire, en son vivant, père dudit roi Jean d'Aragon, Valence et Sardaigne. (*Lesdites chartes vidimées, copiées et collationnées à Dijon, par actes de l'année 1757*).

Enfin et 4°, la copie collationnée d'une sentence de l'année 1491, en faveur de Pierre de Bey, lequel est tenu, réputé et déclaré Noble, par jugement du baillage de la ville de Troyes en Champagne, attendu les preuves fournies par lui relativement à la descendance naturelle et en lignée légitime de sa femme Marguerite de Bray, petite-fille de Bertrand Le Compasseur et de Françoise de Sénecterre, ci-dessus mentionnés; lesquels avaient eu pour fils Guillaume Le Compasseur, mari d'Edmée de Ferrette, qui furent père et mère de Giles Le Compasseur, ainsi que de Thevenotte et de Simonne Le Compasseur, laquelle Simonne avait épousé Jean de Bray, dont fut issue Marguerite de Bray, femme dudit Pierre de Bey, lequel, en vertu des preuves fournies par lui sur l'extraction de sa femme, obtint recognition de sa noblesse et confirmation des priviléges y annexés suivant la coutume du comté de Champagne. *Cet acte établit suffisamment que les descendans des anciens seigneurs d'Ope et d'Estagel, étaient venus s'établir au comté de Champagne et qu'ils s'y trouvaient assimilés aux premières familles de cette province, où le ventre annoblissait, c'est-à-dire où les filles de grande race avaient le privilége de transmettre leur noblesse à leurs descendans. Il appert du même jugement que Bertrand Le Compasseur, mari de Françoise de Sénecterre, était né à* **Elne en Roussillon,** *vers l'année* 1550.

Relativement à l'adjonction des noms de *Créquy-Montfort* à celui de Le Compasseur, il est produit un procès-verbal émané du lieutenant-général au baillage de ladite ville de Troyes, constatant qu'à la requête de H. et P. Seigneur, Messire Jacques de Brancion, Chevalier, Seigneur de Vidarjent et autres lieux, et de Haute et Puissante Dame, Madame Marie-Jeanne Claude-Madeleine Le Compasseur de Courtivron, son épouse, il existe en l'église de l'Abbaye royale de Saint-Loup de Troyes, une épitaphe gravée sur cuivre, en l'année 1471, et dont voici la teneur : HIC JACET TANEGUIDUS LE COMPASSEUR A CREQUI MONFORT, CUJUS ALIX DE CHAUVIREY CONJUX EJUS ET ROBERTUS FILIUS HOC POSUERUNT EPITAPHIUM. MIL CCCC LXXI. Les armoiries de Tanneguy Le Compasseur de Créquy-Montfort se trouvent gravées sur la même table de bronze, et voici comme elles sont figurées audit procès-verbal : *Parti d'un trait. Au premier coupé, au premier du coupé parti, au premier du parti d'azur aux trois compas ouverts* (d'or ou d'argent, car le métal du blason n'en est pas visible, 2 en chef et 1 en pointe. Au 2me du parti *d'or au créquier de gueules.* Au 2me du coupé *bandé d'or et d'azur, de 7 pièces.* Au 2 du *parti sénestre, d'azur à la fasce d'or, accompagnée en chef de 4 billettes du même, posées l'une en chef des trois autres, et ladite fasce accompagnée en pointe de trois autres billettes d'or posées en fasce.*

Il est à noter que la reproduction de ces mêmes armoiries parties de Créquy, et la même adjonction du nom de Créquy-Montfort de la part des descendans de Tanneguy Le Compasseur, se sont renouvelées et perpétuées jusqu'à M. le Marquis de Courtivron, chef actuel de cette maison, sans aucune réclamation de celle de Créquy, laquelle n'a exercé aucun contrôle sur un grand nombre d'actes, ostensiblement passés dans le ressort du Parlement de Paris (notamment pour l'érection de la terre de Courtivron en Marquisat, comme aussi pour les actes relatifs aux mariages de deux Marquis de Courtivron, du même nom de Le Compasseur-Créquy-Montfort, avec deux filles de la très-illustre et puissante maison de Clermont-Tonnerre). Sans accumuler à cet égard des preuves inutiles et surabondantes, il est suffisant d'observer que dans *l'Histoire du parlement de Bourgogne*, par Palliot, édition de 1649, les armes de Claude le Compasseur, Chevalier et Seigneur haut-justicier de Courtivron, s'y trouvent parties des armes de Créquy, précisément comme on les voit disposées sur l'épitaphe de Tanneguy Le Compasseur de Créquy-Montfort, à l'abbaye royale de St-Loup de Troyes.

A l'égard de ces deux adjonctions nominale et héraldique dont la date paraît remonter à la fin du xive siècle, attendu que Tanneguy Le Compasseur de Créquy-Montfort devait être sexagénaire à l'époque de son décès, ainsi qu'il doit résulter de l'âge de son fils en 1471, il ne s'ensuit pas que l'origine inconnue de ces deux adjonctions puisse invalider un droit acquis depuis plus de trois siècles et toujours exercé sans contestation de la part des Sires de Créquy, tant de la branche Ducale entée sur les Sires de Blanchefort que des branches puinées des Marquis de Heymont, des Comtes de Canaples et des Seigneurs de Bernieulles.

On en est réduit, pour expliquer l'origine et le motif de cette adjonction des armes et du nom de Créquy à celles et celui de Le Compasseur, à la proposition suivante :

Il appert des titres provenus du cartulaire du dernier Marquis de Créquy-Heymont, et recueillis par Dom Villevieille, ancien archiviste de l'Abbaye de St-Germain-des-Prés-lez-Paris, lesquels documens ne paraissent pas avoir été consultés par les auteurs de l'*Histoire des grands Officiers de la couronne*, 1° qu'Estbeuil de Créquy, Seigneur de Mareuil, était fils de Baudoin IV, Sire de Créquy, et d'Alix Dame de Heilly, vivante en 1259; 2° qu'il avait eu pour fils Thierry de Créquy-Mareuil, Seigneur de Montfort, lequel eut pour fils ainé Jean de Créquy, dit de Montfort, et co-Seigneur du lieu de ce nom au diocèse du Mans; 3° Jean de Créquy avait épousé Marguerite de Lusignan, Dame de Montfort en partie, de laquelle il n'eut que des filles au nombre de quatre; savoir : Alix de Créquy-Montfort, laquelle épousa Turpin de Champlieu, Sire de Saint-Espin; Marguerite, alliée à Prudent de la Haye, Chevalier; Jeanne, Prieure de Sainte-Aldegonde de Maubeuge, et Marie de Créquy-Montfort, dont l'alliance est inconnue; 4° que ladite Marie ne saurait être morte célibataire, ni être entrée en religion, car il résulte d'un acte de l'année 1566, que sa sœur Alix, veuve de Turpin de Champlieu, et Dame douairière de la seigneurie de St.-Espin en Touraine, lègue une somme de 48 livres avec plusieurs joyaux, reliquaires et autres objets précieux à sa filleule et sa nièce, Jeanne, fille ainée de sa sœur Marie, le tout sans autre désignation de noms de famille ou de qualifications territoriales, ce qui n'est que trop commun pendant le cours du xiv° siècle au xv°, ainsi que tous les généalogistes ont eu l'occasion de l'expérimenter.

Comme l'époque où vivait ladite Jeanne, héritière apparente d'Alix, de Marguerite et de Marie de Créquy-Montfort, est la même que celle où le père de Tanneguy le Compasseur de Créquy-Montfort avait dû se marier, on est conduit à penser qu'une alliance entre eux a pu déterminer cette adjonction des armes et du nom de cette branche des Créquy, dont on ne retrouve plus aucun autre vestige à partir de la même époque. C'est l'unique supposition raisonnable qui puisse résulter de l'examen des titres et de l'observation d'un fait enseveli dans la nuit des temps, et surtout dans les profondes ténèbres du xiv° siècle.

N.º VI.

Pétition et Pièce présentées à l'Assemblée Nationale, le 13 novembre 1791, par l'infortuné Charles de Bourbon-Montmorency, connu sous le nom d'Alexandre de Créquy, détenu 46 ans en différentes prisons et forteresses, par lesquelles il dévoile à la nation le comble des horreurs, de la tyrannie et du despotisme, sous les règnes de Louis XV et de Louis XVI Cette pétition a été généralement applaudie de l'Assemblée nationale et du public.

Messieurs,

Je manque d'expressions pour rendre la vivacité et l'étendue de la reconnoissance dont je suis pénétré et tributaire envers l'Assemblée Nationale de France qui m'admet à l'honneur de parler dans son sein, après m'avoir rendu la vie, la liberté et ma patrie.

J'apporte devant vous, Messieurs, un grand intérêt, l'intérêt général de tous citoyens et la preuve complète des abus excessifs du despotisme ministériel, arbitraire et déprédateur sous les règnes de Louis XV et Louis XVI ; ce qui nécessita la convocation de l'Assemblée de la Nation. Vous avez sous les yeux une victime rare et peut-être unique par ces circonstances, aussi votre compétence est exclusive pour en connoître.

Ce ne fut point le destin de la fatalité qui me persécuta si cruellement dès le berceau ; ce fut uniquement l'iniquité, la perversité, la scélératesse des hommes en places ministérielles, oppresseurs et déprédateurs dont la Providence divine m'a sauvé. Elle me présente aujourd'hui et me donne en spectacle à l'univers que j'ai le droit d'étonner et d'intéresser par mes malheurs, mes souffrances, et pour avoir survécu à tant d'horreurs et de supplices.

Environ quarante réclusions ou emprisonnemens ont partagé et presque rempli l'espace et les époques de ma vie ; la dernière est une captivité de neuf ans, dans une terre étrangère, au fort de Prusse, près de la ville de Stettin, tombeau où je fus descendu tout vivant, chargé de fers du poids de plus de soixante livres, au pain et à l'eau, privé de la lumière, sur la dure, destiné à y périr, le tout afin de me soustraire à la réclamation de mes droits et biens usurpés par le nommé Blanchefort, se disant Crequy ; et ses participans. C'est de cet horrible tombeau que l'Assemblée Nationale de France, par sa justice et son humanité, vient de m'arracher et me rendre à la lumière, à ma patrie et à mes droits.

Dignes législateurs de la plus grande Nation du monde, j'invoque votre sagesse et vos lois ! Vous êtes exclusivement compétens ; mon intérêt est le national même, et celui de tous citoyens, il est de plus lié au gouvernement despotique, qui m'a victimé, sans égard à la justice ni des hommes ni de Dieu. Mes droits sont sacrés, ils ont été violés par des hommes en place, contempteurs de l'humanité et de la divinité. Votre tribunal seul demeure compétent.

Mais encore, quels furent et purent être les premiers motifs qui me vouèrent à la haine et à l'oppression ?

Cette question remonte aux auteurs de mes jours et m'oblige d'indiquer ceux mêmes qui m'appelèrent à naître. Souffrez donc, auguste Assemblée, le récit et le précis nécessaire de ma naissance et de mes évènemens, vous jugerez ensuite des causes secrètes et clandestines qui me victimèrent sans nul respect pour mon innocence ni mes droits.

Élisabeth de Montmorency, dite princesse de Freyberg et de Schitzemberg, me donna le jour et m'apprit que je suis le fruit de son mariage secret avec Louis XV, antérieurement à celui qu'il fit en public avec la princesse de Lezinski. Ma mère retourna dans ses états de Freyberg en Empire. Là, elle fut recherchée en mariage par Jacques-Charles-Alphonse de Crequy, envoyé extraordinaire de France à Vienne, et qui ignorait le susdit mariage secret. Le roi Louis XV s'y opposa et ne permit cette alliance qu'en 1756, mais sous des réserves insolites et politiques à expliquer en temps et lieux. Ceci se passoit à Paris

La princesse de Montmorency de Freyberg et de Schitzemberg, disgraciée de la cour de France et mécontente de l'inconduite d'Alphonse de Crequy, se retira dans ses états en Empire, près de Vienne. Ce fut à cette époque, 1737, que je naquis et fus baptisé.

Ma mère repassa en France aux ordres de Louis XV, vers l'année 1748 ou 1749. Alphonse de Crequy avoit été aux portes de la mort; et comme il avoit reçu la dot de ma mère qui absorboit de beaucoup tout ce qu'il possédoit, en réparation il me déclara son unique héritier par son testament. Il fut fait ensuite un autre acte devant notaire, à Paris, qui porte mon signalement par la singularité d'une empreinte que la nature m'avoit imprimée ineffaçablement. Par cet acte, je suis pensionné par Alphonse de Crequy pour mon éducation sous la main de l'abbé Goudin d'Arostey, résidant lors à Paris. L'on me pourvut ensuite, par le même acte, d'un subrogé tuteur qui fut Blanchefort, père de l'actuel, mon persécuteur, qui se dit Crequy.

Ma mère fut placée par ordre du roi dans une maison de retraite: dès ce moment je la perdis de vue, je la crois vivante, n'ayant aucune preuve de sa mort.

Alphonse de Crequy ayant vécu concubinairement avec une demoiselle précédemment, pendant nombre d'années, continua ses égaremens avec elle, qui le sollicitait à me haïr et persécuter.

La persuasion où était Alphonse que je n'étais pas son fils, mais celui de Louis XV, l'instiguoit à me faire moine; je résistai; on me mit dans un couvent pour m'y contraindre par violence; on vouloit au moins que je fusse ecclésiastique, et l'on me tonsura, rapportant là toute mon éducation. Je m'étois échappé des mains d'Arostey; je fuis également du cachot monacal. J'avois alors environ vingt ans. Enfin, pour me soustraire à mes persécuteurs, je voyageai chez l'étranger, où j'appris la mort d'Alphonse de Crequy, décédé en Poitou dans sa terre, en 1771. Je rentrai en France, où j'appris qu'il avoit testé de nouveau; je me procurai son extrait mortuaire et copie de son testament, et vins trouver Blanchefort le fils, qui avoit succédé à son père dans l'administration de mes biens pupillaires.

Ce testament portoit: que le testateur avoit un fils par le monde, à qui appartenoient et il laissoit tous ses biens; en cas qu'il reparût, ils lui seroient remis, et que où il ne reparoitroit, audit Blanchefort fils. Ce testament portoit de plus que l'on reconnoîtroit l'héritier aux marques indélébiles qu'il portoit, et voilà le dénouement aussi et la cause des criminelles persécutions que j'ai essuyées de la part de ce Blanchefort et ses complices.

A mon apparition, sur la fin de 1775, cet administrateur de mes biens me méconnut, me traita de faussaire, d'imposteur et d'aventurier, et sur ma demande formée contre lui à la prévôté de Versailles, où il résidoit, étant attaché à la maison de Monsieur, il m'accusa et dénonça comme tel, et conclut à mon arrestation. Je fus emprisonné, mis au cachot, dessaisi de tous mes titres, qui furent livrés à Blanchefort, sous prétexte d'examen.

Par un coup du ciel, je me procurai l'acte ci-devant mentionné ; il portoit mon signalement et prouvoit mon identité. La main qui le remit en imposa au juge complice; et on me rendit la liberté, et j'en sortis sous le nom de CREQUY, comme j'y étois entré.

Un jugement m'étoit dû pour m'absoudre et réparer, ou me condamner. Le juge complice n'en rendit point.

Forcé de me reconnoitre, Blanchefort s'excusa et me caressa pour me surprendre de nouveau. On imagina ensuite la calomnie de dire que j'étois complice de Lally dans l'Inde, où je ne fus jamais ; la calomnie fut reconnue, le roi fut détrompé et je sortis encore de ma prison.

Le roi meurt en mai suivant ; le prince des Deux-Ponts, mon parrain et protecteur, meurt bientôt après. Il m'avoit conseillé de voyager encore tandis qu'il me vengeroit ; sa mort me laissa désespéré. Je m'éloignai de mes ennemis, dont la persécution me suivoit ; je passai en Pologne, où j'y pris de l'emploi militaire. De retour en Silésie, je m'y mariai en 1781. Je revins en France en 1782. Je présentai des mémoires au roi pour lui demander justice et protection ; je lui rappelai les promesses qu'il m'avoit faites sous la Vauguyon ; il s'en souvint, et promit encore ; il me fit dire ensuite de me pourvoir au parlement pour mes droits et réclamations.

Le despotisme ministériel de France me persécuta ; des circonstances me rappellèrent en Silésie ; les mêmes persécuteurs et complices m'y poursuivirent ; on m'y arrête sous calomnie ; je me justifie et je suis rendu libre. Le despotisme ministériel de France sert Blanchefort par complicité ; on m'y crée une pension de six cents livres de rente viagère, par le fond constitué de douze mille livres, consignées à la banque de Berlin, et l'on me descend tout vivant dans un cachot pour y pourrir et périr, et me soustraire à mes réclamations de biens et droits en France.

L'Assemblée Nationale de France l'apprend, après neuf ans de supplice dans cet état affreux; sa justice et son humanité m'en arrachent et me rendent ma liberté et ma patrie.

Le supplément historique de mes malheurs est sous la presse, il doit paroître et instruire l'univers des supplices et abominations pratiquées contre moi, et étonnera les nations qui apprendront comment j'ai pu y survivre.

Il existe aussi des preuves confirmatives de mon état personnel et naissance, elles sont au secret des registres de cette famille régnante. Les livres refusés, parce qu'ils renferment les secrets de Louis XV et de l'état, les contiennent. On doit trouver aussi les pensions et les ordres dont je suis décoré, et il n'est aucun prétexte de refuser aux représentans d'une nation ce qu'elle a droit et intérêt de ne pas ignorer. Il n'est aucun livre rouge, ni vert, ni de couleur quelconque, qu'elle n'ait le droit d'exiger et de voir, surtout quand le motif est comme ici de toute justice; et je conclus et le demande contre le prétexte même qu'allégua, si injustement, le ministre Necker, pour ne pas éclairer la nation sur tout ce qu'elle a droit de savoir, et principalement en matière de justice étroite, comme ce cas-ci le requiert, que l'Assemblée Nationale doit se faire rapporter et ouvrir les susdits livres.

En attendant, Messieurs, cette représentation de droit que je demande, j'exige, 1° que Blanchefort soit contraint de représenter le titre d'administration desdits biens pupillaires par lui administrés, par lequel titre son père et lui, successivement, les administrèrent, et dont ils me doivent la restitution plénière et les comptes de leur gestion. Ce titre même indiquant le pupille et l'administrateur, ainsi que le tuteur de la personne et biens dudit pupille, dont ils sont personnellement responsables, la représentation en est de droit étroit et de nécessité.

2° Je demande que le même Blanchefort soit également contraint de représenter l'acte testamentaire qui défère et conserve lesdits biens au pupille au cas qu'il reparoisse, et à défaut de laquelle reparition ou retour, les délaissent et abandonnent auxdits administrateurs y dénoncés.

Par ce titre second, on verra comment, de simple administrateur, Blanchefort a pu devenir propriétaire desdits biens.

C'est d'ailleurs le devoir du tuteur de représenter au pupille les titres de la tutelle personnelle et réelle, et surtout ceux dont moi-même, ce pupille, étois muni, lors de mon arrestation à Versailles en 1774, et dont je fus indûment dessaisi, pour les livrer, par le juge complice, audit Blanchefort et persécuteur.

Pourquoi donc ces titres ne me seroient-ils pas par lui représentés ? Le refus de Blanchefort feroit sa conviction, comme leur représentation assure aussi victorieusement le succès de mes conclusions, prétentions et réclamations.

J'observerai que les indemnités qui me sont dues par le gouvernement, pour raison de l'oppression et suppliciation de ma personne et de la privation de mes biens, le tout par la complicité du despotisme ministériel et afin de me soustraire à la réclamation de tous mes droits ; ces indemnités sont un objet sur lequel l'Assemblée est seule compétente de prononcer, puisque c'est d'entre le gouvernement du despotisme ministériel et moi.

Sages législateurs, vous dans les mains desquels est la destinée de l'empire, qu'il me soit permis de réclamer l'exécution de votre sublime et immortelle constitution, qui fait l'admiration des nations qu'elle va régénérer. L'exécution, surtout, de ses décrets, qui sont les bases et les fondemens de l'état social, tels entr'autres le premier décret de ce chef-d'œuvre constitutionnel, celui qui rétablit l'homme dans sa dignité originelle par la reconnoissance, le rétablissement et la promulgation de ses droits naturels, sacrés, inaliénables, inamissibles et imprescriptibles. L'article 17 en est encore une base fondamentale et constitutionnelle. Il assure et conserve absolument les propriétés et les droits des citoyens. J'en demande également la pleine et prompte exécution en tout ce qui m'appartient et concerne : ma demande est donc essentiellement juste, puisqu'elle est constitutionnelle et digne de toute l'intégrité qui vous caractérise et que je me propose de célébrer toute ma vie.

CHARLES DE BOURBON-MONTMORENCY ET DE CAPORY.

PIÈCES JUSTIFICATIVES.

Supplément de la pétition et requête présentées à l'Assemblée Nationale, le 15 novembre 1791. Précis de mes démarches près de l'Assemblée Nationale, et de mes réponses de la Cour et des Ministres, en vertu de mes Requêtes présentées depuis le 30 Août 1791, qui étoit le septième mois d'après le recouvrement de ma liberté, aux ordres de l'Assemblée Nationale de France et du Roi des François, le même jour de mon retour en cette capitale. Dédié à l'auguste Assemblée Nationale actuellement en fonctions, et séante à Paris.

MESSIEURS,

Le premier mars 1791, il plut à l'Assemblée Nationale constituante, et au Roi, de faire briser mes chaines en Prusse, et me faire rendre ma liberté, malgré toutes les noires instigations et mauvaises préventions que mes ennemis (d'intelligence avec les sieurs de Vergennes, de Breteuil, d'Entraigues, de Montmorin, de Moustier, d'Hertzberg et d'Eskelbeck) s'étaient efforcés de leur donner pour me perdre, et pour perpétuer ma détention injuste en Prusse; mais mes ennemis firent tant par leurs cabales avec les sieurs de Montmorin, d'Hertzberg, de Moustier et d'Eskebeck, qu'on ne me donna point les fonds que le Roi et l'Assemblée Nationale constituante avoient ordonné à M. de Montmorin de me remettre à la sortie de ma prison, tant pour me vêtir et pouvoir revenir dans cette capitale y réclamer et poursuivre mes justes plaintes et prétentions, que pour acquitter toutes les dettes que j'avois été forcé de contracter pendant les neuf dernières années de ma détention injuste en la forteresse de Stettin, dans les États du roi de Prusse; de manière que cette dernière injustice des ministres, sieurs de Montmorin, d'Hertzberg, d'Eskelbeck et de Moustier, fut cause que le défaut d'argent et les longues maladies que j'essuyai à la sortie de ma prison, ne me permirent point de partir de Stettin que le premier juillet dernier, et mes ennemis trouvèrent encore les moyens de me faire arrêter, et plonger dans les cachots des prisons de Douay, par l'instigation de leur ami, le ci-devant marquis d'Eskelbeck, lors de mon passage en ladite ville de Douay, sur la fin du mois d'août dernier, et de là, ils me firent conduire de brigade en brigade, par les cavaliers de la gendarmerie, comme un criminel, jusqu'en cette capitale, où ils espéroient encore me faire gémir et périr dans les cachots de l'hôtel de la Force ; mais l'Assemblée Nationale ordonna à M. de Lessart de me libérer entièrement, et avec permission à moi de lui adresser mes justes plaintes et demandes par une pétition ; c'est ce qui fut ponctuellement exécuté le 30 août 1791, et ma pétition fut présentée quelques jours après à l'Assemblée Nationale constituante ; mais comme elle étoit alors sur la fin de sa législature, et trop occupée de mille affaires précieuses pour le bonheur de l'État et de la nation, je fus conseillé de représenter de nouveau ma pétition, aussi bien que mes justes plaintes et prétentions, par devant la nouvelle législature actuelle ; et en attendant, ce retard m'engagea d'adresser au Roi, à MM. ses frères, à la Reine, à MM. de Montmorin, de Lessart et Blanchefort soi-disant Crequy, toutes les requêtes et lettres que j'ai l'honneur d'exposer ci-joint à vos yeux, afin de ne vous rien laisser ignorer, Messieurs, de mes démarches, puisque j'ai l'honneur de vous regarder comme mes juges équitables autant que comme mes libérateurs, mes protecteurs et défenseurs de mon innocence opprimée, aussi bien que mes justes plaintes, droits et prétentions légitimes.

Je supplie l'auguste Assemblée Nationale, toute la nation françoise et l'Europe entière de vouloir bien considérer que :

Si dans mes premiers et derniers mémoires imprimés, je n'y ai point fait mention de mes vrais titres, nom et qualités de Bourbon-Montmorency, et fils légitime du premier mariage secret de Louis XV avec Madame de Montmorency, par contrat, en date de l'année 1722, et renouvelé les années 1723, 1724, 1725, 1726, 1727, 1728, 1729, 1730, 1731, 1732, 1733, 1734, 1735, 1736 et 1737, signé du roi et dame susdite, en présence de plusieurs témoins dignes de foi, et qui ont aussi soussigné avec le roi et ladite dame de Montmorency, mes légitimes père et mère ; et si je n'ai aussi point dit que ladite dame ma mère avoit été obligée (par ordre de Louis XV, mon père) d'épouser en secondes noces, Jacques-Charles-Alphonse, marquis de Crequy, environ l'année 1724, et avec ordre audit marquis de reconnoître pour ses enfans et pour ses légitimes héritiers tous les enfans nés et à naître, présens et à venir, que pouvoit avoir eus et que pourroit encore avoir ladite princesse de Montmorency, etc. Si, dis-je encore, je n'ai point fait mention de toutes ces choses, non plus que des raisons qui engagèrent la princesse de Schitzemberg et de Freyberg en Empire, d'adopter ma mère pour sa fille et son héritière universelle; voici en abrégé, les légitimes raisons de mon respectueux silence sur toutes ces choses :

Premièrement, c'est que Louis XV me reconnut et me légitima l'année 1774, au mois de mars, en m'assurant un apanage et 500,000 liv. de pension; mais Louis XVI, quoiqu'il me reconnût en 1782, m'ordonna pourtant, de bouche et par écrit, de ne me qualifier que du nom de Crequy; de réclamer mes biens paternels et maternels sous ce nom; puisque Louis XV, mon père, avoit ordonné à Jacques-Charles-Alphonse marquis de Crequy et second époux de ma mère, de reconnoître pour ses légitimes enfans et héritiers, dès les années 1724 et 1737, tous les enfans présens et à venir de ladite princesse de Montmorency, ma mère, vu que tous les biens provenoient d'elle et du roi mon père: le tout sous peine de toute l'indignation de Louis XVI et de la perte de ma vie ou de ma liberté; ce furent les propres termes et menaces de Louis XVI et du maréchal duc de Noailles, ainsi que du duc d'Orléans et de Madame de Montmorency-Luxembourg, par ordre exprès de Louis XVI, aux mois de mai, juin et juillet de l'année 1782, que je me rendis en cour de France et au parlement de Paris, pour la réclamation de mes droits, titres, biens, états et autres prétentions légitimes.

Secondement, que mon obéissance et soumission aveugles aux ordres de Louis XVI, et vu les flatteuses et justes espérances que ce monarque me donna alors, m'ayant paru comme sacrées et inviolables (vu le despotisme) bien que je pourrois me plaindre et prouver que le roi, ses frères et la reine, ont abusé de ma trop grande confiance et bonne foi, puisque, quelques semaines après, ils se liguèrent avec mes ennemis pour me faire périr dans un cachot affreux en Prusse, chargé de chaînes, sous un nom emprunté qu'ils me donnèrent et de faux crimes dont ils me couvrirent, pour mieux cacher au public leurs noirs complots pour me perdre : malgré toutes ces horreurs dont le ciel e la terre trémissent, daignez, Messieurs, jeter les yeux sur mes mémoires imprimés et sur les requêtes ou placets que j'ai présentées au roi Louis XVI, à la reine et aux ministres, les sieurs Montmorin, de Lessart, de la Porte, ainsi qu'au sieur de Blanchefort, soi-disant Crequy, mon principal adversaire ; et vous verrez, Messieurs, avec quelle délicatesse j'ai cherché à ménager le roi, ses frères, la reine, les ministres et tous mes plus cruels ennemis ; mais si vous daignez, surtout, vouloir jeter les yeux sur l'histoire de mon infortunée vie et aventures, vous y trouverez, Messieurs, qu'outre que mes ennemis, les sires de Crequy et de Blanchefort, subtilisèrent des lettres de cachet pour me faire périr de manière ou d'autre, en 38 en 40 prisons et forteresses différentes, Louis XVI, pour me frustrer des apanages que Louis XV et lui-même s'étoient crus obligés indispensablement de m'accorder, ils donnèrent successivement leurs ordres pour s'emparer de tous mes titres et papiers, puis pour me faire empoisonner dans ma prison ; puis une autre fois, pour me faire trancher la tête secrètement entre les deux guichets à la Bastille, vers l'anée 1770.

De plus, en 1774, ils me firent ouvrir les veines dans la prison de la prévôté royale à Versailles ; que finalement en 1782 ils se contentèrent (d'intelligence avec les Crequy, les Blanchefort, le comte de Vergennes, ministre d'état, le baron de Breteuil, le marquis d'Entraigues, ministre de France en Saxe, Duportail, de Montmorin, ministre des affaires étrangères, de Moustier, ministre de France à Berlin, et le marquis d'Eskelbeck, vice-président au département du Nord) ; de concert ensemble, dis-je encore, ils se contentèrent de me faire mutiler aux parties nobles de mon corps et me plongèrent pour la vie dans un cachot en Prusse, chargé de chaînes du poids de plus de 60 livres, réduit à faire tout sous moi, dans un affreux petit cachot souterrain, n'ayant qu'un peu de paille pour lit et vêtements, sans feu et sans lumière, et n'ayant que du pain bien noir, des fèves, des pois et des haricots cuits à l'eau pour toute nourriture, en payant une pension annuelle de 600 liv., outre qu'ils payoient aussi très régulièrement une garde, composée d'un officier et de neuf soldats, pour empêcher que je ne m'échappe, que je n'aie correspondance avec personne, et qu'on ne me tende aucun secours humain.

Enfin, Messieurs, en lisant l'histoire de mon infortunée vie et aventures tragiques, vous y trouverez des preuves plus que suffisantes de tout ce que j'ai l'honneur de vous exposer; et les cris du ciel, de la nature et de l'univers entier, se joignant aux vôtres, vous ne pourrez vous dispenser de me rendre justice et de m'accorder quelques secours pécuniaires à titre de prêt ou comme pension alimentaire et provisoire, en attendant que justice me soit rendue; cependant, Messieurs, j'aime à me persuader que tous les crimes ou les torts des rois Louis XV et Louis XVI à mon égard, ne sont sûrement autre chose que les effets des ruses, artifices et horribles complots des ministres et de Blanchefort, soit-disant Crequy, qui ont trompé et abusé indignement de la bonne foi des deux monarques de France pour me perdre.

P. S. Ma cause est celle de l'État et de la nation, elle ne peut être jugée que par vous, Messieurs, qui en êtes les représentans; et si l'on ouvre les livres rouges et verts, qui sont au nombre de cinq, dont quatre rouges et un vert, qui me sont connus, j'ose assurer qu'on y trouvera des renseignemens qui me seront favorables; mais par respect autant que par ménagement pour le roi et toute la famille royale, je me tais sur tout le reste, et ne parlerai que lorsque l'auguste Assemblée Nationale me l'ordonnera.

Au reste, je ne demande autre chose, sinon que celui qui, d'entre moi et mes accusateurs ou délateurs, sera convaincu de fourbe et imposteur, soit foulé aux pieds du peuple et de cette auguste Assemblée : et que celui qui sera reconnu innocent et juste, rentre dans tous ses droits légitimes. Que les ministres et tous mes autres adversaires paroissent ici ; et daignez, Messieurs, prononcer l'arrêt irrévocable, par lequel le ciel et votre sagesse, lumières et justice incorruptible et impartiales, doivent, en cette occasion, immortaliser votre honneur et gloire, autant que le bonheur et la félicité de l'État et de toute la chère nation françoise.

Ce sont les vœux très sincères de votre très obéissant serviteur
Signé CHARLES DE BOURBON-MONTMORENCY-CREQUY.

RÉPONSES du roi, de la reine, de messieurs ses frères et des ministres.

M. Thiéry, valet de chambre du roi, me dit de m'adresser à M. de la Porte, intendant de sa majesté.

M. de la Porte me dit de m'adresser à M. de Josselin, intendant de la maison de la reine, ou bien à M. de Lessart, ministre l'intérieur.

MM. de Lessart, de la Porte et de Josselin, après m'avoir voyé de Pilate à Hérode, dirent que mon affaire étoit ou être renvoyée à M. de Montmorin, vu que ma cause et mes mandes étoient une affaire d'État; que cependant ils rafraî roient la mémoire au roi et à la reine, touchant mes justes plain et demandes; mais qu'ils me conseilloient, en attendant, de voir souvent M. de Josselin.

Enfin, après m'avoir renvoyé de Pilate à Hérode, comme ci-devant dit, M. de Josselin me dit de bouche, en présence de témoins, que le roi, et encore moins la reine, ne pouvoient guère avoir égard à mes demandes pécuniaires, vu que la reine ne pouvoit plus ce qu'elle avoit pu autrefois; que le roi, ayant été obligé d'envoyer dans les pays étrangers, plus de 18 millions pour le soutien de ses tantes, de ses frères et de plusieurs milliers de ses plus affidés sujets, pensionnaires et expatriés, étant obligé de faire encore de plus grands emprunts pour les mêmes causes, il ne lui restoit que sept millions de revenu, et la douleur de me renvoyer à l'Assemblée Nationale, qui avoit pris sur son compte toutes les dettes de l'État, de lui et de ses frères, et dont mes demandes faisoient partie.

Quoi, Monsieur, lui dis-je, n'ai-je pas plus de droit aux bienfaits du roi, que tous les émigrans dont le roi et vous, parlez! M. Josselin, avec feu : — mais, Monsieur, les émigrans ou aristocrates (tels qu'il vous plaît de les nommer avec le reste de la crapule françoise) sont pourtant les plus zélés et seuls vrais fidèles sujets du roi; ainsi, souffrez qu'ils aient la préférence sur vous aux bienfaits du roi et de la reine, etc. Sur cela, il me donna le billet qu'on trouvera ci-inclus, et me conduisit assez brusquement à la porte.

Nota. Toutes mes lettres et requêtes, ainsi que les réponses, sont ci-après.

Copie de la première requête présentée au roi
le 10 octobre 1791.

SIRE,

Les mémoires imprimés, ci-joints, par conseil de plusieurs membres de l'Assemblée Nationale, seront plus que suffisans pour faire connoître à V. M. toute l'étendue de mon triste sort; mais, comme mon affaire est renvoyée à la nouvelle législature, ce retard me force de supplier V. M. de daigner vouloir me tendre une main secourable, pour m'aider à subsister jusqu'à ce que justice me soit rendue, et mes vœux s'élèveront au ciel, comme l'encens, pour bénir les jours et le règne de V. M., qui seront toujours infiniment précieux à tous les François, et particulièrement à celui qui ose se dire, avec le plus profond respect et parfaite sincérité, Sire, de V. M. le très humble et très soumis serviteur et sujet :

Signé ALEXANDRE DE CREQUY, né de Bourbon-Montmorency, fils du roi Louis XV et de la princesse de Montmorency, *logé rue de Richelieu, hôtel royal de la Marine, n° 71.*

P. S. Si S. M. daignoit m'honorer d'un moment d'audience particulière, j'aurois l'honneur de lui prouver que, bien loin d'avoir jamais été capable d'exécuter, ni même de penser à commettre l'horrible crime d'attenter aux jours de S. M., comme mes ennemis ont osé le persuader aux cours de France, d'Empire et de Prusse, pour me perdre; je prouverois, dis-je, au contraire, qu'au préjudice de ma fortune et de ma propre vie, j'ai sauvé et conservé la vie et la couronne que possèdent encore aujourd'hui V. M. et ses augustes frères, et que c'est en vertu et pour récompense de cet acte héroïque, qu'il plut à Louis XV, à la reine, à madame la princesse Louise, ainsi qu'à monseigneur le dauphin et à madame la dauphine, vos augustes père et mère de glorieuse mémoire, de m'accorder les dignités de commandeur de l'ordre de Saint-Louis et de lieutenant général de vos armées en survivance, outre les pensions, depuis cent jusqu'à deux cents louis d'or, que chacun d'eux m'assura, ma vie durant, et qui m'ont été, pour la plus grande partie, exactement payés jusqu'à l'année 1777, que l'injustice des ministres d'état, Blanchefort, et M. Foulon-des Murs, fermier général, me frustrèrent entièrement.

Je ne joins point ici les preuves de ce que j'avance, parce que ce sont des choses et des faits que je ne puis avoir l'honneur de communiquer qu'à V. M. même; et, si elle daigne m'honorer d'un moment d'audience ci-demandée, j'aurai encore l'honneur de lui prouver que, si jamais j'eusse voulu être assez malheureux que de former le projet de lui être préjudiciable, à lui et à toute la famille royale, je le pouvois, quoique du fond de mon cachot à Stettin; je le pouvois encore mieux au moment que j'ai recouvré ma liberté; je le pouvois encore plus particulièrement, lors du départ précipité de S. M., puisque j'étois environné de ses propres ennemis; enfin, je le pouvois et le pourrois encore depuis mon retour dans cette capitale; et, pour ce faire, il me suffiroit de produire et de rendre publiques, l'histoire de la vie de ma mère, toutes les lettres de S. M. Louis XV, celles des correspondances secrètes de madame la dauphine, votre auguste mère, de glorieuse mémoire, avec ma mère et son époux, le marquis de Crequy, outre encore plusieurs autres pièces authentiques; mais bien loin d'être capable de ce, j'ai gardé jusqu'à présent un silence inviolable, qui me seroit funeste, si S. M. ne daignoit y avoir égard; et, pour m'en rendre digne, je viens, avec toute la sincérité possible, lui offrir ma fortune, mon sang et ma vie, s'il les faut, pour la conservation et la défense de ses jours et de ses droits.

Copie de la seconde Requête présentée au Roi des François, le 18 octobre 1791, par M. de Lessart, Ministre de l'intérieur.

SIRE,

J'ai l'honneur et le malheur tout à la fois d'être cet infortuné de BOURBON-MONTMORENCY, connu sous le nom d'Alexandre CREQUY, et qui eut l'honneur de faire remettre à V. M. par M. Thiéry,

je lundi 10 de ce mois, un mémoire imprimé et une requête don
j'ai l'honneur de joindre ici les copies; j'aime à me persuader,
Sire, que vous ne souffrirez pas qu'un homme qui ose se dire et
qui s'offre à prouver qu'il a l'honneur de vous appartenir de très
près, et qui a même sauvé vos jours, soit réduit à ces trois
cruelles extrémités, ou de n'avoir d'autres ressources pour subsister que les honteux et humilians secours de ses propres do-
mestiques (c'est mon état actuel depuis le premier mars 1791 qu'il
plut à l'Assemblée Nationale et à V. M. de faire briser mes chaines),
ou bien de s'ôter la vie pour cacher au public sa misère et sa
honte;

Ou enfin de se voir forcé d'adresser au public et à l'Europe
entière, ses soupirs, ses larmes et ses justes plaintes.

Daignez, Sire, m'épargner cette douleur; vous le pouvez, en
m'honorant d'une audience particulière; votre gloire autant que
vos intérêts et les miens l'exigent de votre justice; mes ennemis,
pour tromper V. M., lui diront, peut-être, que je suis un fou;
mais qu'elle daigne m'écouter avant que de me juger.

Il se peut que dans mes mémoires imprimés et mes requêtes
présentées à V. M., il y aurai peu de bon sens, même des expressions vives; mais je vous supplie de ne m'en point attribuer la
faute, et de vouloir bien ne les regarder que comme émanées et
dictées par la vérité simple et naïve d'un homme qui n'a pas eu
tout le temps de la réflexion, et dont la mémoire et les esprits
pourroient bien être affoiblis par la longueur d'une injuste détention, et qui manque encore aujourd'hui des secours les plus
nécessaires à la vie.

J'ai l'honneur d'être, avec un très profond respect, Sire, de
V. M., le très humble, etc.

Copie de la lettre adressée à M. de Montmorin, le 24 octobre 1791.

MONSIEUR,

Vos intelligences, tant publiques que secrètes, avec M. de Vergennes, M. de Moustier et M. de Blanchefort, soit-disant Crequy,
outre les lettres écrites de votre propre main à la cour de Berlin

ainsi qu'à l'Assemblée Nationale et aux comités des recherches et des lettres de cachet, contre moi, ou dans l'affaire qui fut le sujet de ma détention, m'avaient paru plus que suffisantes pour me donner de vous la plus noire impression; et c'est ce qui fut cause que, ne me croyant plus obligé du moindre ménagement envers vous, j'ai ait sentir dans plusieurs milliers d'imprimés, destinés pour la France et l'Europe entière, mon juste ressentiment; plusieurs lettres répandues dans les pays étrangers (et par vos adversaires, sans doute) sembloient vous couvrir et vous convaincre de la plus haute trahison envers la patrie, et autoriser ma haine et mes préventions contre vous.

Cependant comme j'ai le cœur et l'âme justes et incapables de condamner personne ni de compromettre son honneur, sa gloire et sa réputation, sur des clameurs publiques; c'est ce qui m'engagea à me faire délivrer les copies de toutes les lettres que vous aviez pu écrire pour et contre moi; les ayant examinées avec la plus scrupuleuse attention, j'ai cru y remarquer et y trouver que tout votre crime pouvoit bien n'être autre chose que les malignes instigations de mes ennemis près de vous, Monsieur, aussi bien que près de leurs majestés et des ministres de France et de Prusse pour me perdre. D'après cette prévention dernière en votre faveur, et que j'aime à me persuader être juste, j'ai cru qu'il seroit facile de vous désabuser et de vous prouver (si vous êtes cet homme juste et intègre que je vous suppose), que je suis plus digne de toute votre estime que non pas de votre courroux, et encore moins de vos persécutions; d'après ce, jetez encore les yeux sur les imprimés et écrits ci-joints, et mettant la main sur votre conscience, dites-moi vous-même (de bouche ou par écrit) ce que je dois penser de vous; ce que j'en dois dire à la postérité; et enfin, si vous voulez être mon ennemi ou mon protecteur. La noble et haute opinion que j'ai conçue de vos vertus et mérites personnels font que j'aime à me persuader que vous serez assez juste pour prendre le dernier parti; mais je vous prie de m'honorer d'une réponse décisive pour la fin de cette semaine, afin que je sache à quoi m'en tenir; sur ce, j'ai, etc., Monsieur, votre très humble, etc.

P. S. En attendant votre réponse, j'ai sursis tous mes imprimés et mes écrits.

PIÈCES JUSTIFICATIVES.

Copie de la deuxième lettre à M. de Montmorin, le 24 octobre 1791.

Monsieur,

Par ma dernière et première du 21 courant, j'eus honneur de vous faire connoître positivement que j'avois besoin de toute votre justice et puissante protection pour rentrer dans toutes mes justes prétentions; ou de toute votre haine et vos persécutions pour rentrer dans mon affreuse prison, y cacher et ensevelir mon nom, mes prétentions autant que ma misère et ma confusion, qui sont au plus haut comble et sans expression, depuis le recouvrement de ma liberté et la perte de mes pensions : daignez donc vous décider sur le choix du sort que votre justice vous inspirera de décider pour moi. Je viens en personne la solliciter, afin de vous convaincre plus parfaitement de la respectueuse et sincère confiance de votre très humble, etc.

P. S. Tous mes imprimés et écrits resteront encore sursis jusqu'à la fin de cette semaine.

Copie d'une lettre adressée à M. de Lessart, le 14 octobre 1791.

Monsieur,

Je prends la respectueuse liberté de vous adresser la présente, pour vous supplier d'avoir la bonté de m'accorder un moment d'audience en particulier, et de vouloir bien me mander le jour et l'heure de votre commodité pour cela, ayant des choses de la dernière conséquence à vous communiquer et qui intéressent vivement S. M. et toute la famille royale, autant que moi-même, qui ai l'honneur d'être avec la plus respectueuse considération et confiance, Monsieur, votre très humble, etc.

Copie d'une deuxième lettre envoyée à M. de Lessart, le 18 octobre 1791.

Monsieur,

Si je n'ai pas eu l'honneur de vous rendre ma visite depuis que vous m'honorâtes de la première audience à mon arrivée comme encore prisonnier dans cette capitale, je vous supplie de croire que ce n'est que parce que j'appréhendois de vous trop importuner, vu que je sais que vous êtes accablé de mille affaires précieuses dont vous vous acquittez avec une ponctualité, une vivacité, une sagesse et intégrité, qui font l'admiration de toute l'Europe et la mienne en mon particulier.

Les affaires de conséquence qui intéressent vivement le roi, et que je voulois avoir l'honneur de vous communiquer, sont les seules raisons qui m'ont fait prendre la liberté de me rendre trois fois chez vous à l'honneur de votre invitation; mais ne vous ayant jamais trouvé libre, et presque toujours comme invisible, j'ai pris, quoique à regret, la résolution de ne vous plus importuner de ma visite, et de me contenter d'exposer à vos yeux et sages lumières, le paquet ci-joint, pour vous supplier de le communiquer au roi.

Je crois que l'affaire est (et vous paroitra, ainsi qu'au roi) d'assez grande conséquence pour oser espérer que S. M. et vous, Monsieur, voudrez bien m'honorer d'une réponse favorable dans le courant de cette semaine, pour m'éviter la douleur de rendre publics les milliers d'exemplaires imprimés, pareils aux inclus, et que je tiens tout prêts, en cas du refus ou d'un plus long silence à mes très-humbles et justes demandes; sur ce, j'ai l'honneur, etc.

Copie d'une lettre à M. de Lessart, le 25 octobre 1791.

Charles de Bourbon Montmorency, connu sous le nom d'Alexandre de Crequy, prie M. de Lessart d'avoir la bonté de lui faire savoir s'il a quelques nouvelles à lui donner de ses demandes autant respectueuses que justes en cour, près du roi et de la reine, touchant les affaires de conséquence que M. Charles de Bourbon-Montmorency eut l'honneur de communiquer à M. de Lessart, et de vouloir bien lui assigner le jour et l'heure qui lui paroitra le plus libre et commode pour une nouvelle entrevue selon l'offre de M. de Lessart, du 20 présent mois; car Charles de Bourbon-Montmorency, dit Alexandre de Crequy, a l'honneur (et se croit obligé) de mander en ami sincère à M. de Lessart, que s'il ne reçoit pas une réponse également digne du roi et de lui, il ne sera plus la dupe des politiques, ruses et mauvaise foi de la cour et des ministres, et que son juste ressentiment éclatera dès la semaine prochaine dans toute la France et l'Europe entière.

Copie de la lettre adressée à M. de Blanchefort, soi-disant Créquy, attaché à la maison de Monsieur, le 29 octobre 1791.

Quelque peu digne, Monsieur, que vous deviez vous reconnoître du moindre ménagement, vous et tous ceux qui avez cabalé pour me perdre, il répugneroit à mon caractère de ne pas tenter des voies de conciliation; car les persécutions que j'ai essuyées, bien loin de m'exciter à la vengeance, n'ont fait que me rendre plus humain et plus généreux : voulez-vous sauver votre honneur ou vous perdre sans ressources? Je vous en donne le choix. J'expose à vos yeux et à vos remords le mémoire ci-joint; plusieurs milliers d'exemplaires de cette lettre et de ce mémoire sont prêts à être distribués, si vous m'y forcez, non-seulement dans le royaume, mais dans toute l'Europe, afin que, ni vous, ni personne, ne puisse ignorer de la justice de mes plaintes et de mes prétentions; j'y joindrai, comme vous devez bien vous y attendre, l'histoire de ma vie infortunée; ces écrits doivent vous couvrir à jamais d'une honte immortelle; il se peut même que toutes vos iniques manœuvres, bien éclaircies, soient capables, en me procurant la restitution de mes biens, de vous conduire à l'échafaud.

Vous sentez parfaitement, Monsieur, qu'il vous seroit inutile d'oser vous flatter encore de pouvoir rien attenter contre moi, et encore moins de corrompre les juges (car ils sont incorruptibles actuellement), et tous les forfaits que je dénonce, et que je dénoncerai contre vous, seront attestés par plus de cent personnes illustres et dignes de foi, afin que vous n'affectiez plus de douter de mes justes droits.

Ce ne sera que votre réponse ou votre silence, qui me décideront à vous poursuivre selon toute la rigueur de la justice et de la loi : pour vous y soustraire, comme je le désire, je vous donne le choix, ou de m'assurer une pension annuelle de deux cent mille livres, en attendant que vous me restituiez (ce qui doit être dans deux ans au plus tard) tous mes biens et titres, que vous et toute la maison de Créquy possédez, et qui m'appartiennent légitimement, ou bien nous rendre par-devant le roi : car je ne veux point d'autre juge que lui-même, s'il est possible, et je suis résolu de m'en tenir à ce qu'il lui plaira de décider par des arrangemens à l'amiable, et tels qu'ils lui paroitront convenables à mes intérêts et aux vôtres. Je vous accorde jusqu'à la fin du mois prochain, pour opter l'une ou l'autre de ces propositions. J'ai l'honneur, etc.

P. S. En cas que S. M. refuse d'être notre juge et médiateur, vous consentirez avec moi, en sa présence, de terminer tous nos différends à l'amiable, par-devant telles personnes qu'il plaira à S. M. de nous nommer, pour remplir et tenir son lieu et place en cette affaire.

J'ai eu l'honneur de remettre à leurs majestés, lundi, 10 de ce mois, les mémoires ci-mentionnés, avec ma supplique, desquelles j'attends leur ordre.

Copie de la lettre adressée à M. de la Porte, intendant de la liste civile, le 1er novembre 1791.

Monsieur,

M. de Josselin, intendant de la maison de la reine, m'ayant assuré de bouche et même par écrit, que le roi vous avoit envoyé, le 20 du mois d'octobre dernier, mes mémoires que j'avois pris la liberté de lui adresser, concernant la justice de mes demandes et réclamations, afin de les examiner, je me suis alors présenté chez vous pour avoir l'honneur de vous voir et vous en demander la réponse ; mais je n'ai pas été assez heureux pour vous y rencontrer.

Je m'y suis encore présenté différentes fois depuis, mais, n'ayant pas été plus heureux, je me suis décidé à vous écrire la présente, pour vous prier, Monsieur, de vouloir bien faire sentir au roi toute la justice et l'importance de mes demandes respectueuses, et l'absolue nécessité d'y répondre dans un court délai.

Veuillez donc bien, Monsieur, observer à S. M. qu'un plus

long silence sur mes très-humbles réclamations ne pourroit qu'augmenter mes inquiétudes, et me forcer, avec la plus vive douleur, de rendre publics des faits qui ne pourraient que déplaire au roi et à toute la famille royale.

Voulez-vous bien, Monsieur, m'accorder un moment d'audience, et m'indiquer l'heure et le jour de cette semaine où je pourrois avoir l'honneur de vous voir; vous obligerez très-parfaitement celui qui est, etc.

Copie de la réponse à une lettre que j'adresse à Messieurs, frères du Roi.

Le comte d'Avaray a l'honneur de faire mille complimens à M. le comte de Crequy Montmorency, abbé de Ruisseauville; il a remis sa lettre à *Monsieur*, qui est au désespoir de ne pouvoir lui donner qu'un témoignage d'intérêt. A Schonburuslust, le 8 août 1791.

Copie de la réponse de M. de Lessart, du 15 octobre 1791.

M. de Lessart aura l'honneur de recevoir Monsieur Alexandre de Crequy, demain dimanche sur les 5 heures

Copie du billet de M. Josselin, sans date.

Le placet présenté au roi par le sieur Alexandre de Crequy a été renvoyé par S. M. à M. de la Porte, intendant de la liste civile, le 20 octobre 1791.

N. B. Il est encore bon de dire ici que les ministres, sieurs de Montmorin, de la Porte et de Lessart, lassés de mes importunités, me congédièrent aussi comme Josselin, en me disant que le roi, bien loin de me pouvoir donner aucuns secours pécuniaires, cherchoit lui même de l'argent à emprunter, à 40 et 50 pour cent, pour soutenir ses tantes, ses frères et grand nombre de ses plus fidèles sujets expatriés depuis les révolutions survenues en France; et que le roi et eux me conseilloient de m'adresser à l'Assemblée Nationale.

D'après le billet du sieur Josselin, je me rendis exactement tous les jours, et plutôt deux fois qu'une, chez le sieur de la Porte, jusqu'au 34 d'octobre; mais il fut toujours invisible, tantôt sous prétexte de mille affaires intéressantes; puis malade, puis enfin qu'il étoit en campagne et qu'on ne pouvoit savoir quand il reviendroit, quoique les sentinelles m'assurèrent toujours qu'il étoit chez lui.

Réponse de M. de Montmorin à M. Alexandre de Créquy, né de Bourbon-Montmorency, Hôtel-Royal de la Marine, rue de Richelieu, n° 74, en date du 34 octobre 1791.

Il est bon d'observer ici que le sieur de Montmorin a adressé jusqu'à présent toutes les lettres qui me concernoient à l'aventurier Besuchet, soi-disant de Créquy.

J'ai reçu, Monsieur, les deux lettres que vous m'avez écrites les 21 et 24 de ce mois.

Vos réclamations contre la maison de Créquy étant totalement étrangères à mon département, je ne puis m'y immiscer ni directement ni indirectement, et c'est à vous à déterminer ce qu'il vous convient de faire à cet égard.

Quant aux sujets de plainte que vous prétendez avoir, à cause de votre détention, ils sont antérieurs à mon entrée dans le ministère, etc.

Copie du procès-verbal des maîtres-ès-arts en médecine et chirurgie, déposé à l'Assemblée Nationale, le 15 novembre 1791.

Nous, soussignés, maîtres ès-arts de l'université de Paris, membres du collège de l'académie royale de chirurgie, anciens chirurgiens-majors des camps et armées du roi et du régiment des ci-devant gardes françoises..., attestons et certifions à qui il pourra appartenir, avoir été mandés, le 10 octobre dernier, pour donner nos soins à monsieur de CRÉQUY, né de BOURBON-MONTMORENCY, demeurant à Paris, rue de Richelieu, Hôtel-Royal de la Marine; lequel se plaignoit d'une prostration complète des forces et le l'appétit; de foiblesses et maux d'estomac, et de défaillances; d'une insomnie continuelle; d'étourdissemens et de violens maux de tête, qui le faisoient souvent tomber dans un évanouissement dangereux; de plus, d'un écoulement perpétuel et involontaire de la semence; et d'une sensation douloureuse accompagnée plusieurs fois de syncope, toutes les fois qu'il se présentoit à la garde-robe.

D'après le récit et l'exposé des incommodités dont se plaignoit M. de Crequy, né de Bourbon-Montmorency, nous avons procédé à l'examen des parties malades; il nous a accusé et confessé ce qui suit, pour nous mettre à portée de remédier, s'il étoit en notre pouvoir, au rétablissement de sa santé, qui étoit alors en très-mauvais état, et de le soulager de plusieurs incommodités qui mettoient ses facultés physiques et morales, et même sa vie, dans le plus grand danger; nous avons observé:

Premièrement. Un enfoncement des os du crâne et une longue et large cicatrice à la partie moyenne et postérieure de la tête, occasionés par un coup de sabre violent que le malade nous a dit avoir reçu en l'année 1774. Depuis ce temps le malade est sujet aux maux de tête et aux étourdissemens.

Secondement. Le malade a dit avoir été empoisonné plusieurs fois dans ses alimens; que sa vie a été plusieurs fois en grand danger, et qu'il ne l'a conservée qu'en faisant usage de contre-poisons, mais que son estomac et son appétit sont dérangés depuis ce moment-là.

Troisièmement. Le malade nous a fait observer une cicatrice qui s'étend de l'aile droite du nez au bord de la lèvre supérieure, une autre, qui est à la partie supérieure du dos de la main droite; provenante d'une plaie faite par un poignard, qui perça cette main de part en part, lorsqu'il la mit sur sa poitrine pour preserver les parties précordiales, deux cicatrices à la mamelle gauche, et deux à la droite;.... six cicatrices, dont plusieurs sont très-longues et considérables dans l'étendue de la capacité du bas-ventre, lesquelles ont été produites par des plaies faites par des coups de poignard et d'épée, que le malade nous a confessé avoir reçus en différens temps. De plus, il nous a fait remarquer un grand nombre d'autres cicatrices dans toute l'étendue des fesses et des cuisses, tant à leurs parties antérieures que postérieures, et nous a présenté p'usieurs morceaux de peau desséchés qu'il conserve ainsi qu'une roulette de fer en forme d'étoile à six pointes, rouillée et encore teinte de son sang, laquelle il nous a dit être une des cinq qui composoient la discipline avec laquelle on l'a flagellé une infinité de fois, et qui lui ont fait les plaies multipliées dont il nous a fait voir les cicatrices.... Le malade nous a encore fait observer que sur sa cuisse droite en devant, et sur toute l'étendue de la fesse droite, on y voit une espèce de chandelier à sept branches qu'on dit être un *créquier de gueules*, partie principale des armes de la maison de Crequy, et que madame sa mère, ainsi que plusieurs chirurgiens experts, lui ont assuré qu'il étoit né avec les susdites marques, ce que nous croyons véritable après les avoir examinées.

Quatrièmement. Nous avons observé une cicatrice en forme de croix qui se trouve sur le gland et qui s'étend sur presque toute son étendue; que le malade portoit au prépuce un anneau d'or à charnière, en forme de boucle d'oreille qui le gênoit beaucoup, lequel, ainsi que deux autres semblables, desquels il s'étoit déjà fait délivrer et qu'il portoit aux bourses et au-dessus de l'os sacrum (endroits où l'on trouve encore les cicatrices) recevoient et donnoient passage à une chaîne d'or qui fermoit par un cadenas aussi d'or que l'on lui a dit s'appeler *sympathiques*; le malade nous a attesté que ce fut en l'année 1782, qu'on lui fit cette horrible opération, et qu'on lui fit aussi boire un breuvage composé de son propre sang, de celui d'une jeune fille, de poudres et d'autres drogues que nous ne pouvons nommer ici par pudeur; que cette boisson fut aussi nommée *sympathique*. Le tout afin, dit-on, de le priver de la jouissance des femmes, et de l'empêcher d'avoir postérité, en lui occasionant la perte continuelle et involontaire de sa semence (ce projet a effectivement réussi, car le malade nous a confessé que depuis ce moment il étoit sujet à une perte continuelle et involontaire de sa liqueur prolifique, et qu'il éprouvoit de grandes foiblesses dans toutes les parties génitales).

Cinquièmement. Le consultant nous a déclaré qu'en février 1774, étant alors détenu prisonnier dans un cachot des prisons de la prévôté royale de Versailles, le sieur de Blanchefort, soi-disant de Crequy, et sa famille, obtinrent un ordre secret du duc d'Aiguillon, alors ministre d'état, et signé soi-disant du roi, pour le faire mourir en lui ouvrant les veines des bras et des pieds;.... qu'en effet les sieurs de Blanchefort et *Davaud*, juges de la prévôté, étant présens, le geolier de la prison, aidé de deux valets, le mirent absolument nu et le lièrent sur une chaise de bois, après quoi le sieur de Blanchefort lui-même introduisit un élève en chirurgie qu'il avait mandé, lui montra le soi-disant ordre qu'il portoit, et lui commanda avec menaces de saigner aux quatre veines le particulier que l'on lui présenta. Le chirurgien tout troublé pratiqua effectivement deux saignées aux bras, mais ne voulut point faire celles des pieds, assurant que ces opérations suffiroient, jugeant le prisonnier, alors saisi de frayeur, en état prochain de mort; le sieur Blanchefort se retira; alors le chirurgien, qui avoit reconnu ses projets infâmes, referma les saignées et mit tout en usage pour rappeler à la vie le moribond qui venoit de perdre une quantité considérable de sang.... (Le malade nous a dit avoir éprouvé alors des syncopes très fréquentes pendant plusieurs jours, et que depuis ce moment-là sa santé avoit été considérablement affectée.) Le chirurgien alla faire part de cet horrible attentat à M. le maréchal de Noailles, alors gouverneur de Versailles, qui sur le champ fit de son ordre transporter le moribond sous escorte à l'Hôtel-Dieu de Versailles où il est resté jusqu'à parfait rétablissement.

Sixièmement. Enfin le consultant nous a fait observer que sa mauvaise nourriture dans ses différentes prisons, que l'air malsain et humide qu'il y avoit respiré, que les mauvais et incomplets traitemens de ses maladies, et qu'enfin l'ennui et les chagrins auxquels il étoit en proie dans ses différens cachots, lui avoient donné le scorbut; que dans cette maladie ses gencives ayant été ulcérées, il avoit perdu les dents qui lui manquent effectivement aux deux mâchoires. (Les gencives étant encore aujourd'hui affectées, et plusieurs autres symptômes existant, nous jugeons que M. de Crequy n'est point encore aujourd'hui parfaitement guéri de cette maladie.)

D'après l'examen le plus scrupuleux du malade, et d'après l'énoncé qu'il nous a fait de tous les accidens ci-dessus mentionnés; nous avons procédé à la curation, sinon complète, au moins partielle, des maladies et incommodités dont il se plaignoit et au rétablissement de ses fonctions lésées. Nous avons déjà obtenu les succès suivans : 1º Les fonctions de l'estomac se font beaucoup mieux, les douleurs sont moins considérables, et la digestion s'opère avec moins de difficulté; 2 l'insomnie et les maux de tête sont moins violens et moins continuels; 3º nous l'avons délivré de l'anneau qu'il portoit au prépuce, duquel il n'avoit pu être privé jusqu'à ce jour, et qui lui procuroit des douleurs et une incommodité insupportables; nous espérons qu'avec le temps, et que d'après l'emploi des moyens convenables, nous parviendrons à procurer à M. de Crequy, né de Bourbon Montmorency, une guérison, sinon parfaite, au moins la meilleure possible; et nous tâcherons de le délivrer des incommodités qui lui rendent la vie douloureuse et insupportable.

En foi de quoi nous lui avons, sur sa réquisition, délivré le présent pour lui servir ce que de raison. A Paris, ce neuf novembre mil sept cent quatre vingt-onze.

Signé DUFOUART, 1er, et FORESTIER, 2e.

Pour copie conforme à l'original. PIERRE.

Cet ouvrage se vend à Paris, chez LEBOUR, Libraire au Palais-Royal, n. 188, et chez tous les Marchands de Nouveautés.

N° VIII.

Mémoire pour servir d'observations propres à éclairer et guider M. le rapporteur du Comité de législation, dans l'affaire, sur la demande ou pétition à la fin de pension provisoire, alimentaire, de sire Charles de Bourbon-Montmorency. On y trouve aussi un abrégé historique de son infortunée vie, et la liste des noms, titres, qualités et demeures de toutes les personnes qui doivent et qui ont attesté ses malheurs et ses droits.

MONSIEUR LE RAPPORTEUR,

Ma pétition du dimanche 13 novembre 1791, a dévoilé à l'Assemblée Nationale de France, ma naissance, mon nom, mon état

personnel et mes droits, et lui a indiqué et démontré l'inté
de mes puissans ennemis à m'anéantir, et par conséquent la
cause de mon oppression de leur part. Cet intérêt, quoique soi
gneusement dissimulé, n'est point douteux, non plus que la persécution constante du despotisme du gouvernement ministériel
de France, pour m'effacer du nombre des vivans, en me suppli-
ciant aussi cruellement qu'injustement, pendant tant d'années.

Il est acquis pleinement, il est à la connoissance de l'Assemblée
Nationale de France, à laquelle je dois le tribut d'une éternelle
reconnoissance, pour m'avoir rendu la vie, la liberté et ma patrie, il lui est indubitablement connu que, précipité par le gouvernement despotique et ministériel de France au fond d'un cachot,
dans une terre étrangère, au fort de Prusse, à Stettin ; l'auguste
Assemblée Constituante m'en a tiré par son humanité et sa justice, après neuf ans de supplices dans cette horrible captivité,
chargé de chaînes du poids de 60 livres.

Il n'est personne qui en ait entendu le récit, sans frémir, et
qui, au prix d'un million, eût consenti à subir un tel supplice.

La cause de cette affreuse nécessité est sensible ; l'intérêt
d'anéantir mon existence en fut le secret motif. La réclamation
de tous mes droits, celle de mon état personnel, la qualité de fils
d'un roi, époux de ma mère par un mariage antérieur, étoient
de puissans motifs pour me précipiter au tombeau.

Cette dernière captivité de neuf ans, de la part du gouvernement despotique et ministériel de France, qui même avoit constitué en Prusse, à Berlin, une rente de 600 livres à cet effet, et
pour attendre mon extinction dans ce cachot étranger, charge et
rend absolument responsable ce même gouvernement de France de
toute l'étendue des réparations et indemnités qui me sont dues.

L'Assemblée Nationale constituante a mis à la charge de l'état
les dettes des frères du roi, en 1790, sans y être tenue légitimement ; j'ose dire qu'il n'est pas de proportion de légitimité entre
les dettes de cette nature, et la juste réparation et indemnité qui
m'est due par le gouvernement de France, en raison d'une aussi
injuste captivité de neuf ans.

La provision est due au titre. Le mien est celui de persécuté,
d'opprimé, d'outragé, de supplicié et dommagé injustement dans
tous mes biens et droits personnels, réels, civils, temporels et
spirituels.

La certitude de ce titre est incontestable et de notoriété publique, de fait et de droit, notamment cette dernière et affreuse captivité de neuf ans, dont le bienfait et la justice de l'auguste Assemblée m'ont heureusement délivré le premier mars 1791.

L'Assemblée Nationale prenant donc en considération toute la justice et la légitimité des réparations et indemnités qui me sont dues, de telles atrocités, vexations et oppressions, et indignée de l'horreur des supplices endurés pendant une si longue et si affreuse captivité, pratiquée par les intérêts, les vues, les desseins et intentions criminelles qui la déterminèrent; j'ose espérer que cette auguste Assemblée voudra bien, dans sa justice, estimer, apprécier et proportionner l'indemnité aux maux inouïs que j'ai soufferts; considérer le péril continuel de mort et de désespoir auquel j'ai été exposé pendant neuf ans, et peser tout dans sa profonde sagesse. Elle aura sans doute égard à mon état urgent, comme aux circonstances de privation totale où cette horrible vexation m'a réduit; son humanité, sa justice, n'hésiteront pas de prononcer et d'ordonner qu'il me soit payé une somme compétente de provision, en attendant l'indemnité qui m'est si justement due, attendu la privation entière de tous mes biens et titres, à la réclamation desquels le despotisme m'avoit si injustement soustrait, et dont j'attends et poursuis la rentrée; c'est le motif de mes pétitions, présentées depuis le 15 novembre dernier jusqu'à ce jour.

Mais, pour prononcer plus équitablement sur cette matière d'indemnité et provision, que chacun veuille bien se dire à soi-même: Voudrois-je, pour cent mille écus, consentir que telle vexation horrible fût exercée contre moi, pendant une année seulement?

C'est ainsi que les droits de l'homme doivent être considérés, appréciés, gardés, soutenus et remplis, et c'est en comparant ce que l'on voudroit équitablement être fait pour soi, que l'on sent mieux ce que l'on doit faire pour un autre citoyen.

La constitution françoise, dans sa déclaration des droits de l'homme, les a prononcés et assurés, art. I, II et XVII; et l'Assemblée Nationale actuelle en a juré l'exécution au soutien des droits de l'homme et du citoyen, suivant l'art. VI du titre III, chap. premier, section V.

Résumons sur ma demande provisoire.

La provision est due au titre, j'ai celui d'une captivité injuste de neuf ans, par le fait du despotisme du gouvernement ministériel de France, et ce titre fonde ma demande provisoire.

La certitude de cet attentat est acquise à l'Assemblée Nationale. La réparation et l'indemnité en sont dues par le gouvernement, des dettes duquel l'état s'est chargé; j'ai donc le droit de demander une provision à l'Assemblée Nationale, à compte sur cette indemnité. Les circonstances où je me trouve sont urgentes et nécessitantes, et ma pétition, à cette fin, est juste.

Le rapport, sur ces principes, est donc simple et facile, ainsi que le décret à motiver et rédiger.

L'Assemblée Nationale, prenant puissamment en considération toute l'injustice de l'horrible vexation indignement exercée contre la personne de Charles de Bourbon-Montmorency, par la captivité de neuf ans qu'il a soufferte en Prusse, de la part du gouvernement ministériel et despotique de France, d'où l'Assemblée Constituante l'a retiré pour lui rendre la liberté, le rendre à sa patrie, et lui procurer les moyens de réclamer ses droits en France, décrète qu'il lui sera payé, provisoirement et à compte, sur l'indemnité qui lui est due, résultante de ladite captivité, par la caisse nationale, la somme de..... à titre de provision, l'état étant chargé des dettes du gouvernement.

Les pièces justificatives ci-jointes doivent être plus que suffisantes, dans le moment actuel, pour mettre le dernier sceau à la légitimité des demandes que j'ai l'honneur de vous faire, Messieurs, pour qu'il vous plaise décréter qu'il me sera accordé des gardes nationaux, pour la sûreté de ma personne, dont vous devez, Messieurs, reconnoître tout le danger, aussi bien que la justice d'une pension provisoire, en attendant qu'entière indemnité et justice me soit rendue.

Pièces justificatives, et liste des personnes qui doivent attester les droits et les malheurs de Charles Bourbon-Montmorency, *dit Alexandre de* Créquy, *et dont la plupart sont ici présens, tant en personne que par leurs certificats et attestations ci-jointes.*

M. de Foudras, actuellement capitaine des vétérans, et chevalier de l'ordre royal et militaire de Saint-Louis, demeurant rue Saint-Honoré, au coin de la rue Saint-Florentin, lui et toute sa famille et parenté, m'ont connu dès la mamelle, comme fils légitime du premier mariage secret de Louis XV avec madame de Bourbon-Montmorency, fille naturelle de Louis XIV, princesse de Schizemberg, de Freyberg et du Saint-Empire, lequel mariage secret fut contracté l'année 1722, par un pur écrit fait et signé par la propre main de Louis XV, et avec son propre sang; mais ledit mariage fut fait en bonne forme l'année 1725, dans la chapelle de M. l'archevêque de Reims, en présence de tous les témoins se trouvant ci-après nommés, et à savoir:

Les sérénissimes seigneurs et dames de Bourbon-Conty, de Montmorency, de Luxembourg, de Luynes, de Rohan Chabot, de Laval-Montmorency, de Rohan-Guémenée, de Soubise, d'Esterazi, de Rohan-Montbason, de Clermont-Tonnerre, de Clermont-d'Amboise, de Flavacourt, de Lauragais, de Femele, Dandelot, de Valbel, des Deux-Ponts, de la Tour-du-Pin, de Crequy, etc.

Et ledit contrat de mariage fut rafraîchi et renouvelé chaque année, depuis 1725 jusqu'en 1737, époque de ma naissance.

Le susdit sieur de Foudras et toute sa parenté, et la plupart des autres personnes ci-après dénommées et comparantes en ce procès-verbal, tant en personne que par leurs certificats et attestations, en bonne forme, faites sur papier timbré; toutes lesdites personnes, encore, savent très bien, et sont prêtes à attester, non-seulement les choses susdites mais encore elles attesteront aussi, que, pour me soustraire aux cabales de la cour, qui, d'intelligence avec la princesse Lezinska de Pologne, pour lors reine de France, quelques années après ce susdit mariage secret, avoit résolu ma perte, aussi bien que celle de tous mes frères et sœurs, provenant du roi mon père; ma mère fut obligée de me déguiser en fille, sous le nom de mademoiselle de Créquy, dans toutes les différentes pensions où elle me mit, par ordre du roi mon père, et à ses propres frais et dépens, depuis mon berceau, jusqu'à l'âge d'environ seize ans.

Ils savent aussi tous, ou pour la plupart d'eux, que Louis XVI, en 1782, me reconnut, mais qu'il me fit défense, sous peine de la vie, ou de prison perpétuelle, de ne jamais me nommer autrement que marquis de Crequy, ni de ne jamais parler du susdit mariage secret de Louis XV avec ma mère; ils savent de plus, que Jacques-Charles-Alphonse, marquis de Créquy, lieutenant général des armées du roi, grand'-croix, commandeur de l'ordre royal et militaire de Saint-Louis, ambassadeur de France à la cour de l'Empire et premier chambellan de M. le duc d'Orléans (1), lequel marquis de Crequy, étant devenu, par ordre du roi, second époux de ma mère, l'année 1757, époque de ma naissance; le roi, en le comblant de bienfaits, exigea de lui, que tous les enfans présens et à venir, de ladite princesse, ma mère, seroient reconnus pour légitimes enfans et héritiers dudit marquis de Crequy, jusqu'à ce qu'il plût au roi d'en disposer autrement à l'avenir, parce que tous les biens provenoient du roi et de ladite princesse, qui avoit apporté d'Empire plus de huit millions comptant, et que c'est en vertu de cela que ledit marquis de Crequy, second époux de ma mère, quoiqu'il sût parfaitement que j'étois fils de Louis XV, ne laissa pas que de me reconnoître pour son propre fils, et m'assura une pension de trois mille livres, avec promesse faite par main de notaire, de me rendre tous les biens de ma mère, lorsque j'aurois l'âge de majorité; tout cela se passa dans le même temps que j'étois en pension chez M. l'abbé de Goudin d'Arostay, pour lors demeurant maison de M. Loriot, marchand pelletier, rue Saint-Antoine, au coin de la rue Percée. Depuis environ l'année 1748, jusqu'en 1766, que je restai dans la pension susdite, quoique en différentes sorties et rentrées dans ladite pension, par rapport aux persécutions et cruels traitemens de Blanchefort, soit-disant Crequy, et ses complices, lequel, ainsi que son père, étoit alors mon tuteur; le ci-devant comte de Blanchefort, et le ci-devant marquis de la Tour-du-Pin, avoient été nommés par le roi et par ma mère, pour être mes tuteurs et curateurs, lesquels sieurs de Blanchefort, soi-disant Crequy, occupèrent dès lors mon hôtel de Crequy, rue de Grenelle, faubourg Saint-Germain, et avoient résolu de me faire périr dès mon enfance, ou de me faire moine par force, pour s'approprier et se partager impunément tous mes biens; j'avois encore dans ladite pension, un sous-gouverneur, vers l'année 1758 ou 1759 qui se nomme M. l'abbé Magnier, actuellement habitué au temple Sainte-Marie, à Paris. J'avois encore dans ce même temps, et

---

(1) Personnage qui n'a jamais existé. (*Note de Mme de Créquy.*)

depuis l'année 1750, ou environ ce temps, un maître pour l'écriture et la langue françoise, qui se nomme M. Vettier, lequel demeure actuellement rue de la Harpe, maison du buraliste, n° 5. Les susdits sieurs abbé Magnier et Vettier existent encore tous deux, et il sera encore parlé d'eux par la suite. Le même sieur de Foudras, dont il est encore question ici, et toute sa parenté, ont contribué quatre fois à me sauver la vie, à me faire rendre ma liberté, relever à leurs propres frais et dépens tous mes titres et papiers, pour prouver mon innocence opprimée, aussi bien que mon état et mes droits légitimes; ils sont prêts à atester que cela est arrivé quatre fois de suite, en leur parfaite connoissance, dans quatre différentes arrestations, dans ma jeunesse, dont deux fois au château de Pierre-en Scise, à Lyon; une fois aux pères d'l'Observance, et une fois dans la petite maison des Jésuites, située à Ecuilly, près de Lyon, le tout par les noirs complots et les atrocités de la maison de Blanchefort, mon tuteur, des dames de Crequy et autres, leurs complices, qui, d'intelligence avec les ministres de France, du temps de l'ancien despotisme, avoient obtenu différentes lettres de cachet, sous différens noms et crimes qu'ils me supposèrent, pour me faire périr sous les coups de verges, à nu sur mon corps, dans un affreux cachot souterrain, sans feu, sans lumière, presque nu, sur la paille, nourri au pain et à l'eau, des fèves, des pois, des haricots, et chargé de chaînes, pour me soustraire à tous mes droits légitimes.

Louis XV me reconnut au mois d'avril 1774, après avoir survécu et échappé à tant de malheurs, et il m'assura un apanage sous le nom de Bourbon-Montmorency, avec une pension de trois cent mille livres à vie durante, dont la première année me fut payée d'avance entre les mains du duc des Deux-Ponts mon parrain, pour monter ma maison en 1774. On peut s'assurer de la vérité de tout ceci, non-seulement par l'attestation du grand nombre des respectables témoins ci-mentionnés, mais encore on trouvera des renseignemens dans les livres rouges et verts qui contiennent et renferment les secrets de la cour et de l'Etat; c'est précisément là la raison qui fit que Louis XVI et M. Necker s'opposèrent à ce que l'Assemblée Nationale constituante ne prit connoissance des secrets renfermés dans les susdits livres qui sont au nombre de quatre, dont trois rouges et un vert. Louis XVI, actuellement régnant, se rappela, et il convint très bien de tous ces faits ; car j'eus l'honneur de les lui prouver en 1782; mais il me refusa la continuation de toutes mes pensions de Louis XV, et des pensions de huit cents louis que m'avaient encore assurées à perpétuité, savoir : la reine défunte, deux cents louis, Louis XV, deux cents louis, Mme la dauphine défunte, cent louis, Mme la princesse Louise défunte, ma sœur, cent louis, le tout pour récompense de ce que j'avois sauvé la vie à la susdite reine, ainsi qu'à M. et Mme la dauphine, et toute la famille royale qui existe aujourd'hui, et cela, par un complot qui avoit été tramé contre eux, et que je leur découvris alors ; cet évènement étant trop long et inutile à rapporter ici, je me tais. — Louis XVI, en me privant de toutes mes pensions, me défendit aussi, sous peine de la vie, de ne jamais me qualifier autrement que de marquis de Crequy; c'est pour cette raison que dans ma première pétition, je n'y ai pris que la qualité d'Alexandre de Crequy.

La REINE actuellement régnante ne pourra pas se refuser d'attester qu'elle m'arracha elle-même de la main de mes tyrans, de mes bourreaux, lorsqu'en 1768 ou 1769, ils m'avoient emprisonné à Châlons en Champagne, d'intelligence avec M. de Juigné, évêque dudit diocèse, M. Rouillé d'Orfeuil, intendant de ladite ville, et son secrétaire, le sieur Gauthier, pour me faire mourir innocemment, ou m'envoyer aux îles, pour se débarrasser de moi ; ladite reine protesta la mort de tous mes tyrans et persécuteurs; c'étoit lors de son passage en ladite ville, et même année ci-dessus dite, pour aller épouser Louis XVI; mais lorsqu'elle fut une fois en cour de France, et surtout depuis qu'elle est sur le trône, elle oublia toutes ses promesses, et abandonna l'infortuné Bourbon-Montmorency à son malheureux sort; elle fit plus encore, car elle se joignit, elle, et le comte d'Artois, à mes persécuteurs..... . MM. les ci-devant marquis de Bagueville, M. de Brock, grand prévôt de la maréchaussée de Châlons-Champagne, et autres illustres témoins dignes de foi, attesteront ce fait.

MESSIEURS, FRÈRES DU ROI, la maison D'ORLÉANS, la maison de CONTI, la maison de GUÉMENÉE, les maisons de ROHAN, et nombre d'autres illustres maisons, contribuèrent plusieurs fois, et en différens temps, à me faire arracher des cachots, et de la main de mes bourreaux, où la cabale des Blanchefort, des dames de Crequy et leurs complices, d'intelligence avec les ministres d'Etat, avoient résolu de me faire périr, tant en France, que hors du royaume, comme par exemple, en Espagne, en Portugal, en empire d'Allemagne, en Prusse, et particulièrement à la Bastille, à Paris; au château de Vincennes; à la maison de Charenton, à Bicêtre, chez les pères Augustins de Paris, aux pères de St-Lazare, à Châlons en Champagne; à Pierre-en-Scise, près Lyon; à Marseille, à Toulon, à Dôle, en Franche-Comté, à Besançon et autres lieux encore, pendant le cours de quarante-six ans de persécutions et de tyrannie les plus atroces dans toutes les susdites prisons; je n'ai pourtant actuellement que cinquante-quatre ans. Je ne puis me rappeler de la date de chaque arrestation, mais elles furent successives depuis 1745 jusqu'en 1791.

M. DANDELOT, ancien brigadier des armées du roi, chevalier de l'ordre royal et militaire de St-Louis, et l'un des quatre premiers gentilhommes du St Empire, lui, et toute sa parenté, résidant à Landau en Alsace, ou en cour de France.

Le ci-devant comte de ROCHEFORT, lui, et une bonne partie de sa parenté, résidant à Rochefort, ou en cour de France.

Les ci-devant ducs, comtes et comtesse de BEAUFORT, résidans à Dôle, en Franche-Comté.

Le ci-devant marquis de la TOUR DU-PIN. Lui-même et plusieurs de sa parenté; il étoit ci-devant gouverneur de Dijon et l'un de mes tuteurs; sa résidence est rue d'Enfer à Paris, ou à son gouvernement à Dijon.

Le ci-devant marquis de ROCHEGUNE. En son hôtel rue du Mail, près la place Victoire à Paris.

Le ci-devant duc de LAVAL-MONTMORENCY. A Versailles, ou en cour de France.

Le ci-devant marquis de ROCHEBARON. Gouverneur et Commandant de la ville de Lyon, lui et toute sa parenté, à Lyon.

M. le ci-devant comte de VILLARS. Mon premier gouverneur chez ma mère en Empire, avec les demoiselles Necelrodes de Honque-Portes, ses gouvernantes. Le susdit comte de Villars a été fait chanoine et comte de Lyon.

M. le ci-devant marquis de MONTGEFOU. Depuis curé et abbé de l'abbaye d'Enée, à Lyon.

La ci-devant comtesse de GROLE. Elle et toute sa parenté.

Les ci-devant comte et comtesse des CHASSES. Résidans à Ecuilly, à Lyon.

Les ci devant baron et baronne de LORME. Résidans rue Saint-Louis, au Marais.

Le ci-devant cardinal de TANCIN, archevêque de Lyon. Et toute sa parenté.

Les messieurs et dames de PONT-CHARTRAIN.

Les messieurs PÉRICHON, ci-devant échevins de la ville de Lyon.

M. PACHAUT, notaire à Lyon.

M. RIVOIRON, huissier à Lyon.

M. BASSINET, procureur à Lyon.

Les ci-devant comte et comtesse FAUTRIERE. Résidans à Trevoux.

Les ci-devant comte et comtesse de ST-AMOUR. Résidans en leur terre en Franche-Comté, entre ville de Dôle et Dijon.

Les ci-devant marquis et marquise de FLAVACOURT. Résidans à Paris ou en cour.

Le ci-devant maréchal duc de RICHELIEU. Résidant à Paris ou à Bordeaux.

Le ci-devant Cardinal duc de CHOISEUIL, archevêque de Besançon. Résidant à Paris ou à Besançon.

Le ci-devant cardinal de LUYNES, archevêque de Sens en Bourgogne. Résidant à Paris ou à Sens en Bourgogne.

Les ci-devant duc et duchesse de LAURAGAIS. Résidans en cour.

Les ci-devant baron et baronne de FENELLE. Résidans à Paris, ou à Noyon en Picardie.

Les ci-devant marquis et marquise de VALBEL. Résidans à Paris ou en cour.

M. ALBERT, officier de Monsieur, frère du roi. Résidant cour du Commerce, faubourg St-Germain, à Paris.

M. de RIGNY. Résidant rue des Martyrs, près l'abbaye Montmartre, ayant été envoyé par ordre de la commune de Paris, pour faire des recherches de tous les prisonniers d'État qu'on tenoit cachés dans les cachots de la Bastille, il trouva une pierre sur laquelle j'avois gravé, avec une machine de fer, un vers pour reprocher ma mort à mes tyrans, et à la foiblesse du Roi Louis XV, lorsqu'en 1770 les Blanchefort, mes tuteurs et curateurs, avec plusieurs dames de Crequy, d'intelligence avec les ministres d'État, surprirent un ordre du roi pour me faire trancher la tête dans mon cachot ; Louis XV ignorant alors que c'étoit son fils qu'il condamnoit innocemment à mort.

M. Manuel, syndic de la commune de Paris, rue Serpente.

M. Thorillon. Juge de paix et député à l'Assemblée Nationale, rue des Fossés-St-Marcel, n° 12. Le frère dudit sieur Thorillon et son camarade étant exempts de l'hôtel du roi à Versailles, furent lever tous mes titres tant à Lyon qu'à Paris, et forcèrent mes tyrans à me rendre ma liberté, avec promesse de me restituer tous mes biens, lorsque Blanchefort, soi-disant Crequy, qui étoit mon subrogé tuteur, lui et plusieurs dames de Crequy, d'intelligence avec le duc d'Aiguillon, alors premier ministre d'État, et plusieurs autres ministres, leurs complices, m'avoient fait enfermer par lettres de petit-cachet, le 27 janvier 1774, en la prévôté royale de Versailles, d'abord avec le premier dessein de m'y faire mourir de misère, et sous les coups ; puis après et par réflexion pour se débarrasser de moi plus promptement, ils subtilisèrent un ordre signé Louis XV, pour me faire ouvrir les veines, en me donnant un faux nom, et me supposant de faux crimes ; une espèce de miracle trop long à rapporter ici, me sauva la vie, et le maréchal duc de Noailles, pour lors gouverneur de Versailles, ayant été instruit de cette atrocité et de la complicité du juge, sieur Davaut, et son greffier, avec toute la cabale de Blanchefort, et des dames de Crequy pour me faire aussi innocemment périr, le susdit duc ayant déjà été averti de ce fait, dis-je, par le chirurgien qui avoit été ordonné pour m'ouvrir les veines, il envoya aussitôt un ordre avec des gardes et une chaise-à-porteur pour m'enlever de force d'entre les mains de mes bourreaux, ou me trouva moribond, et en vertu du dit ordre, les gardes et le susdit chirurgien me firent transporter en la maison de la charité hospitalière de Versailles, où l'on me rappela heureusement à la vie ; et après parfaite guérison, le prince duc des Deux Ponts, mon parrain, d'intelligence avec les dames hospitalières et plusieurs gardes-du-corps qui étoient comme moi, convalescens en la susdite maison de charité, me firent passer en Angleterre, en me déguisant d'abord sous l'habit de fille, puis sous celui de juif, afin de tromper les espions qu'on avoit mis après moi ; c'est en cet état que j'arrivai à Londres adressé au juif sieur d'Acostat, Joseph-Abraham, au lord Maire, au comte Desland, et autres grands de la cour d'Angleterre, ainsi qu'à M. l'Ambassadeur de

France de ce temps-là; c'étoit à l'entrée du mois d'avril 1774, peu avant que le roi mon père me reconnût et m'assignât l'apanage et pension dont il a été question ci-devant, bonheur qui ne m'arriva que par l'entremise du prince des Deux-Ponts, mon parrain, qui fit connoître au roi qu'il avoit manqué faire périr innocemment son propre fils, par sa trop grande légèreté à signer des lettres de cachet, sans auparavant être bien instruit des crimes ou de l'innocence des victimes contre lesquelles on les expédioit. Les sieurs Mouday, Descamp et Hombert frères, au Havre de Grace, attesteront encore ces faits.

M. l'abbé BERTHELOT, Instituteur du roi, confesseur et confident de ma mère et de ma grand'mère, madame la maréchale duchesse de Luxembourg, qui réside à Versailles ; c'est lui-même qui, en 1774, quelques jours après que je fus délivré pour la première fois de ma première arrestation en la prévôté de Versailles, m'apporta, en présence de M. le duc de Laval-Montmorency, de M. le comte de Crauze, de M. le baron de Mezery, du révérend père Héène, du séminaire des Lazaris es de Versailles, de M. le chevalier de Raymond, pour lors garde-du-corps de M. le comte d'Artois ; de MM. les comte et baron de Behague de Montcove et Behague de Cauterenne : ledit abbé Berthelot m'apporta, dis-je, en présence de toutes les personnes susdites, de la part de ma mère, une lettre écrite et signée de sa propre main, cachetée avec ses armes ordinaires, à mon adresse, nom et titres de Bourbon de Montmorency, et marquis de Créquy, laquelle lettre ledit abbé Berthelot me remit en propres mains, en présence des susdites personnes, avec une chatouille ou petite cassette carrée longue de bois de Sainte-Luce, qui étoit couverte de galuchat vert, bien cachetée de ses armes en cire rouge et en plusieurs endroits, tant par devant que sur les côtés de ladite chatouille, lesquelles armes étoient imprimées ou empreintes sur des petits rubans verts cloués avec des petits clous d'argent doré : ladite chatouille étoit aussi garnie de plusieurs plaques d'argent doré dans tous les points ; au milieu de ladite chatouille étoit encore une très grande plaque du même métal, sur laquelle étoient écussons représentant les armes du roi mon père, et celles de ma mère ; ledit abbé me remit aussi la clef de ladite chatouille avec la susdite lettre, après que les personnes lui eurent assuré et prouvé par les marques que j'ai sur le corps, que j'étois effectivement le fils de Louis XV, et de ladite princesse ma mère; je fis alors ouverture de la chatouille, en présence de toutes les personnes susdites, et j'y trouvai d'abord dedans douze cents louis en or, avec l'assurance de ma mère de recevoir annuellement pareille somme et pension chez M. Foulon-des-Murs, fermier-général des finances de France, qui m'assuroit des secours encore plus considérables, si j'en avois besoin, et que je voulusse suivre le conseil qu'elle me donnoit : je me tais ici, parce que *ce sont les secrets de l'État*, et que ne puis et ne dois révéler à personne, à moins que l'Assemblée Nationale ne me l'ordonne; je trouvai aussi dans ladite chatouille tous les titres, lettres et autres papiers nécessaires pour me faire reconnoître fils légitime de Louis XV son premier époux secret, ou bien pour celui du marquis de Crequy, son second époux conventionnel, le tout selon que la prudence et les circonstances me le dicteroient; j'y trouvai aussi l'ordre du Saint-Esprit, que le roi mon père nous avoit envoyé chez ma mère en ses terres en Empire, dès le jour et moment de ma naissance; enfin j'y trouvai aussi toute l'histoire de la vie et les aventures de ma mère, et laquelle je vais *faire imprimer incessamment pour la rendre publique.*

M. Moreau, capitaine des invalides, chevalier de l'ordre militaire de Saint-Louis, rue de Sève, vis-à-vis la rue des Brodeurs, maison d'un serrurier, n° 1274.

M. Rey, ci-devant secrétaire au comité des lettres de cachet, et actuellement à celui de législation.

M. l'abbé Magnier, habitué au temple Sainte-Marie; il est le filleul d'une dame de Crequy, il me connoît dès l'année 1758 ou 1759, qu'il fut nommé par ma mère, pour être mon sous-gouverneur, du temps que j'étois en pension chez M. l'abbé Goudin d'Arostey, demeurant maison de M. Loriol, marchand pelletier, rue S.-Antoine, au coin de la rue Percée, à Paris; ledit abbé connoît d'autant plus mes malheurs et ma naissance, que, pour avoir pris ma défense en 1782, il fut mis lui-même dans un profond cachot des prisons de Troyes en Champagne, par ordre du comte de Vergennes, pour lors ministre d'état, qui étoit d'intelligence avec mon subrogé tuteur, le sieur de Blanchefort, soi-disant Crequy, pour me faire périr, moi et tous ceux qui oseroient prendre la défense de mon innocence opprimée et de mes droits usurpés par eux.

M. Bournizet, procureur-syndic de la commune de Versailles, à Versailles.

M. Behague de Montcoye.

M. Behague de Canteranne, et M. l'abbé Behague, leur frère, curé et prieur de Mele, près Nogent. Ils résident tous trois à Mele, près Nogent-sur-Seine.

Les sieur et dame Éloy, rue des Jardins-St-Paul, n. 6; ils ont connoissance de mes malheurs depuis 25 ans.

M. le curé de Mériot, résidant au Mériot, près Nogent-sur-Seine.

M. Vettier, rue de la Harpe, maison du buraliste, n° 3; il fut nommé pour m'enseigner la langue et l'écriture françoise, depuis environ l'année 1750, lorsque j'étois dans la pension de M. l'abbé Goudin, rue St-Antoine, dont il a été parlé ci-devant; il fut aussi nommé pour être mon secrétaire et homme d'affaires; il me perdit de vue par mes malheurs innombrables; il me revit et me reconnut en 1782, et reprit sa charge près de moi; il me perdit encore de vue par ma dernière arrestation à Stettin, en Prusse; puis il me revit et reconnut encore après ma délivrance et mon retour à Paris, au mois d'août 1791.

M. Graux, maréchal-des-logis de la gendarmerie nationale, résidant à Senlis.

M. Legraux, inspecteur des fabriques d'azur et fonderie des mines des Pyrénées Françoises et Espagnoles, résidant chez madame Legraux, marchande lingère, rue Jean-de-l'Épine, près la Grève.

M. de Vircuaux, hôtel de Candie, rue des Bons-Enfans; il a connu mon nom et mes malheurs dans la prison de Stettin, en Prusse.

M. Rigaudeau, maître tailleur, rue du Coq-St-Jean, près la Grève, la première porte cochère à droite, en entrant par la rue de la Verrerie. Il me connoît et a fourni ma maison depuis plus de dix ans.

M. Petit, ancien marchand de bois; il me connoît depuis environ l'année 1750, ayant toujours fourni notre maison, et celle de M. Goudin d'Arostey, où j'étois en pension; ledit sieur Petit demeure à présent rue de la Licorne, n° 14, à Paris.

Madame Maillard et madame veuve Gloria, demeurant au bout de la rue des Vieilles-Tuileries, au café du Cherche-Midi.

sur le Boulevard, vis-à-vis le rendez-vous de Vaugirard ; elles ont été toutes deux femmes de charge et de garde-robe chez ma mère et chez moi, depuis l'année 1757, époque de ma naissance, jusqu'en l'année 1782, quoique en différentes reprises.

M. Clément, charpentier, menuisier et ébéniste, rue St-Louis au Marais, ayant fourni la maison de ma mère, celle de ma pension, chez ledit abbé Goudin, et enfin, aussi ma propre maison, depuis l'année 1740 jusqu'en 1782.

M. et madame Desrates, brodeurs en or et argent, rue des Marmouzets, maison et allée du boucher, au cinquième ; ils fournissent notre maison depuis 1740, et m'ont connu très-particulièrement dans madite pension, rue St-Antoine, chez l'abbé Goudin.

MM. et mesdames Despremenil, et M. le président de Dieuville, chez M. l'abbé Magnier, au temple Sainte-Marie.

Etienne Rigouffe, ancien cocher du sieur Blanchefort, soi-disant Crequy, demeurant rue Feydeau, près le théâtre de Monsieur

MM. Holains père et fils et toute la famille, résidans rue du chemin de Mesnil-Montant, n° 61.

Acte de cassation de mon mariage en Prusse, qui prouve et constate mon état, puisque c'est à l'ordre, et par les conseils du roi de Prusse défunt, que j'ai contracté cette alliance, le roi m'ayant persuadé, qu'une fois que je serois domicilié dans ses Etats, par le susdit mariage, il m'accorderait sa protection, comme me regardant censé son sujet, et m'honoreroit de ses lettres de recommandation et de ses ordres favorables, près de son ambassadeur en cour de France, pour y réclamer et poursuivre, en son nom et autorité royale, tous mes droits et prétentions légitimes ; c'est ce qu'il effectua en effet, en 1781, mais Louis XVI et ses ministres, loin d'y avoir égard, formèrent le complot de me faire retourner en Silésie, et trouvèrent les moyens de me faire plonger dans un affreux cachot de Stettin, en Prusse, chargé de chaînes, du poids de plus de 60 livres, sous un faux nom qu'ils me donnèrent, et de faux crimes qu'ils me supposèrent, our me faire périr, en m'assurant pourtant une pension annuelle de 600 livres, et recevant toutes mes quittances sous mon nom et titre de marquis de Crequy ; cela leur réussit, parce qu'ils avoient trouvé le moyen de corrompre, à force d'or et d'argent, les ministres prussiens, comme les ministres de France ; et c'est dans ce cruel état que j'ai gémi depuis l'année 1782, jusqu'au premier mars 1791, que l'Assemblée nationale Constituante, parfaitement convaincue de mon innocence opprimée, de mes justes prétentions et des atrocités de la cabale de la cour, et des ministres, d'intelligence avec Blanchefort et ses complices, me fit rendre ma liberté, et me procura les moyens de revenir dans ma patrie, le 30 août 1791, avec assurance qu'une prompte et équitable justice me seroit rendue, et c'est ce que je sollicite et espère encore aujourd'hui.

COPIE des actes des Bourguemestres et juges de Wolhau en Silésie, traduite par M. Baré, juge de Stettin, pour l'acte de cassation du mariage contracté en Prusse, entre Charles de Bourbon-Montmorency, ci-devant marquis de Crequy, et demoiselle Goudin Balanzac, l'année 1784.

Nous, Bourguemestres et Echevins du roi, residus à Wolhau, dans le duché de Silésie Prussienne, savoir faisons par ces présentes, que l'epouse de M. Charles-Alexandre-Stanislas-Auguste de Bourbon-Montmorency, marquis de Crequy, dame Marie-Elizabeth, née de Goudin-Balanzac, comparue par-devant nous en personne, assistée, pour cet effet, de son curateur, le négociant Jean-Théophile Muller, laquelle dame nous a déclaré que, vu que son époux, pour effectuer un procès de réclamation de biens de famille, qu'il a eu France, lui a demandé le consentement volontaire de la cassation et séparation plénière du mariage qui a subsisté entre eux jusqu'à ce jour, et que, ne pouvant espérer pour l'avenir, dans la situation actuelle des choses, et après l'acquisition des titres et biens appartenans à sondit époux, la continuation de cette union matrimoniale ; après une mûre délibération faite de toutes les circonstances qui subsistent actuellement, elle consent volontairement, suivant le de ir du susdit M. son époux, à la cassa ion de leur mariage, sans réserve aucune, renonçant expressément à tous les droits, prérogatives, titres et prétentions dont elle a joui en qualité d'épouse, tenant M. son époux quitte des obligations qu'il a con ractées avec elle, en qualité d'époux, et le déclarant libre pour sa personne, dès ce jour et à perpétuité, nous suppliant de vouloir recevoir cette petite déclaration volontaire de sa part, d'en donner acte, et d'en délivrer une expédition sous les formalités authentiques, pour valoir partout où il appart endra; déférant à cette demande faite par la dame comparante, et ne pouvant y rien objecter, nous avons fait dresser le présent verba', et l'avons fait expédier sur l'original, selon les formes requises, muni du sceau de notre ville et des signa ures ordinaires.

Fait et passé à Wolhau, dans la Basse Silésie, le 16 juin 1791.

Le magistrat de ladite ville.

Signé, Coppin, Sander, Irroner, Reichel, Granszel. — Traduit sur l'original. *Signé*, Batré, *assesseur de la justice royale*, à Stettin.

CERTIFICAT *de M. Raymond, adressé à sire Charles de Bourbon-Montmorency, hôtel de Candie, rue des Bons-Enfants, à Paris.*

Je, Jean-Baptiste Raymond, capitaine de cavalerie,
Certifie à tous ceux qu'il appartiendra, avoir pleine et parfaite connoissance de tous les malheurs et atrocités commises, tant sur la liberté que sur la vie et corps de très-illustre et très-honorable personne, sire Charles de Bourbon-Montmorency, ci-devant marquis de Crequy, et ce, par les ministres et le sieur Blanchefort, soi-disant Crequy, et que je l'ai toujours connu dès sa plus tendre jeunesse, marquis de Crequy; que toutes les fois qu'il a été détenu prisonnier en différentes prisons et forteresses, tant en France qu'en pays étranger, par les fausses accusations des ministres d'Etat et de Blanchefort, soi-disant Crequy, il a toujours

réclamé, et je lui ai toujours accordé mes certificats et témoignage, pour contribuer, comme de juste et de raison, à sa justification et recouvrement de sa liberté, et que je suis encore prêt à le faire, toutes fois et quand le cas et justice le requerront; en foi de quoi j'ai signé le présent certificat, à Saint-Victurnien, ce premier décembre 1791. *Signé*, le chevalier de Raymond, capitaine de cavalerie.

Nous soussignés, faisant les fonctions des officiers-commissaires-municipaux, certifions à qui il appartiendra, que le seing ci-dessus apposé est celui de Jean-Baptiste Raymond, capitaine de cavalerie, citoyen de notre bourg, et que foi y doit être ajoutée. A St-Victurnien, du département de la Haute-Vienne, et district de St-Junin, lesdits jour et an que dessus. *Signé*. Armant, procureur, Merlin-Olessibart, officier municipal, Négier, Rochebrune, procureur de la commune.

Copie du procès-verbal des maîtres-ès-arts en médecine et chirurgie, déposé à l'assemblée le 15 novembre 1791, pour servir de justification à l'exposé des pétitions du sieur Charles de Bourbon-Montmorency.

Nous, soussigné maître ès-arts en l'université de Paris, membre du collège de l'académie royale de chirurgie, ancien chirurgien-major des camps et armées du roi et du régiment des ci-devant gardes Françoises : attestons et certifions à qui il pourra appartenir, avoir été mandé le 10 octobre dernier, pour donner nos soins à M. de Crequy, né de Bourbon-Montmorency, demeurant à Paris, rue de Richelieu, hôtel royal de la Marine, lequel se plaignoit d'une prostration complète des forces, d'appétit, foiblesses, maux d'estomac, défaillance, et d'une insomnie continuelle, d'étourdissemens et de violens maux de tête, qui le faisoient souvent tomber dans un évanouissement dangereux; de plus, d'un écoulement perpétuel et involontaire de la semence et d'une sensation douloureuse, accompagnée plusieurs fois de syncopes toutes les fois qu'il se présentait à la garde-robe.

D'après le récit et l'expose des incommodités dont se plaignoit M. de Crequy, né de Bourbon-Montmorency, nous avons procédé à l'examen des parties malades : il nous a accusé et confessé ce qui suit, pour nous mettre à p rtée de remédier, s'il étoit en notre pouvoir, au rétablissement de sa santé, qui étoit alors en très-mauvais état, et de le soulage de plusieurs incommodités qui mettoient ses facultés physiques et morales et même sa vie dans le plus grand danger ; nous avons observé :

1° Un enfoncement des os du crâne, et une longue et large cicatrice à la partie moyenne et postérieure de la tête, occasionée par un coup de sabre violent que le malade nous a dit avoir reçu en 1771 ; depuis ce tems le malade est sujet aux maux de tête et aux étourdissemens

2° Le malade a dit avoir été empoisonné plusieurs fois dans ses alimens, que sa vie a été plusieurs fois en danger, et qu'il ne l'a conservée qu'en faisant usage de contre-poison, mais que son estomac et son appétit sont dérangés depuis ce moment-là.

3° Le malade nous a fait observer une cicatrice qui s'étend de l'aile droite du nez au bord de la lèvre supérieure ; une autre qui est à la partie supérieure du dos de la main droite, provenant d'une plaie faite par un poignard, qui perça cette main de part en part, lorsqu'il la mit sur sa poitrine pour préserver les parties précordiales ; deux cicatrices à la mamelle gauche et deux à la droite ; six cicatrices dont plusieurs sont très-longues et considérables dans l'étendue de la capacité du bas-ventre, lesquelles ont été produites par des plaies faites par des coups de poignard et d'épée, que le malade nous a confessé avoir reçus en différens tems ; de plus il nous a fait remarquer un grand nombre d'autres cicatrices dans toute l'étendue des fesses et des cuisses, tant à leurs parties extérieures que postérieures, et nous a présenté plusieurs morceaux de peau desséchés qu'il conserve, ainsi qu'une roulette de fer en forme d'étoile à six pointes, rouillée et encore teinte de son sang, laquelle il nous a dit être une des cinq qui composoient la discipline avec laquelle on l'a flagellé une infinité de fois, et qui lui ont fait les plaies multipliées dont il nous a fait voir les cicatrices. Le malade nous a encore fait observer que sur sa cuisse droite, en devant et sur toute l'étendue de la fesse droite, on voit une espèce de chandelier à sept branches, qu'on dit être un *Créquier de gueules*, partie principale des armes de la maison de Crequy, et que madame sa mère, ainsi que plusieurs chirurgiens experts lui ont assuré qu'il étoit né avec les susdites marques, ce que nous croyons véritable après les avoir examinées.

4° Nous avons observé une cicatrice en forme de croix qui se trouve sur le gland, et qui s'étend sur presque toute son étendue; que le malade portoit au prépuce un anneau d'or à charnière en forme de boucle d'oreille, qui le gênoit beaucoup, lequel ainsi que deux autres semblables, desquels il s'étoit déjà fait délivrer, et qu'il portoit aux bourses et au-dessous de l'os sacrum (endroits où l'on trouve encore les cicatrices), recevoient et donnoient passage à une chaîne d'or qui fermoit par un cadenas aussi d'or qu'on lui a dit s'appeler *sympathiques*; le malade nous a attesté que ce fut en l'année 1782 qu'on lui fit cette horrible opération, et qu'on lui fit aussi boire un breuvage composé de son propre sang, de celui d'une jeune fille, de poudres et d'autres drogues que nous ne pouvons nommer ici par pudeur; que cette boisson fut aussi nommée *sympathique*, le tout afin, disoit-on, de le priver de la jouissance des femmes et de l'empêcher d'avoir postérité, en lui occasionant la perte continuelle et involontaire de la semence (ce projet a effectivement réussi, car le malade nous a confessé que, depuis ce moment, il étoit sujet à une perte continuelle et involontaire de sa liqueur prolifique, et qu'il éprouvoit de grandes foiblesses dans toutes les parties génitales).

5° Le consultant nous a déclaré qu'en février 1774, étant alors détenu prisonnier dans un cachot des prisons de la prévôté royale de Versailles, le sieur de Blanchefort, soi-disant Crequy, et sa famille, obtinrent un ordre secret du duc d'Aiguillon, alors ministre d'État, et signé soi-disant du roi, pour le faire mourir, en lui ouvrant les veines des bras et des pieds. Qu'en effet, les sieurs Blanchefort et *Davaud*, juges de la prévôté, étant présens, le geôlier de la prison, aidé de deux valets, le mit absolument nu, et le lia sur une chaise de bois, après quoi le sieur Blanchefort, lui-même, introduisit un élève en chirurgie qu'il avoit mandé, lui montra le soi-disant ordre qu'il portoit, et lui commanda avec menaces de saigner aux quatre veines le particulier qu'on lui présenta; le chirurgien tout troublé pratiqua effectivement deux saignées aux bras, mais ne voulut point faire celles des pieds, assurant que ces opérations suffiroient, jugeant le prisonnier, alors saisi de frayeur, en état prochain de mort; le sieur Blanchefort se retira, alors le chirurgien qui avait reconnu ses projets infâmes, referma les saignées, et mit tout en usage pour rappeler à la vie le moribond qui venoit de perdre une quantité considérable de sang (le malade nous a dit avoir éprouvé alors des syncopes très fréquentes pendant plusieurs jours, et que depuis ce moment-là, sa santé avait été considérablement affectée). Le chirurgien alla faire part de cet horrible attentat à M. le maréchal de Noailles, alors gouverneur de Versailles, qui sur-le-champ fit, de son ordre, transporter le moribond, sous escorte, à l'Hôtel-Dieu de Versailles où il est resté jusqu'à parfait rétablissement.

6° Enfin le consultant nous a fait observer que sa mauvaise nourriture dans ses différentes prisons, que l'air malsain et humide qu'il y avoit respiré, que les mauvais et incomplets traitemens de ses maladies, et qu'enfin l'ennui et les chagrins, auxquels il étoit en proie dans ces différens cachots, lui avoient donné le scorbut; que dans cette maladie ses gencives ayant été ulcérées, il avoit perdu les dents qui lui manquent effectivement aux deux mâchoires (les gencives étant encore aujourd'hui affectées, et plusieurs autres symptômes existant, nous jugeons que M. de Crequy n'est point encore aujourd'hui parfaitement guéri de cette maladie).

D'après l'examen le plus scrupuleux du malade, et d'après l'énoncé qu'il nous a fait de tous les accidens ci-dessus mentionnés, nous avons procédé à la curation, sinon complète, au moins partielle, des maladies et incommodités dont il se plaignoit, et au rétablissement de ses fonctions lésées. Nous avons déjà obtenu les succès suivans : 1° Les fonctions de l'estomac se font beaucoup mieux, les douleurs sont moins considérables, et la digestion avec moins de difficulté. 2° L'insomnie et les maux de tête sont moins violens et moins continuels. 3° Nous l'avons délivré de l'anneau qu'il portoit au prépuce, duquel il n'avoit pu être privé jusqu'à ce jour, et qui lui procuroit des douleurs et une incommodité insupportables. Nous espérons qu'avec le temps et que d'après l'emploi des moyens convenables nous parviendrons à procurer à M. de Crequy, né de Bourbon-Montmorency, une guérison sinon parfaite, au moins la meilleure possible, et nous tâcherons délivrer des incommodités qui lui rendent la vie douloureuse et insupportable.

En foi de quoi nous lui avons, sur sa réquisition, délivré le présent, pour lui servir ce que de raison. A Paris, ce 9 novembre 1791.

Signé, Dufouart 1er, et Forestier 2e.

Pour copie conforme à l'original. *Signé* Pierre.

Enfin, Messieurs et dignes législateurs, vous conviendrez, sans doute, que vous ne pourriez sans injustice exiger de moi des preuves ni des titres plus authentiques que ceux que j'ai l'honneur d'exposer ici sous vos yeux; non sans doute, mais au contraire, vous conviendrez qu'ils sont plus que suffisans pour vous prouver mon innocence opprimée, et pour obtenir des *gardes nationaux pour la sûreté de ma personne* et une pension provisoire alimentaire, en attendant l'indemnité complète et la justice si légitimement dues à l'infortuné pétitionnaire Charles de Bourbon-Montmorency, et qui est prêt à être soutenu et protégé par plusieurs milliers de bons citoyens et bons patriotes qui sont ici présens, Messieurs, pour réprimer, en cas de besoin, l'audace criminelle et punissable de mes ennemis, persécuteurs et oppresseurs.

Signé Charles de BOURBON-MONTMORENCY,

rue des Bons-Enfans, hôtel de Candie.

Supplément aux Pièces présentées à l'Assemblée Nationale de France, en date du 29 *janvier* 1792.

Je supplie l'auguste Assemblée Nationale de vouloir bien recevoir et de ne point rejeter cette dernière marque de mon zèle et de mon amour pour la patrie, par la donation que je fais de tous mes biens en faveur des pauvres de cette capitale et de tout son arrondissement; ces biens sont, savoir :

D'une part, les douze millions de florins, monnoie d'Empire, que ma mère apporta à la maison de Crequy, lors de son second mariage avec Alphonse de Crequy, l'année 1757, époque de ma naissance, et avec lesquels deniers elle et Alphonse de Crequy firent les acquisitions de 99 villages à clochers, outre plusieurs petites villes et gros bourgs, situés tant en Poitou qu'en Picardie, en Champagne, en Bourgogne, en Franche-Comté, en Alsace, dans la province du Lyonnois et du Dauphiné.

D'autre part, lesdits biens consistans en trois millions huit cent mille livres hypothéqués sur la terre de Chantilly et autres dépendances, depuis l'année 1740, et que possède actuellement le ci-devant prince de Condé, sans m'avoir jamais rendu compte d'un seul denier, ni à moi ni à ma mère, depuis ce temps-là jusqu'à présent.

D'autre part, dix-huit cent mille écus hypothéqués sur la terre de Brunois, et autres fiefs, dès l'année 1740 ou environ ce temps-là, que possédoit jadis M. Paris de Montmartel, lesquelles susdites terre et leur hypothèque ont été injustement cédées à Monsieur, frère du roi, pour entrer dans la cabale de mes adversaires, contre moi, pour me perdre.

D'autre part, la maison de Belle-Vue, les terres et châteaux de *Chambord*, de Becancourt, Duplessis-Piquet; une maison de plaisance située à Passy, mon hôtel *de Crequy*, situé rue de Grenelle, faubourg St-Germain, à Paris; plusieurs hôtels de Montmorency, aussi situés à Paris, et encore d'autres terres et maisons de plaisance, dont les noms me sont échappés, et que Louis XV, mon père, et ma grand'mère nous avoient accordés à perpétuité, à titre d'apanage pour ma mère, moi et autres, leurs héritiers, desquels susdits biens, la cabale des Blanchefort et plusieurs dames de Crequy, d'intelligence avec la cour et les ministres, cédèrent une bonne partie de tout à

Mesdames de France, ...
. A M. le comte d'Artois. . . . .
La maison de Muys, ...
Aux Dubarris, ...
Aux Chevreuses, ... ,
Aux Luynes, ...
Aux ministres d'État, sieurs d'Aiguillon et de Vergennes .
De Montmorin, ... :
Duportail, ...
De Lessart, ...
Du ci-devant marquis de la Fayette, ...
De M. Bailly, ci-devant maire de Paris, ...

Du sieur Davaut, juge de la prévôté de l'hôtel de Versailles et conseiller d'État, ...

Du sieur de Sartine, ...

Du sieur Lenoir, lieutenant-général de police, et autres leurs complices, pour me faire périr. Enfin, d'autre part, mes susdits biens consistent encore en plusieurs millions de piastres d'Espagne, de crusades neuves, monnoie de Portugal, et autres richesses immenses et inappréciables, que j'apportai en France, en deux différens temps, la première époque, en 1771, et la seconde époque au mois de décembre 1775, et dont l'infernale cabale me dépouilla, d'intelligence avec les ministres et autres, leurs complices, en obtenant des ordres secrets de la cour, pour me faire perdre la vie, tant à la Bastille qu'à la prévôté royale de Versailles et autres forteresses, en me faisant passer pour un contrebandier et un faux monnoyeur, moi et tous les gens de ma maison.

A l'époque du mois de décembre 1775, j'étois logé place Saint-Michel, dans le même hôtel où résidoit le prince de Ligne avec son gouverneur; maison tenue par un perruquier, tous mes équipages étant placés dans les environs, en attendant que je vinsse occuper mon hôtel de Crequy, rue de Grenelle.

Finalement, mesdits biens consistent encore en plusieurs pensions que je recevois de la cour, dont

    200 louis de la part du roi. . . . .
    200 louis de la reine défunte. . . . .
    200 louis de M. le Dauphin défunt. . . . .
    100 louis de madame la Dauphine défunte . . . . .

Et 100 louis de défunte ma sœur, la princesse Louise de France, pour récompenses de mes services, pour avoir sauvé la vie à toute la famille royale, vers l'année 1764, ou environ ce tems; outre encore une pension de 300,000 livres à vie durante, que Louis XV mon père m'accorda dès le mois d'avril 1774, lorsqu'il me reconnut pour son fils légitime, peu après ma délivrance des prisons de la prévôté royale de Versailles, où, quelques jours plus tôt, la cabale de la cour et des ministres, d'intelligence avec Blanchefort, mon tuteur, et plusieurs dames de Crequy, avoient résolu de me faire périr, en me faisant ouvrir les veines, comme il a été rapporté ci-devant; mais il plut à Louis XVI, dès son avènement au trône, quelques semaines après l'époque ci-dessus, et d'intelligence avec ladite cabale infernale, de supprimer toutes mes pensions, en me faisant défense, sous peine de la vie, de ne me jamais qualifier que marquis de Crequy, ni de ne jamais parler du mariage du roi mon père avec la princesse ma mère ; et, pour plus grande sûreté, il résolut, en 1782, de me faire enfermer et périr en la forteresse de Stettin, dans les États du roi de Prusse.

Mon intention est qu'un tiers de tous mes susdits biens sera pour payer une partie des dettes de l'État et de la nation ; un autre tiers, pour l'acquit des dettes de tout débiteur insolvable, détenu prisonnier pour dettes ; et que le reste de tous les susdits biens soit employé pour le soulagement des pauvres familles honteuses, et d'autres nécessiteux de cette capitale et de son arrondissement. Mes intentions et dernières volontés étant ainsi, Messieurs, dictées par mon bon cœur et de ma propre bonne volonté, en mon bon sens, et sans y être engagé par aucunes considérations, que l'amour du bien que j'ai voué à mes compatriotes ; je vous prie d'avoir la bonté de faire dresser vous-mêmes un acte formel de mesdites intentions et volontés, selon que votre sagesse et vos lumières le dicteront, afin que ledit acte de donation ait force de loi à perpétuité.

P. S. La donation de mes biens est très particulièrement destinée à procurer à la *Société des jeunes François*, établie au Prieuré de Saint-Martin-des-Champs, fondée par M. *Léonard Bourdon*, tout le développement dont cet établissement si précieux pour la régénération des mœurs et l'affermissement de la liberté et de l'égalité, est susceptible, et pour la fondation d'une caisse de bienfaisance dans chaque société patriotique, lorsque notre amour et notre zèle sincères pour le bien de la nation et de l'humanité souffrante et gémissante, depuis tant de siècles, nous animeront assez, Messieurs, pour en fonder une dans chaque section de la capitale et de son arrondissement, en me réservant pourtant, sur le tout, une pension honnête.

CHARLES DE BOURBON-MONTMORENCY.

N° IX.

effrayantes concernant Charles de Créquy né de Bourbon-Montmorency.

Personne ne peut nier que Charles de Crequy, né de Bourbon-Montmorency, naquit en 1737, du mariage secret, mais divulgué en face de la religion, que contracta Louis XV avec la princesse de Schitzemberg, de Freyberg et du Saint-Empire, fille naturelle de Louis XIV.

Pendant 46 ans il a été la victime du despotisme, des menées infâmes des ministres de ce temps, d'Aiguillon (1), Vergennes et Montmorin ; celui-ci rue Plumet, près le boulevard ; ces deux derniers se sont bien mal conduits dans cette affaire, et leurs lettres, restées au comité des lettres de cachet, et qui vont être imprimées, le prouveront.

C'étoit, à tous égards, des ministres bien faits pour l'ancien régime, et qui, comme le temps l'a démontré, ne pouvoient pas rester sous celui-ci ; l'opinion publique leur a fait justice.

Pour les dames de Crequy et le sieur Blanchefort, soi-disant Crequy, tuteur dudit Bourbon, qui demeurent rue de Grenelle, faubourg Saint-Germain, c'est une exécration ; ils habitent, tous tant qu'ils sont, un hôtel qu'ils ont usurpé, comme les biens du véritable, du seul Bourbon-Montmorency.

C'est un monstre que Blanchefort ! et la seule preuve sera les marques des coups de poignard qu'a reçus M. de Bourbon, qui tous lui ont été donnés par lui et par ses complices ; c'est une vérité effrayante, mais qu'on ne peut, qu'on ne doit pas cacher à l'humanité du peuple français.

C'est une chose étrange, que de lâches ravisseurs habitent paisiblement des hôtels dont les murs ressuent de leurs crimes, tandis que le pur sang des rois est dans la plus simple retraite, rue des Bons-Enfans, hôtel de Candie. Peuples ! c'est ainsi que

(1) Nous étions ennemis jurés de M. d'Aiguillon.
Note du Marquis de Crequy.

les criminels habitent au milieu de vous! l'habitude des vices de l'ancien régime, qui n'est connue que de ses usurpateurs, leur donne une effronterie qui réclame un bien prompt châtiment.

N'est-ce donc pas assez qu'ils aient par argent, par corruption de temps, détenu le vrai Bourbon 46 ans dans un affreux cachot, chargé de fers, du poids de plus de 60 livres, dans ces lieux horribles, où l'homme est anéanti dans l'homme qui respire.

Et ce roi des François, tranquille dans son ennuyeux palais, reste sourd au cri de son sang, à celui de la nature! Ne sommes-nous donc entourés que de vicieux, que de trompeurs? Et quand donc la vérité arrachera-t-elle le masque sacrilège des assassins, des usurpateurs?

Je ne parlerai point de tous les autres biens qui lui appartiennent, qui lui ont été ravis, le détail en seroit trop long, et il paraîtra dans l'imprimé qui suivra, et qui se vendra chez Pougin, *imprimeur, rue Mazarine, n° 51.*

Il suffit de démontrer que les sieurs d'Aiguillon, de Vergennes et Montmorin, ont été traîtres envers un homme paisible. Peuples, vous le savez, la qualité d'homme est la plus respectable; mais cet homme est un Bourbon bien connu; une infinité de témoins que vous respectez tous, feront entendre leur voix; elle épouvantera les Bourbon d'aujourd'hui, et les Blanchefort, qui se disent Crequy, les Montmorin, comme eux, ces sangsues des peuples, qui tous aujourd'hui abandonnent Louis XVI, depuis qu'il ne leur a plus délivré des pensions; tous les apôtres que ce dieu sur terre a autour de lui, le nomment tous de même; devinez ce nom, cela s'entend, c'est celui de.... Judas.

Tous ils le trahissent, ils le trompent; ces agens du pouvoir exécutif ne pensent et ne vivent que pour eux, faut-il le dire? ne s'engraissent que de leurs rapines sur ces victimes de l'humanité.

Comment pourroit-on souffrir plus long-tems de si noires trahisons? C'est à la justice, c'est à la raison à décider entre eux et Bourbon-Montmorency; il a possédé antérieurement ces biens, et ce sont eux qui les possèdent aujourd'hui. Il faut remonter à l'origine; en y remontant, on y trouvera la vérité, source du bonheur pour le vrai Bourbon, source du châtiment trop juste, mais affreux, qui attend ses persécuteurs.

Quelle tache pour l'histoire, si on y lit jamais : Le peuple français, si avide de gloire, vainqueur de l'esclavage et de la tyrannie, a pu voir vivre pendant des années, au milieu de lui, le sang des Bourbons dans l'obscurité ; la race future, à ce passage, déchirera le feuillet, le laissera tomber ; mais que nos neveux tremblent qu'il ne soit ramassé par la génération suivante, qui, en lisant notre déshonneur, s'apprêtera à le venger.

S'il faut du respect pour les rois, il en faut pour leur sang, et une nation ne s'honore qu'en respectant ceux qui doivent être ses premiers représentans.

Enfin, peuple, vous connoissez les traîtres ; le sang qui coule dans les veines de ce Bourbon si populaire dans tous ses écrits, dans toutes ses actions, c'est le plus pur sang de vos rois. Que les traîtres délogent, et que, sans leur faire mal, on les laisse végéter dans un de ces déserts qui rougiront sans doute de montrer à ceux qui viendront après eux la trace de leurs pas.

Il est Bourbon, ou il ne l'est pas, c'est ce qu'il faut vérifier au milieu de la nation assemblée ou dispersée, et de ses dignes représentans ; s'il ne l'est pas, qu'il rentre dans la poussière ; s'il l'est, que ses persécuteurs soient voués au mépris, et que leurs noms soient déjà mis en exécration par la génération présente.

Ce peuple si jaloux de la gloire, si fier avec raison d'avoir brisé ses fers, ne pourra pas réduire en poudre ceux qui ont meurtri tout le corps du vrai Bourbon ; ils sont à Paris, ces fers, on les montrera à vos yeux ; vous frémirez en les voyant, mais ils disparoitront devant les regards d'un peuple libre.

Il faut écouter, peuple, la sagesse de l'Assemblée ; il faut être présent à ce qu'elle décrétera dans cette importante affaire ; elle peut dire qu'elle va décider du sort d'un prince mis au cachot avant l'âge de raison, aussi généreux qu'infortuné ; d'une affaire qui effraiera tous les potentats, qui les fera réfléchir s'ils sont à leur place sur le trône.

ALBERT, officier de Monsieur, *cour du Commerce, maison de M. Boulnois. A ses propres frais et dépens.*

Charles de Crequy, né de Bourbon-Montmorency, paroîtra à l'Assemblée le 22 et le 29 du courant.

N° X.

Une grande victime du despotisme, à ses concitoyens (1).

CHERS CONCITOYENS,

Personne de vous n'ignore les malheurs et les longues détentions d'Alexandre de Crequy-Montmorency, qui vous adresse ce peu de mots, pour vous les rappeler et vous intéresser à son infortune.

Ma vie qui va bientôt paroître, et que je dédie aux représentans d'un peuple libre et à tous les bons citoyens, dévoilera, d'une manière inconnue jusqu'alors, les iniquités et les horreurs qui ont été commises sous les règnes de Louis XV et de Louis XVI, par mes persécuteurs, qui m'ont tenu renfermé et traîné de prisons en prisons, depuis ma plus tendre jeunesse jusqu'à l'âge de 55 ans, en France, en Espagne, en Portugal, en Empire et en Prusse, et ont fini par me faire détenir, pendant neuf ans, accablé de chaînes du poids de 60 livres, dans un souterrain, sous des noms empruntés, pour me soustraire aux yeux du peuple et me faire périr ignominieusement; le tout pour favoriser les injustes prétentions des usurpateurs de mes biens, qui se les étoient partagés, après avoir prouvé (par un faux extrait mortuaire) au parlement et au public que j'étois mort, et qu'ils étoient mes héritiers, et après mille autres horreurs que je dévoilerai au long dans le courant de mon histoire, et dont j'ai été heureusement délivré, par ordre de l'Assemblée constituante, à qui j'ai fait savoir mes malheurs et les injustices exercées à mon égard.

Elle vous fera connoître, cette vie, les cruautés inouies qu'on a exercées sur toutes les parties de mon corps, qui sont encore couvertes de cicatrices des blessures qui m'ont été faites par mes bourreaux et par leurs satellites, et elle ne servira pas peu à vous convaincre du bonheur dû à la révolution et soutenu par la constitution, en vous mettant clairement sous les yeux toute

(1) Mme de Monaco m'a remis ceci en prison le 2 janvier 1793.
(*Note de Mme de Créquy.*)

l'influence des grands conspirateurs qui approchoient le trône, vouloient envahir à la fois les grandeurs, les richesses, et se nourrir aux dépens des sueurs de ce qu'ils appeloient la *populace*.

L'Assemblée constituante me fit rendre ma liberté le premier mars 1791, me permit de poursuivre mes persécuteurs devant les tribunaux, et d'exposer publiquement mes prétentions; mais alors la cabale de mes ennemis, c'est-à-dire, les ministres, la cour et tous les ci-devant nobles, dont je découvrirai les noms et les titres *évanouis en fumée*, ne doutant point qu'une captivité et des souffrances aussi longues que celles que j'avois endurées, n'eussent affoibli mes organes et ne me rendissent entièrement étranger aux intrigues dont elle m'environna, me fit entourer d'hommes vendus à ses intérêts, qui, prétextant vouloir mon bien, s'introduisirent chez moi, sous différentes qualités, dès mon arrivée à Paris le 30 août 1791.

Ils ne réussirent que trop, les scélérats, à s'emparer de toute ma confiance, et à me conduire à grands pas vers les malheurs qui ont suivi les démarches audacieuses qu'ils m'ont fait faire auprès des représentans de la nation, et dont toute la France a été instruite; ils me firent entendre et ne tardèrent point à me persuader que je devois prendre hautement le nom de BOURBON-MONTMORENCY, nom qui vient de ma mère, mariée secrètement avec Louis XV, et depuis publiquement avec Charles-Alphonse de Crequy, par ordre du roi, qui, la voyant enceinte de 6 à 7 mois, la força d'épouser ce seigneur, par un de ces ordres despotiques dont il n'y a malheureusement que trop de victimes; ce qui, m'ont ils dit, étoit, à leur connoissance, consigné dans les livres jaunes et vers qui renferment les secrets de la famille royale. Je le crus d'autant plus facilement que ma mère m'avoit toujours tenu le même langage; mais s'apercevant que toutes leurs démarches n'aboutissoient qu'à me faire passer aux yeux du public pour un homme dont la raison étoit égarée par les longs malheurs, ils prirent à tâche de me faire commettre des imprudences et répandirent en mon nom des écrits incendiaires, dont le but étoit de faire rendre contre moi un décret qui pût m'ôter pour jamais tous les moyens de faire revivre la justice de ma cause; heureusement l'humanité de quelques représentans du peuple parvint à me sauver encore une fois du piége dans lequel j'avais donné tête baissée, et je dois à quelques députés, le peu d'effets dont furent suivies les fausses démarches où m'avoient entraîné mes ennemis.

Ces raisons et des soupçons fondés qu'on en vouloit à ma vie, me forcèrent de me retirer secrètement dans la maison d'un vertueux citoyen, qui consentit à partager avec moi le pain qu'il gagnoit à la sueur de son corps. Depuis ce temps j'ai adressé à l'Assemblée Nationale et au rapporteur nommé par le comité de législation, dans mon affaire, plusieurs lettres et pétitions, qui ont été sans effet, vu les grandes occupations dont elle était accablée dans ce moment. Elle n'a pu prononcer sur mon triste sort; ce que j'attends de jour en jour avec la plus grande impatience.

L'infortune où je suis réduit, dénué de tout, au milieu des biens qui devro ent m'appartenir, me fait mener la vie la plus déplorable; pouvant à peine suffire aux alimens de première nécessité, je me vois forcé par les malheurs les plus opiniâtres de suspendre l'impression de ma vie, qui doit ouvrir les yeux de mes concitoyens; de ne pouvoir faire la recherche des titres nécessaires à la démonstration de mes droits et à la poursuite de mes réclamations devant les tribunaux. Je suis donc contraint de recourir à l'humanité des citoyens. A cet effet, je prie ceux dont la sensibilité les engagera à vouloir apporter un soulagement à mon infortune, de déposer leurs dons chez le C. BAILLON, homme de loi, rue des Poitevins, n° 20, section des Cordeliers, à Paris. Il a bien voulu se charger de mes affaires; sa probité est connue, et il aura soin d'enregistrer les noms et demeure de chaque citoyen; il recevra toutes les sommes, quelque fortes ou modiques qu'elles soient, et remettra à chacune des personnes qui se présenteront une reconnaissance signée de ma main, par laquelle je m'engage, sur mon honneur, à leur remettre la somme qu'ils auront bien voulu me prêter, aussitôt que le gain de ma cause m'aura fait rentrer dans le biens qui m'appartiennent légitimement, et à donner en outre à chacun de mes bienfaiteurs un exemplaire de ma vie, dès que les secours suffisans me seront parvenus pour en achever l'impression.

Cette souscription volontaire sera ouverte tous les jours, depuis huit heures du matin, jusqu'à midi, et depuis deux heures après midi jusqu'à six heures, à l'adresse ci dessus, depuis le premier juillet 1792 jusqu'au premier janvier 1795.

Toutes les lettres, adresses et dons ou prêts, doivent être envoyés franc de port, et l'ouvrage sera envoyé de même.

Charles-Alexandre de Crequy.

N° XI.

Justification du C. Créquy-Montmorency, sur la persécution qu'on exerce à son égard.

Dès ma plus tendre jeunesse, je fus l'innocente victime du despotisme; sous l'ancien régime qui, pour me frustrer de mes droits légitimes et se les approprier, me traîna de cachot en cachot, et chargé de fers jusqu'en la cinquante-sixième année de mon âge, en me supposant de faux crimes et en me donnant un autre nom que le mien, pour que les personnes qui s'intéressoient à mon innocence opprimée ne pussent découvrir les lieux de mon affreuse retraite.

L'Assemblée nationale Constituante, ayant été parfaitement convaincue de mon innocence et de la légitimité de mes réclamations, brisa mes fers et me fit rendre ma liberté, le premier mars 1791, avec assurance qu'elle me donneroit une indemnité et une pension viagère, ce qui me fut confirmé par l'Assemblée nationale Législative et exécuté en partie par la Convention Nationale, comme on peut le voir par son décret en date du 12 décembre 1792. Depuis mon arrivée à Paris en août 1791, et surtout depuis le premier mai 1792 que je suis domicilié rue Cocatrix, n° 9, en la Cité, ma bonne conduite, accompagnée du patriotisme et du civisme les plus purs, me mérita tellement l'amitié, l'estime et la confiance de mes concitoyens, qu'ils m'élurent successivement membre du comité de discipline militaire; puis l'un des quarante notables cautionnaires des dettes sacrées que la section avoit contractées, puis enfin commissaire et président du comité établi pour la recette du contingent de la Vendée: les pièces justificatives dont je suis porteur prouveront que, jusqu'au 26 juillet dernier, je me suis acquitté de tous mes devoirs, charges et fonctions en tout honneur et gloire: ces pièces justificatives et authentiques prouveront aussi qu'à l'époque du 10 août 1792 et les mois suivans, mes fils et moi se signalèrent glorieusement avec tous les autres bons citoyens; et que depuis cette époque, ils sont partis aux frontières avec armes et bagages, à mes propres dépens, et qu'ils s'y couvrent de gloire au service de la République, tandis que, malgré mon âge et mes infirmités, je n'ai cessé de remplir moi-même, en personne, ce glorieux devoir, tant comme volontaire dans la Garde nationale parisienne, que comme membre du bataillon des vétérans où j'ai l'honneur d'être reçu du 6 août dernier: ces mêmes pièces justificatives et authentiques prouveront aussi que je n'ai jamais émigré, que je ne fus jamais un aventurier ni un escroqueur, comme le disent mes ennemis; mais qu'au contraire je fus toute ma vie aventuré, escroqué et persécuté injustement; elles prouveront aussi que j'ai abjuré et renoncé, entre les mains des législateurs, à tous titres, dignités, grades et prérogatives attachés ci-devant aux nobles et particulièrement à ma famille, que j'ai reniés et que je renierai toute ma vie par rapport à leurs crimes, tant à mon égard qu'envers la nation et la constitution, et que j'ai protesté entre les mains des législateurs, ne vouloir et n'ambitionner toute ma vie quele glorieux titre de bon citoyen et de bon républicain, et que, puisque j'en ai toujours rempli tous les devoirs sacrés jusqu'en ce jour, je ne puis ni ne dois sans injustice, être regardé et traité comme un ennemi de la république ou comme un homme suspect.

Par ces mêmes pièces justificatives et authentiques, je prouverai que depuis 1791, que j'ai été rendu libre, je n'ai cessé jusqu'à présent de payer exactement toutes mes contributions et mes dons patriotiques; que j'ai visité, consolé, protégé et défendu de tout mon pouvoir les innocens affligés et persécutés; que j'ai donné du pain à ceux qui avoient faim; vêtu ceux qui étoient nus; payé les dettes des insolvables; payé les loyers de ceux qui étoient menacés d'être jetés hors de leur domicile faute de pouvoir payer leurs loyers; enfin, j'ai fourni ma bonne part à toutes les collectes que les besoins de la république ont nécessitées ; mais malgré tout cela, comme mon patriotisme et mon civisme m'ont obligé de faire plusieurs dénonciations très graves, tant à la commune, qu'à la mairie et au comité de sûreté générale de la Convention nationale, contre quelques aristocrates et intrigans de la section de la Cité, qui vouloient et qui espèrent introduire un nouveau despotisme mille fois plus dangereux à la république que celui que nous avons si glorieusement terrassé et anéanti ; alors, ces messieurs, s'érigeant en juges et parties dans leur propre cause, et voulant se débarrasser de moi, à quelque prix que ce soit, ils m'ont fait arrêter et écrouer à Sainte-Pélagie, sous toutes sortes de fausses dénonciations, et en prétextant surtout qu'étant un ci-devant noble, je ne pouvois être qu'un homme fort suspect ; alléguant en outre, que je ne jouis que de quatre cents livres de revenu ; que j'ai fait des dépenses et des charités sur la section de la Cité bien au-delà de mes facultés, et que je ne puis avoir puisé mes ressources immenses que dans les bourses des émigrés, et par des vols et des escroqueries ; mais je prouverai que je puise mes ressources dans les cœurs et les bourses intarissables de bons et généreux citoyens et citoyennes, républicains qui connoissent mes infortunes non méritées, et mes légitimes prétentions et réclamations bien prouvées, et pendantes aux tribunaux de Paris ; enfin, ils poussent l'injustice et l'inhumanité jusqu'à empêcher qu'on me fasse subir un interrogatoire, ni que personne ne puisse approcher de moi pour me tendre aucun secours humain, parce qu'ils redoutent eux-mêmes ma justification, qui doit faire connoître leurs crimes et mon innocence ; mais j'implore à grands cris la protection de la loi, des tribunaux et de tous les bons sans-culottes républicains, pour que je sois promptement interrogé, que les coupables tombent sous le glaive de la loi, et que l'innocent soit reconduit en triomphe chez lui, avec le bonnet de la liberté et la couronne civique sur la tête.

L'infortuné ALEXANDRE CREQUY-MONTMORENCY, vétéran et prisonnier à Sainte-Pélagie, le 6 septembre 1793, l'an deuxième de la république une et indivisible.

Supplément à la justification de l'infortuné Créquy. Montmorency.

Le scélérat Wanek, qui a tout à la fois l'honneur, mais qui en est indigne, d'être commandant de la force armée de la section de la Cité; président du conseil de discipline militaire; président de l'assemblée primaire; membre des électeurs; membre des comités révolutionnaire et civil; qui brigue et qui possède toutes les charges et dignités de la section de la Cité, pour y pouvoir exercer plus librement le plus exécrable despotisme, et qui, étant à la tête de trente à quarante aristocrates et intrigans comme lui, sous le voile du patriotisme, du civisme et de la loi qu'ils déchirent, qu'ils violent et qu'ils foulent impunément sous les pieds tous les jours et à toute heure, font frémir, trembler et ramper sous leurs ordres tous les bons et timides citoyens de la Cité, en disant aux uns : Ah! ah! vous osez lutter contre nous; hé bien vous serez taxés à une somme très forte à la première collecte ou contingent à fournir, et si vous ne payez pas, vous serez tambourinés et proclamés dans toute la Cité comme de mauvais et indignes citoyens.

Ils disent à d'autres : Vous n'aurez ni certificats de résidence, ni certificats de civisme, ni carte de citoyen, ni passeports; à d'autres ils disent : Quand le peuple émeuté ira vous piller, vous réclamerez en vain le secours de la force armée : enfin ils disent aux autres : Nous trouverons bien les moyens de nous débarrasser de vous et de vous envoyer repentir et gémir long-temps à l'Abbaye ou à Sainte-Pélagie, etc.

Voilà leurs crimes et encore bien d'autres dont les détails seroient trop longs et que je me réserve de dire en temps et lieux. Les seuls moyens de remédier à ces cruels abus qui provoquent sans cesse les bons citoyens à une contre-révolution, ou qui corrompent une partie d'eux, et qui font trembler et gémir en secret les plus timides, ce seroit de ne laisser aux sections que le pouvoir de faire le bien; de leur ôter tout pouvoir de faire le mal, et que personne ne puisse être arrêté ni chagriné ou inquiété que par les ordres des tribunaux de la mairie ou autres corps constitués, après avoir été préalablement accusés ou dénoncés par devant l'un ou l'autre des susdits tribunaux et avec des preuves convictives; car c'est pour m'être vivement opposé à ces susdites atrocités vexatoires et despotiques, et pour avoir eu le courage de donner quelques soufflets au scélérat Wauck et à quelques autres de sa clique, en leur reprochant leurs crimes, que d'abord ils filèrent doux et rampèrent devant moi, mais d'après coup et d'après réflexions, voyant bien que jamais leurs caresses, leurs promesses et leurs menaces ne pourroient ni me corrompre, ni m'intimider, et qu'ils me trouveroient toujours en leurs passages comme un canon chargé à mitraille et prêt à les écraser et à les foudroyer eux et leurs exécrables projets contre-révolutionnaires; alors, et voulant se débarrasser de moi, et me perdre à quel prix que ce soit, ils m'accusèrent faussement, dans leur comité révolutionnaire et en pleine assemblée générale de la section, d'avoir commis un vol à Notre-Dame l'hiver dernier, et d'avoir commis plusieurs filouteries et escroqueries considérables. Je leur dis que je leur défiois de prouver aucun de ces faits et que j'allois les poursuivre au criminel jusques sur l'échafaud.

Effrayés qu'ils furent de mes menaces, ils s'érigèrent juges et parties dans leur propre cause; et ils bornèrent toute leur rage à me faire arrêter et enfermer à Sainte-Pélagie, sous l'astucieux prétexte qu'étant né à Vienne en Autriche et d'une famille ci devant noble, j'étois un homme très suspect.

Mais la loi ne peut ni ne doit sévir et punir que ceux qui n'ont point voulu accepter la constitution, ou qui ont commis les crimes contre la loi constitutionnelle ou contre la république, et elle doit protéger et défendre l'innocence opprimée; moi et mes fils nous sommes malheureusement nés en pays étrangers et d'une famille ci devant noble; mais si je prouve, comme je suis prêt à le faire, que je suis élevé en France dès le berceau et la mamelle, et que nous défions à qui que ce soit de pouvoir prouver un patriotisme et un civisme plus pur et mieux connu que le nôtre depuis le commencement de la révolution sans interruption jusqu'à ce jour; je crois et j'espère fermement que tous les bons citoyens républicains, et leurs augustes représentans, m'accorderont la grâce que je demande, d'être interrogé; que la tête des coupables tombe sous le glaive de la loi, et que l'innocent soit reconduit en triomphe chez lui avec le bonnet de la liberté et une couronne civique sur la tête. Au reste, j'ai deux fils qui, depuis l'époque du 10 août 1792 et les jours suivans où ils se signalèrent glorieusement avec moi-même, servent en tout honneur et gloire dans les armées de la république, pendant que moi-même, malgré mon âge et mes infirmités, j'ai toujours rempli ce glorieux devoir dans ma section et dans le bataillon des vétérans ; mes fils sont jeunes et nourris dans le respect, l'obéissance et la tendresse filiale qu'ils doivent et qu'ils ont toujours scrupuleusement rendus à un père qui les aime et les aimera d'une tendresse parfaite jusqu'au tombeau ; j'appréhendois qu'en apprenant mon injuste détention, soit par la voie de mes ennemis ou par celle des papiers publics, ils n'eussent, dans l'excès de leur juste fureur, cherché à me venger d'une manière indigne d'eux et de moi, en entraînant avec eux un grand nombre de leurs camarades d'armes, en leur disant peut-être : « Chers amis et camarades, toutes les lois divines et humaines sont violées dans la capitale envers nos pères et mères, nos frères et sœurs, nos parens et nos amis ; car on les a traînés dans les prisons pour les faire périr innocemment, tandis que nous versons ici notre sang pour le service de la république ; vengeons-nous d'une manière éclatante, en les livrant à toute la férocité des Prussiens, des Autrichiens et des Anglois, comme étant les seuls moyens à notre pouvoir pour délivrer nos pères et mères, nos parens, nos amis, et leur sauver la vie, qui est en si grand danger, etc., etc. » Voilà ce que pouvoient faire mes fils, et ce que j'appréhendois qu'ils ne fissent dans les premiers transports de leur juste indignation et de leur désespoir contre mes ennemis, et voici ci-après la lettre que je leur ai envoyée en toute diligence par l'envoi du citoyen Boutibonne, chef du bureau de la cinquième division de la garde nationale, au bureau de la guerre, afin de les contenir dans les justes bornes de leurs devoirs et fidélité, sous les drapeaux de la république.

Première lettre au citoyen Boutibonne, au bureau de la guerre, à Paris.

« TRÈS DIGNE ET VERTUEUX CITOYEN BOUTIBONNE,

« Je vous prie de faire parvenir promptement l'incluse à sa
« destination, en l'insérant dans l'un de vos paquets pour les ar-

PIÈCES JUSTIFICATIVES. 233

« mées de la république, et vous obligerez infiniment votre affec-
« tionné concitoyen,

« L'infortuné CRÉQUY-MONTMORENCY, vétéran. »

Deuxième lettre, dans le même paquet, pour le général en chef.

« MON DIGNE GÉNÉRAL,

« J'ai deux fils qui ont l'honneur de servir sous vos ordres, je
« vous prie de vouloir bien leur faire tenir l'incluse, et d'avoir
« pour eux tous les égards que leurs vertus et mes malheurs non
« mérités pourront vous inspirer; vous obligerez infiniment
« votre très affectionné concitoyen,

« L'infortuné CRÉQUY-MONTMORENCY, vétéran. »

Troisième lettre, insérée dans le même paquet ci-dessus, pour faire tenir en propres mains des citoyens Guillaume et Frédéric Créquy-Montmorency, frères, canonniers dans la septième compagnie du bataillon de Paris, dit du Théâtre-Français, armé des Ardennes, présentement au Quesnoy, ou partout ailleurs où ils pourront se trouver dans les armées de la république.

Des prisons de Sainte Pélagie, le 7 septembre 1793,
l'an deuxième de la république, une et indivisible.

« MES CHERS FILS,

« J'ignore encore si vous avez reçu la lettre et les trente livres
« en assignats que je vous ai envoyées le 11 août dernier, puis-
« que je n'ai reçu aucune de vos nouvelles depuis, et que j'ignore
« si vous existez, ou si le ciel en son courroux, et voulant mettre
« le comble à tous mes chagrins, vous auroit retirés de ce monde
« au moment où vous commencez seulement d'y entrer et de me
« donner les plus douces espérances et consolations dans ma

« vieillesse et mes infirmités en servant glorieusement en ma
« place sous les drapeaux de la république ; ou si, pour m'affliger
« encore plus sensiblement, vous ne seriez point tombés entre les
« mains de nos féroces ennemis les Prussiens, les Autrichiens et
« les Anglois; ou si vous ne seriez point restés quelque part bles-
« sés par leur fer meurtrier; ou si enfin vous ne seriez point dé-
« tenus comme moi, prisonniers quelque part.

« Quel que puisse être ou quel que puisse devenir votre sort et
« le mien, j'en bénirai toujours la divine Providence, et je sou-
« haite seulement que la présente vous trouve tous deux en bonne
« santé, et vainqueurs des ennemis de la république, ou morts
« glorieusement en combattant pour elle.

« Les lieux ténébreux et affreux d'où je date la présente, et
« les imprimés que je vous envoie, suffiront pour vous faire
« connoître que la ligue infernale de mes ennemis et ceux de la
« république ont employé tant de cabales, de ruses et d'artifices
« contre moi, qu'ils sont enfin venus à bout de me replonger
« dans les fers d'où l'Assemblée Nationale constituante m'avoit
« sorti par son humanité et sa justice, le premier mars 1791,
« comme toute l'Europe le sait.

« J'ai différé jusqu'à présent à vous donner avis de cette triste
« et nouvelle disgrâce non méritée; parce que, dans la crainte
« de vous trop affliger, et dans l'espérance bien fondée où j'étois
« d'obtenir, d'un jour à l'autre, ma liberté, vu mon innocence
« bien connue et bien prouvée, je voulois vous cacher tous les
« malheurs qui me sont arrivés depuis votre départ de cette
« capitale; mais, faisant tout à coup réflexion que ces tristes
« nouvelles pourroient vous parvenir, ou vous sont peut-être
« déjà parvenues, soit par la voie de mes ennemis ou par celle
« des papiers publics, sur lesquels ils font débiter mille impos-
« tures sur mon compte, et craignant qu'alors votre juste cour-
« roux, peut-être trop immodéré, ne vous portât à quelques
« excès de fureurs et de vengeances, qui pourroient être égale-
« ment préjudiciables aux intérêts de la république comme à
« votre propre honneur et gloire et à la mienne. Ces tristes
« réflexions m'ayant fait tout à coup frémir d'horreur et de
« crainte, j'ai aussitôt sauté au bas de mon lit, ou plutôt de mon
« grabat, ce jourd'hui, minuit, pour vous écrire ces mots qui,
« partant du fond du cœur et de l'âme de votre tendre père, bon

« vétéran et bon républicain, doivent à jamais être gravés dans
« les vôtres.

« O mes fils ! ô mes chers fils ! (m'écriai-je du fond de mon
« obscure et triste prison) que votre aveugle courroux ne vous
« fasse jamais rien entreprendre d'indigne de vous et de moi et
« sachez que mes plus cruels ennemis et les vôtres sont ceux de
« la république, puisque ce sont eux qui, en vous éloignant de
« moi pour le service de la république, m'ont plongé dans
« les fers et couvert d'ignominie, pour nous désespérer tous et
« nous engager, s'ils pouvoient, à tourner nos armes contre
« nos frères et contre la république même, et servir par là leurs
« criminels desseins pour nous perdre ; mais non, mes chers
« fils, nous sommes incapables, vous et moi, de tomber dans
« les piéges grossiers que leurs perfidies nous tendent pour
« les servir en nous perdant ; et vous sentez sans doute tous
« deux, comme moi-même, que vous ne pouvez me venger
« glorieusement et complètement qu'en restant inviolablement
« fidèles sous les sacrés drapeaux de la république, jusqu'à ce
« que vous ayez exterminé tous ses ennemis, tant au dehors
« qu'au dedans.

« Peut-être, hélas ! ne recouvrerai-je ma liberté que le jour où
« vous reviendrez dans la capitale, tous triomphans et couverts
« d'une gloire immortelle, sous les glorieux et victorieux éten-
« darts invincibles de la république ; hé bien, mes chers fils, cette
« idée seule doit vous suffire pour vous engager à redoubler vos
« efforts pour exterminer promptement tous nos ennemis com-
« muns ; d'ailleurs soyez bien persuadés que si même je recouvre
« ma liberté avant cette glorieuse époque, il n'y aura pourtant
« pour moi ni joie, ni repos, ni bonheur, ni félicité parfaite,
« qu'au jour tant désiré d'un triomphe et d'allégresse générales
« et inaltérables pour toute la république ; et si je dois mourir
« avant que de pouvoir jouir avec vous tous de ce précieux bon-
« heur, ne faites donc au moins rien qui puisse nous ravir celui
« dont je me flatte que vous jouirez après ma mort, d'entendre
« dire par tous les bons républicains et leurs augustes représen-
« tans, qui vous montreront au peuple françois et aux nations
« étrangères, en leur disant :

« Vous voyez tout à la fois en ces deux jeunes guerriers répu-
« blicains les vertueux défenseurs et vengeurs de la république

« les vainqueurs de la Bastille, les dignes fils et héritiers du nom
« et des vertus républicaines du trop infortuné Crequy-Montmo-
« rency, le vétéran, et qui seront immortalisés dans les annales
« de notre révolution.

« C'est dans ces sentimens et flatteuses espérances que je vous
« embrasse, ô mes chers fils! avec toute la tendresse paternelle
« dont vous fûtes toujours si dignes; vous conjurant de suivre
« mes conseils, de me donner promptement de vos chères nou-
« velles, et d'être vivement persuadés que cette dernière disgrâce
« qui m'est arrivée, va mettre le dernier fleuron à la couronne de
« gloire immortelle que mes malheurs passés et présens ont si
« justement mérités à votre infortuné et digne père,

CREQUY-MONTMORENCY, vétéran,

Et détenu dans les prisons de Sainte-Pélagie, à Paris, car voilà mon adresse actuelle.

« *P. S.* Les bons Soulagette, Foudras, la bonne citoyenne
« Mathon, ton bon frère Fouquet et son digne cousin le charcu-
« tier, viennent souvent me voir pour me consoler, disent ils; et
« surtout ces trois derniers auxquels je coûte beaucoup d'argent,
« des larmes, des soupirs et des gémissemens dans mon affreuse
« prison, quoique je fais tout ce que je puis pour leur dire et pour
« les convaincre qu'un bon vétéran républicain trouve sa plus
« parfaite et sa plus pure consolation dans son innocence, son
« courage, sa patience et sa résignation en Dieu, son créateur,
« et l'exécution de la loi constitutionnelle. »

Voilà les seules armes dont je me sers et dont je me servirai toute ma vie pour confondre mes ennemis et ceux de la république. Voilà ma profession de foi, citoyens républicains, et vous, représentans de la nation, jugez moi donc, ou faites-moi juger de par la loi et vos décrets.

Cet imposteur a été supplicié par la guillotine, barrière du Trône, le 7 thermidor an deuxième de la république, 25 juillet 1794. (*Note marginale du Marquis de Créquy.*)

N° XII.

Quatrième lettre de M. Suleau à M. L.-Ph. d'Orléans, ci-devant prince français.

Monsieur,

La modération imperturbable que vous opposez si stoïquement à toutes mes attaques, m'a tellement dégoûté de guerroyer avec vous, que je ne me sens plus le courage de renouveler mes hostilités, et que, pour n'être pas un peu honteux de la facilité de mon rôle, j'ai besoin de penser qu'elles n'ont pas laissé que d'influer sur la tranquillité publique.

Pourquoi faut-il donc que j'aie encore quelque chose à vous dire, quand il est si évident qu'il n'y a rien de commun entre vous et moi? Ah! c'est qu'il ne suffit pas à mon honneur public que vous admiriez *la générosité de mon caractère*, et que vous rendiez hommage à *la loyauté de ma conduite*; il me faut encore que tous les honnêtes gens sachent qu'il ne tient pas à moi que le voile perfide qui couvre d'horribles mystères, ne soit violemment déchiré, et que, si elle est encore suspendue, la foudre qui auroit déjà dû écraser ou votre tête ou la mienne, ce n'est pas moi qui peut être soupçonné de l'avoir conjurée (1).

Sans autre mission que mon dévouement au salut de la patrie, j'ai l'honneur de vous avoir accusé hautement d'attentats dont l'idée fait frémir ceux mêmes auxquels l'hypocrisie de vos combinaisons a fait quelque illusion. Fatigué d'en provoquer inutilement la vengeance, j'ai entrepris de la poursuivre à mes risques

---

(1) Cette manière de professer des égards pour l'opinion vous paraît bizarre, ce n'est pas ma faute si vous en êtes surpris et presque scandalisé : tout cela n'est qu'une affaire de goût et de principes, et la seule induction qu'à la rigueur vous puissiez tirer de ma susceptibilité, c'est que je ne suis pas encore au niveau de votre sublime philosophie qui attache plus de prix à *un petit écu* qu'à *l'estime publique*.

et par mes moyens personnels. Impatient de l'obtenir ou plutôt jaloux de noyer dans votre sang le germe de nouvelles séditions, je vous ai d'abord assez brutalement menacé de mon glaive: peut-être eût-il été plus constitutionnel de ne faire briller à vos yeux que celui de la loi ; mais celui-ci est si émoussé ! et moi j'ai tant de prédilection pour les moyens expéditifs, qu'à l'imitation du fameux aristocrate macédonien, j'aimais mieux trancher le nœud gordien que de perdre mon temps à le démêler.

Cependant, aussitôt que je m'aperçus que vous n'aviez pas un goût bien décidé pour ces sortes de brusqueries, dont *l'illégalité* renforçait vos scrupules, je me fis un devoir de vous déférer l'opinion d'un combat judiciaire. Ce n'était pas à moi de prévoir que vous trouveriez aussi des objections contre ce genre de duel, le plus favorable en général à l'innocence persécutée par la calomnie. Voilà pourtant qu'après quinze jours d'incertitudes et de délibérations, vous finissez par éluder mon alternative.

Que vous ayez une certaine répugnance à mettre votre innocence à la pointe d'une épée ; qu'il ne vous semble pas prudent de faire dépendre votre honneur civique de la direction capricieuse d'un pistolet, cela se conçoit, parce que, indépendamment de *l'irrégularité* de ces sortes de décisions, c'est que, comme vous l'observez très judicieusement, vous ne tueriez pas avec moi tous ces vilains soupçons qui vous accusent, et qu'il vous importe que je vive, pour être un jour l'instrument de votre justification. Voilà des raisons que tout le monde sait apprécier ; c'est d'une sagesse qui ne comporte pas de réplique : mais vous convenez que ma proposition subsidiaire est honnête, régulière, équitable, généreuse. . . . . Comment se fait-il donc que, parée de tous ces avantages, elle n'ait encore pour vous aucun attrait ? En vérité, c'est pure malice à vous de laisser votre patriotisme encroûté d'un vernis tout-à-fait déplaisant, quand je vous procure une si belle occasion de le faire resplendir dans toute sa pureté.

Vous me promettez bien, il est vrai, de descendre dans l'arène avec moi aussitôt que MM. *les grands jurés* seront institués juges du camp; c'est-à-dire qu'il n'y a que des juges tout neufs qui puissent avoir des yeux assez perçans pour discerner votre innocence. Mais n'est-ce pas aussi beaucoup trop *innocent* que d'es-

pérer d'un si pitoyable subterfuge quelque répit dans l'opinion?
— Croyez-vous de bonne foi que vos *grands jurés* seront armés d'un talisman, pour escamoter cette nuée de témoins oculaires contre lesquels vos *alibi* viendront échouer, sans compter qu'il y a bien de l'ingratitude à vous de déchirer le tribunal chargé d'éplucher vos fredaines?

Et moi qui, en ce moment, suis en mesure de vous accabler de dépositions qui n'ont pas été recueillies dans la première instruction, n'aurais-je pas droit de me plaindre de vos tergiversations? D'ici à l'époque vague et illimitée à laquelle vous me reportez, il y aura bien des honnêtes gens de *lanternés*; et qui sait s'il en sera étranglé un seul que ce ne soit une de mes preuves de pendues?

D'ailleurs, qui osera vous garantir? quelle apparence y a-t-il que moi, dont l'existence est un miracle continuel de la fée tutélaire de l'aristocratie; que moi, qu'un réverbère ne voit jamais sans un mouvement de convoitise, je survivrai à la naissance de vos *grands jurés*, qui sont encore dans les limbes? Ce n'est pas que la peur que l'on voudrait bien me faire de votre ressentiment, je n'y sois point du tout inaccessible, et cela par une raison que j'ai dite ailleurs; (*il y a si loin du poignard d'un scélérat au cœur d'un honnête homme!*) mais enfin la Providence m'eût-elle compté autant de jours qu'au démocrate Mathusalem, serait-ce à dire pour cela que je verrai la fin de la constitution?

Il résulte de toutes ces observations, bon prince, que vous êtes obstiné à vouloir la paix avec moi; eh bien! vous l'aurez; car, après tout, votre résignation et votre générosité me désarment. D'une part, vous ne voulez déployer contre moi votre ardeur martiale qu'en cas d'une irruption soudaine et violente, à laquelle je répugne avec horreur, parce que les circonstances publiques ne le commandent point; et de l'autre, vous m'offrez gracieusement la restitution d'une certaine lettre, qu'à l'aide de la contradiction de notre jurisprudence criminelle avec les lois de l'honneur, vous seriez à même de convertir en un titre de persécution. Je suis sensible, autant que je dois l'être, à la délicatesse de ce procédé; mais la mienne, qui trouve toujours à murmurer, se révolte déjà contre l'idée d'un sacrifice qui porterait atteinte à vos avantages. Je persiste donc dans mon refus, sauf à établir dans l'occasion, qu'à raison des circonstances et des motifs, mon délit est un de ces écarts magnanimes sur lesquels la loi peut et doit sommeiller.

Au surplus, n'est-ce pas que vous ne me causerez jamais l'embarras de cette dissertation? C'est du moins un sentiment de persuasion dont je ne puis me défendre. Je suis un adversaire un peu turbulent, et vous avez naturellement les inclinations pacifiques; il est donc à peu près indubitable que vous ne me ferez pas la méchanceté de m'exclure de l'amnistie que votre grand cœur destine à tous vos antagonistes. . . . .

. . . .

Partez, prince, suivez vos innocens desseins:
J'apprends que, dégoûté des dignités municipales, par l'ingratitude de vos concitoyens, vous allez savourer dans une humble retraite les charmes de cette précieuse égalité à laquelle vous avez sacrifié tant et tant de choses......

Que j'aime à vous voir substituer ces paisibles et civiques jouissances aux tourmens dévorans de l'ambition! repoussez loin de vous, ah! repoussez avec horreur les *liaisons dangereuses*, il n'est pas aussi facile de vous débarrasser du cortége des remords, mais ces compagnons là ne vous suggéreront jamais d'autre fantaisie que celle de devenir honnête homme.

Quand vous en serez là, je pourrai encore être avec une certaine dose de considération, Monsieur, votre très humble et très obéissant serviteur,

SULEAU.

N° XIII.

Délibération des membres de la noblesse, députés aux états généraux de France, en faveur des députés du tiers-état qui sont restés fidèles à la religion et au Roi.

(Du 16 septembre 1791.)

Les membres de la noblesse française soussignés, députés aux états libres et généraux du royaume, ne croiraient pas s'être acquittés de leurs obligations à l'égard de leurs commettans, non plus qu'envers eux-mêmes, si, à l'époque où ils sont parvenus, ils ne payaient pas le tribu d'estime qu'ils doivent à leurs honorables collègues du tiers-état, qui, fidèles à leurs mandats comme à leurs principes, fidèles à la religion et au roi, n'ont cessé de soutenir avec courage les droits de l'autel et du trône, qui, dans des circonstances difficiles et périlleuses, sont restés fermes et inébranlables dans leurs opinions comme dans leur conduite. Leurs noms déjà recommandés à la vénération publique ; leurs noms souvent dévoués par les factieux à la fureur populaire ; leurs noms qui se sont fait entendre avec honneur dans toutes les occasions où les voix ont été individuellement recueillies ; ont tous mérité sans doute d'être présentés à la reconnaissance de la France entière et à l'admiration de l'Europe.

Mais dans ce nombre, il doit être permis aux représentans de la noblesse française de distinguer ceux qui, avec une vertu et une constance égales, se sont encore signalés par un degré de courage plus marqué, en adhérant constamment à ces déclarations qui sont devenues pour leurs signataires un titre de proscription, à ces déclarations où sont à jamais consacrés les vrais principes de la religion et de la monarchie.

Ceux là surtout se sont montrés dignes d'être comptés parmi les gentilshommes français ; et nous qui leur rendons aujourd'hui cet hommage, nous nous honorerions de pouvoir les regarder tous comme tels. Nous regrettons que les circonstances douloureuses qui ont suspendu les droits politiques de la noblesse, ne nous permettent pas en ce moment de porter notre vœu aux pieds du trône ; mais ce vœu que nous ne pouvons encore faire éclater, nous le déposerons bientôt entre les mains des petits-fils de Henri IV ; nous le présentons dès ce jour à la noblesse française et nous le confions à la postérité.

(*Suivent les signatures au nombre de* 119.)

N° XIV.

Note *de Mme de Créquy relativement à la lettre qu'elle avait consenti à écrire à Buonaparte.*

« Je signerai cette lettre que je ne veux pas avoir la peine de rédiger et l'ennui d'écrire. »

« Il y faudra dire que je n'ai aucun droit de succession sur les bois séquestrés dont je réclame la restitution en faveur des héritiers naturels de mon fils, mais que c'est comme créancière d'une somme de 170 mille livres, hypothéquée sur lesdits bois et forêts, savoir : 110 mille livres sur Vareilles, et 60 mille livres sur les bois dits de Valenciennes. J'aurais bien quelque dizaine de milliers de francs à réclamer pour les travaux à St-Pol, pendant la minorité de mon fils, mais comme je ne sais ce que ces papiers-là sont devenus, on n'en saurait tenir compte. On avait séquestré lesdits bois par suite de l'inscription de mon fils sur la liste des émigrés, quoiqu'il ne fût pas sorti de France, et de plus, sous prétexte qu'une partie de la dot de ma belle-fille, émigrée, se trouvait assise sur ces immeubles, ce qui est une supposition sans réalité et même sans possibilité, attendu qu'ils n'ont été retraits qu'en l'année 1777, pour les bois de Vareilles, s'entend. On peut employer toutes les formules de circonstance, mais on aura soin de ne me rien faire dire qui puisse avoir un faux air de *soubmission*, et je n'entends rien signer qui puisse me contrarier sous le rapport de la franchise et de la dignité de mon caractère. Ainsi, politesse dans les expressions et point de complimens superflus. Je demande justice et non pas une faveur. »

FIN DES PIÈCES JUSTIFICATIVES.

AVIS DES ÉDITEURS.

Le seul journal qui ait attaqué l'ouvrage que nous venons de publier, est un journal qui porte un titre *religieux*; il paraît que l'auteur de cet article est un ecclésiastique; il était bien facile de lui répondre, et c'est par égard pour son caractère sacerdotal qu'on n'a pas voulu lui répliquer dans les journaux.

Nous répondrons à M. l'abbé Guillon, à M. Bourmant, ou à ceux qui les ont fait parler,

1° Que la terre de *Fontenay* dont il s'agit se trouve à trois lieues d'*Ambrières*;

2° Que cedit lieu d'*Ambrières* au Maine (et dans *le bas Maine*, ainsi que le dit positivement Mme de Créquy), est l'ancien chef-lieu d'une Baronnie dont il est impossible d'ignorer l'existence, pour peu qu'on s'en informe dans le pays, ou pourvu qu'on prenne soin de regarder sur une carte de Cassini, ou qu'on se donne la peine d'ouvrir le *Dictionnaire des Communes de France* (page 7, édit. de J. Smith, Paris, 1818);

3° Que la moitié de la terre de Fontenay relevait de la Duché de Mayenne et ressortait du parlement de Bretagne, ainsi que plusieurs autres terres seigneuriales du Maine, et notamment la Baronnie de Lavardin, autre domaine de la famille de Froulay-Tessé;

4 Que lorsque M de Froulay fut institué évêque du Mans, il y avait déjà huit ans qu'il était évêque de Halya (*in partibus infidelium*); ce qu'il est aisé de vérifier dans tous les almanachs du temps, et notamment dans le *Memorial généalogique* de l'année 1747, page 83;

5° Que les faits et le procès qui sont mentionnés par l'auteur, et qui ont été démentis avec une dureté qu'on pourrait appeler injurieuse, avaient cependant obtenu, de leur temps, une si grande publicité, qu'on les trouve rapportés *in extenso*, dans tous les mémoriaux de cette époque, et notamment dans la Correspondance du Baron de Grimm, et dans les Mémoires de Bachaumont.

Voilà ce que les critiques du Maine auraient dû savoir avant de rédiger un article aussi désobligeant qu'il est injuste. Il paraît que le journal *religieux* dont il s'agit a parmi ses correspondans un ecclésiastique qui a plus d'empressement que d'intelligence. Il paraît aussi que M. l'Évêque du Mans a parmi ses grands-vicaires un ecclésiastique qui a plus de vivacité que d'urbanité, et peut-être aussi plus de zèle que de lumières.

RECTIFICATION DES ÉDITEURS.

La terre de Pontgibaud avait effectivement appartenu à la maison de Lafayette, mais c'est par erreur qu'il est dit, dans le tome Ier de ces mémoires, page 375, qu'elle fut achetée par Lyonnais, le médecin de chiens. — Les *Coutumes d'Auvergne*, ouvrage d'un grave magistrat, M. de Chabrol, nous apprennent, tome IV, pag. 421 et suivantes, que cette terre advint en l'année 1330, à la maison de Lafayette; en 1557 elle servit de dot à une demoiselle de Lafayette, mariée à Guy d'Aillon, Comte du Lude, et passa par suite de mariage au Duc de Roquelaure, enfin au Prince de Pons, qui la vendit à M. de Moré de Chaliers, mousquetaire.

Elle fut érigée en Comté par lettres patentes du mois de février 1762. — Enregistrées au Parlement, sur la tête du Comte César de Moré de Pontgibaud, et de sa descendance masculine, à perpétuité, en récompense des services qu'il avait rendus dans l'armée et particulièrement à la bataille d'Ettingueu où il fut grièvement blessé, et en considération, est-il dit, de la noblesse de sa famille, *l'une des plus anciennes de la province d'Auvergne.* En 1791, le Comte de Moré de Pontgibaud, major en second du Régiment de Dauphiné ayant émigré, la terre de Pontgibaud fut vendue nationalement sauf une partie des bois. C'est seulement sous la restauration que son fils, le Comte de Pontgibaud, actuellement existant, a racheté et réuni quelques fragmens de cette ancienne belle terre.

TABLE

DES MATIÈRES CONTENUES DANS CE NEUVIÈME VOLUME.

Pages.

CHAPITRE Ier. Courageuse conduite et généreuse fin de M. de Villette. — Quelques détails sur Madame Royale et sur les dernières années de son frère. — Lettre de Mme de Chantrenn au Comité de salut public. — Observation sur le malheureux sort des émigrés. — Rapports de l'émigration. — Le treize vendémiaire. — Anecdote sur l'enfance de Bonaparte. — Mme Létitia Bonaparte à l'Élisée-Marbeuf. — Tradition conservée dans la famille de Marbeuf sur l'origine des Buonaparte et leur prétention à la noblesse. — Observations sur leur généalogie publiée par M. Louis Bonaparte et composée par lui. — Autre généalogie fabriquée pour le roi Murat. — Aliénations mentales. — Mme de Laverdy. — Mme de la Reinière. — Anecdotes.

CHAP. II. Quelques mots sur la Vendée. — Prédilection de l'auteur pour Charette et pour Cathelineau. — Conquête de Noirmoutier par le général Charette. — Termes de la capitulation de cette forteresse. — Lettre du Comité de salut public au représentant Guesno. — Protestation des Vendéens. — Déclaration de guerre à la république. — Révélation sur Louis XVII. — Désastre de Quiberon. — Lettre de Louis XVIII au Duc d'Harcourt son plénipotentiaire à Londres.

Chap. III. Le Directoire. — Les assignats et la banqueroute. — Le pillage officiel. — Luxe des parvenus. — Costumes du temps. — Les *carmagnoles* et les *attiques*, les *incroyables* et les *merveilleuses*. — Le dîner grec et Mme Pipelet.—La recette pour le brouet-noir de Sparte. — Les Romaines du Luxembourg. — Mme Tallien. — Les divorces. — La Princesse Stéphanie de Montcairzin, dite de Bourbon-Conty. — La fausse marquise de Douhault. — Autres anecdotes. 59

Chap. IV. Le consulat. — La machine infernale. — Adélaïde de Cicé. — Picot de Limoëlan. — Saint-Régent. — Dernière version du gouvernement sur cette affaire, contradictions qui s'y rencontrent, impossibilité qui s'y trouve. — Opinion de l'auteur sur ce fameux procès. 86

Chap. V. . . . . Lacune et portrait d'un inconnu. —Quelques détails sur Mlle d'Orléans.—Talent de cette princesse pour faire des aquarelles. — Dédicace d'un ouvrage de S. A. R. — Faux bruit relatif à son mariage avec un étranger. — Lettre de Dumourier sur les Princes d'Orléans. — Émigration de Louis-Philippe et sa réception en Allemagne. — Son voyage à l'Amérique et singulier désir exprimé par l'auteur. — Reconnaissance et générosité de ce prince. — Inscription gravée sur son bras gauche, etc. 96

Chap. VI. Le commandant Sébastiani. — Histoire de son beau coup de sabre. — Histoire de sa balle (de plomb). Histoire des *mains du Consul*, et réponse que lui fait Mme Récamier. — Mme de Staël aux Tuileries.—Sa réception par Buonaparte. — La pie voleuse et la pie séditieuse. — Le Commandeur de Dolomieu. — Mot de Buonaparte à son sujet. — Les salons du quartier d'Antin. — Politesse d'un fournisseur. — Les meubles à la romaine et les prénoms recherchés — L'ennui de l'an-

248 TABLE DES MATIÈRES.

tique et prévision du gothique. — Pascal et Molière. — Les Devises. — Emblèmes figurés. Allégories des anciens. — Devises héraldiques. — Devises personnelles, anciennes et modernes. 102

Chap. VII. L'Abbé Bourlier, Évêque d'Évreux. — Négociations officieuses de M. de Talleyrand. — Visite de l'auteur au premier consul. — Motif de cette démarche et son résultat. — L'auteur va visiter une de ses terres. — Aspect d'une province de l'Ouest. – Prévisions de l'auteur sur l'avenir de Buonaparte. — Fin de l'ouvrage. 135

Pièces justificatives 151

FIN DE LA TABLE DU NEUVIÈME VOLUME.

www.ingramcontent.com/pod-product-compliance
Lightning Source LLC
Chambersburg PA
CBHW070523170426
43200CB00011B/2305